地缘政治理论创新高地研究丛书

# GEOPOLITICAL

张 帅◎著

# 印度"能源贫困"研究

A Study on
# ENERGY POVERTY
in India

中国社会科学出版社

## 图书在版编目（CIP）数据

印度"能源贫困"研究 / 张帅著. —北京：中国社会科学出版社，2023.4
（地缘政治理论创新高地研究丛书）
ISBN 978-7-5227-1616-9

Ⅰ.①印… Ⅱ.①张… Ⅲ.①能源经济—研究—印度 Ⅳ.①F434.262

中国国家版本馆 CIP 数据核字（2023）第 048141 号

| 出 版 人 | 赵剑英 |
|---|---|
| 责任编辑 | 马　明 |
| 责任校对 | 刘文奇 |
| 责任印制 | 王　超 |

| 出　　版 | 中国社会科学出版社 |
|---|---|
| 社　　址 | 北京鼓楼西大街甲 158 号 |
| 邮　　编 | 100720 |
| 网　　址 | http://www.csspw.cn |
| 发 行 部 | 010-84083685 |
| 门 市 部 | 010-84029450 |
| 经　　销 | 新华书店及其他书店 |

| 印刷装订 | 三河市华骏印务包装有限公司 |
|---|---|
| 版　　次 | 2023 年 4 月第 1 版 |
| 印　　次 | 2023 年 4 月第 1 次印刷 |

| 开　　本 | 710×1000 1/16 |
|---|---|
| 印　　张 | 16 |
| 插　　页 | 2 |
| 字　　数 | 231 千字 |
| 定　　价 | 86.00 元 |

凡购买中国社会科学出版社图书，如有质量问题请与本社营销中心联系调换
电话：010-84083683
版权所有　侵权必究

# 《地缘政治理论创新高地研究丛书》
# 编辑委员会

编委会主任　卢光盛

编委会副主任　刘　磊　李　涛

编委会委员　（按姓氏拼音排序）

毕世鸿　戴超武　孔建勋　李湘云　刘　稚

卢凌宇　罗圣荣　吕昭义　张　春　张永宏

邹春萌

# 前　言

　　2000年以来，"能源贫困"问题逐渐成为全球能源体系面临的重大挑战，也成为发展中国家贫困问题的显著特征及其能源政策与贫困治理中的关键一环。印度是"能源贫困"问题最严重的国家，也是全球贫困问题最严重的国家之一。印度政府提出将能源政策与减贫政策有机结合的战略目标，尝试通过"能源贫困"的治理来推动贫困治理进程，取得诸多显著成效。探究印度"能源贫困"问题的表现、特征、影响等一系列基础性问题，以及印度如何治理"能源贫困"、推动能源政策和减贫政策有效衔接的实质性问题，具有理论价值和现实意义。尤其是，基于印度通过"能源贫困"治理来推动贫困治理的理论和实践，在理论层面界定"能源贫困"治理与贫困治理的关系，同时又从现实角度延展和归纳这一关系的内涵与外延，对思考如何利用能源反对贫困这一问题具有借鉴参考价值。

　　印度是全球"能源贫困"问题的典型国家。据国际能源署（International Energy Agency，IEA）的评估，印度仍有大量缺电人口，绝大多数人的生活能源消费仍然严重依赖传统生物质能，且缺乏清洁的烹饪设备。消除"能源贫困"也构成印度能源政策中的重要内容。独立后的历届印度政府都制定和提出了许多与"能源贫困"治理相关的政策举措。尤其自2014年以来，莫迪政府推出了一系列具有针对性的制度设计和实际行动，其取得的成效又直接或间接地推动了贫困治理，使"能源贫困"的治理与贫困治理朝着有机统一和相辅相成的方向发展。

　　本书的主要内容可以概括为三个部分。一是为探究印度的"能源贫困"构建理论分析框架。本书通过对"能源贫困"的理论探讨,总结和提炼出核心理论要素和关键分析指标,为分析框架的建立提供条件。以相关概念的澄清为切入点,并将其置入"能源贫困"这一概念缘起和演变的动态过程中进行比较分析,同时从静态角度对一些容易与"能源贫困"产生歧义的概念进行辨析。立足动静分析的基础,进一步推导和剖析"能源贫困"的生成机制和影响机理。最后,在既有评估方法和相关理论范式的基础上,以生成机制和影响机理为线索,将核心理论要素和分析指标具象化、概念化,通过逻辑自洽的方式,分别提出"用能三指标"、"能源贫困"恶性循环和"能源贫困"治理三要素的理论分析框架。二是探讨印度"能源贫困"涉足的一系列基本问题。利用本书提出的分析框架,分别对印度"能源贫困"的表现、特点及其影响,印度治理"能源贫困"的政策和实践进行了广泛讨论。三是从理论和实践两个层面探讨了"能源贫困"治理与贫困治理的关系。围绕如何利用能源反对贫困这一主线,结合印度"能源贫困"治理的经验和教训,对"能源减贫"的理论维度和现实路径进行了讨论,旨在为探寻贫困治理的升级路径和推进策略提供借鉴与参考。

# 目　　录

导　论 …………………………………………………………（1）

**第一章　"能源贫困"的概念与分析框架** …………………（31）
　　第一节　"能源贫困"相关概念澄清 ………………………（31）
　　第二节　"能源贫困"的生成机制和影响机理 ……………（56）
　　第三节　对"能源贫困"评估方法和理论范式的评析 ……（63）
　　第四节　分析框架 …………………………………………（71）
　　本章小结 ……………………………………………………（82）

**第二章　印度"能源贫困"的表现与特征** …………………（84）
　　第一节　用能结构不合理 …………………………………（84）
　　第二节　用能能力滞后 ……………………………………（96）
　　第三节　用能设备落后 ……………………………………（107）
　　第四节　印度"能源贫困"的特征 …………………………（110）
　　本章小结 ……………………………………………………（121）

**第三章　"能源贫困"对印度经济社会发展的影响** ………（123）
　　第一节　"能源贫困"制约印度现代能源体系的构建 ……（123）
　　第二节　"能源贫困"加大印度贫困治理的难度 …………（126）
　　第三节　"能源贫困"恶性循环及"贫困陷阱"的形成 ……（133）

本章小结 …………………………………………………… （138）

**第四章　印度对"能源贫困"的治理** ………………………… （140）
　　第一节　独立后印度历届政府"能源贫困"治理的
　　　　　　政策和实践 ………………………………………… （141）
　　第二节　印度治理"能源贫困"的成效和意义 ……………… （162）
　　第三节　印度"能源贫困"治理存在的问题及面临的
　　　　　　挑战 ………………………………………………… （182）
　　本章小结 …………………………………………………… （196）

**第五章　"能源减贫"的理论维度与现实路径** ……………… （197）
　　第一节　"能源减贫"的形成及其内涵 ……………………… （197）
　　第二节　"能源减贫"的本质和意义 ………………………… （208）
　　第三节　"能源减贫"的升级路径和推进策略 ……………… （212）
　　本章小结 …………………………………………………… （221）

**结　论** ………………………………………………………… （223）

**参考文献** ……………………………………………………… （228）

**后　记** ………………………………………………………… （249）

# 导　　论

## 一　问题的提出与研究的意义

2014年以来，印度莫迪政府推出了一系列雄心勃勃的能源政策，其中很大一部分政策旨在通过发展可再生能源来满足居民部门的能源消费需求，尤其以用电紧缺、缺乏清洁烹饪燃料、严重依赖传统生物质能的贫困家庭为重点。从取得的效能来看，这些政策在客观上的确富有成效地解决了许多家庭的能源消费问题，同时也为莫迪政府的选举政治及巩固执政基础持续带来"额外效益"。故此，印度总理纳伦德拉·莫迪（Narendra Modi）高调地将这些政策举措上升到解决"能源贫困"问题的战略高度。也就是说，形成了利用能源解决贫困问题从而为政治服务的思路。这一具有印度特色的治国理政思路也为"能源贫困"问题的研究，或者说探究如何利用能源反对贫困的问题留下许多值得思考和总结的经验教训。

### （一）问题的提出

2000年，联合国开发计划署（The United Nations Development Programme，UNDP）在《世界能源评估：能源与可持续发展的挑战》（*World Energy Assessment: Energy and the Challenge of Sustainability*）报告中首次提出了"能源贫困"（Energy Poverty）的概念，认为其是指经济社会发展及人类生活在获取充足、可负担、可依靠、高质量、安全和环境友好的能源服务方面缺乏充分选择的权利,是贫困问题在能源议题上的体现(Energy Dimension of Poverty)。[①] 2002年,国际能源署(International Energy Agency,IEA)又进一步细化和完善了"能源贫困"的定义,强调该问题具体是指居民部门的能源消费缺乏电力服务、依赖传统生物质能,以及依赖以传统生物质能为燃料的烹饪设备。[②]

根据上述两个定义,通俗而言,"能源贫困"实际上就是指一户家庭的能源消费出现缺电或无电现象,且依赖传统生物质能及缺乏清洁烹饪设备。循此推论,"能源贫困"的意涵体现为"能源"与"贫困"两大议题的互动关系,因而该问题也触及经济、社会、文化、政治等多个领域,体现出多维度的特点。

因此,国际能源署署长法提赫·比罗尔(Fatih Birol)就指出持续存在的"能源贫困"与能源供应安全、气候变化共同构成世界能源体系面临的三大挑战。[③] 从贫困的角度来看,"能源贫困"已成为许多发展中国家贫困问题的典型特征,是全面实现联合国《2030年可持续发展议程》(*The 2030 Agenda for Sustainable Development*,SDGs)的一大障碍。有学者就指出,"能源贫困"是贫困问题的最恶劣表现形式。[④] 法提赫·比罗尔也强调,获得现代能源服务与消除贫困形成一种正相关关系;满足人类生活的基本需求是任何减贫战略的核心目标,而能源服务的获得则加快了这一目标的实现。也就是说,"能源贫困"与经济贫困及贫困的治理是一种强相关关系。

从全球情况来看,据2020年IEA公布的数据,目前全世界仍有约7.7亿无电人口,至少26亿人的生活用能需求还依赖于传统生物质能;到2030年,全球仍然还有大约6.6亿无电人口,至少10亿人依赖于传

---

[①] "Energy and the Challenge of Sustainability," *Report of the UNDP*, 2000, p.44.
[②] "World Energy Outlook," *Report of the IEA*, 2002, p.26.
[③] Fatih Birol, "Energy Economics: A Place for Energy Poverty in the Agenda?," *The Energy Journal*, Vol.28, No.3, 2007, p.2.
[④] Bryan Walsh, "The Worst Kind of Poverty: Energy Poverty," *Time*, October 11, 2011, http://content.time.com/time/health/article/0,8599,2096602,00.html.

统生物质能，且24亿人的生活用能缺乏清洁烹饪设备。① 另外，从地区和国家来看，"能源贫困"的现象又集中在南亚地区和撒哈拉以南非洲，两个地区的无电人口、依赖传统生物质能的人口和缺乏清洁烹饪设备的人口加起来共占全球一半以上。可见，南亚及撒哈拉以南非洲是全球"能源贫困"问题最严重的两个地区。

其中，印度的"能源贫困"则是全球典型。从2020年IEA公布的数据来看，印度一个国家当前就有7亿左右的无电人口，有6.8亿人的生活用能还严重依赖传统生物质能，还有6.5亿左右居民的生活仍缺乏清洁烹饪设备。② 与此同时，印度是全球贫困问题最为严重的国家之一，贫困仍是其当前及今后很长一段时间内面临的基本国情，是困扰印度经济社会实现可持续发展的主要障碍。例如，当前印度仍有60%左右的人口日均生活费不足3.1美元，低于世界银行提出的中位数贫困线，而21%的人口日均生活费更是在2美元以下。③ 而且，印度约80%的财富由10%的富人掌控，贫富差距问题十分突出。④ 对此，有分析指出，印度需加快推进减贫进程，进一步实现至少3亿人的脱贫，才能有效推动经济社会的可持续发展。⑤

鉴于上述，首先从"能源贫困"的治理来看，该议题始终是印度

---

① "SDG 7: Data and Projections-Access to Affordable, Reliable, Sustainable and Modern Energy to All," *Report of the IEA*, October 2020, https://www.iea.org/reports/sdg7-data-and-projections/access-to-clean-cooking.

② "Indian Energy Policy Review," *Report of the IEA*, 2020, pp. 13, 49; "Sustainable Development and Energy Policy in India's Covid-19 Recovery," *Report of the IEA*, July 2020, https://www.iea.org/data-and-statistics/charts/share-of-modern-renewables-proportion-of-population-with-access-to-electricity-and-energy-intensity-in-india-2000-2030.

③ "Seeing the New India through the Eyes of An Invisible Woman," CNN, October 20, 2017, https://edition.cnn.com/interactive/2017/10/world/i-on-india-income-gap/.

④ "Richest 10% of Indians Own over 3/4$^{th}$ of Wealth in India," Livemint, October 23, 2018, https://www.livemint.com/Money/iH2aBEUDpG06hM78diSSEJ/Richest-10-of-Indians-own-over-34th-of-wealth-in-India.html.

⑤ "Modi Must Lift 365 Million Indians Out of Poverty: Can He Do it?" Forbes, January 17, 2020, https://www.forbes.com/sites/panosmourdoukoutas/2020/01/17/modi-must-lift-360-million-indians-out-of-poverty-can-he-do-it/#4153a2de69cf.

能源政策中的关键一环。独立后的历届印度政府都制定和提出了许多与消除"能源贫困"有关的政策举措。尤其是自2014年以来，莫迪政府推出了一系列具有针对性的治理政策，例如推出了"免费煤气罐计划"（Pradhan Mantri Ujjwala Yojana，PMUY）以及诸多具体的可再生能源发展计划。其次，从"能源贫困"治理效应和贫困治理的关系来看，印度"能源贫困"治理政策及其取得的成效直接或间接地推动了贫困治理进程。比如，"免费煤气罐计划"就解决了相当一部分贫困家庭的基本生活用能问题，而一系列发展太阳能、风能的可再生能源发展计划也发挥出带动就业、增加收入的正面效应。诚然，对印度而言，消除"能源贫困"与贫困治理之间具有内在联系。那么，印度的"能源贫困"之所以成为全球典型的深层次原因何在？其还具有哪些具体表现？相较其他国家和地区，印度的"能源贫困"呈现出哪些特点？"能源贫困"对印度的经济社会发展产生了哪些负面影响？对此，印度政府又如何治理"能源贫困"，其成效如何及产生何种重要的意义？回答这些问题有助于剖析"能源贫困"治理与贫困治理之间的关系，以及利用能源反对贫困的理论维度和现实路径。

**（二）研究的意义**

1. 理论意义

第一，为"能源贫困"的研究构建理论分析框架。尽管学界对如何分析"能源贫困"已构建了一系列的分析框架，但几乎都属于定量研究，缺乏理论敏感性及充分的解释力和广泛的适用性。究其根源，这是因为涉足"能源贫困"的概念众多，目前学界对其仍有不同看法，甚至带有模糊性，缺乏对既有评估方法的批判和理论的争鸣。因此，从"能源贫困"缘起和演进的动态过程中把握其概念的源流；同时又从静态角度对相关概念进行辨析，有助于澄清"能源贫困"的概念，尤其是确定其核心概念并提炼出核心理论要素或分析指标，从而构建起逻辑上自洽、解释力充分、适用性较广，能够为学界进一步研究"能源贫困"提供借鉴和参考的理论分析框架。

第二,从"能源贫困"的视角观察和理解印度的经济、社会和文化。持续存在的贫困问题、以种姓制度为特点的社会结构、纷繁复杂的宗教文化背景,是印度经济社会发展过程的三个典型特征。基于经验事实,对印度而言,几乎任何一个发展问题都与这三个特征存在直接或间接的联系,"能源贫困"也不例外。如何观察和理解印度的经济、社会和文化,学界已从多个维度提供了丰富多彩的视角,本研究从"能源贫困"的视角来进行分析实际上也是这一思路的体现。不过,"能源贫困"的视角在某种程度上对观察和理解印度的经济、社会和文化具有很强的整合性功能,其同时触及这三个特征中的核心问题,具有强相关关系。因此,探究"能源贫困"与印度经济社会发展中典型问题之间的内在机理,在理论上是一种新的尝试,为观察和理解印度的经济、社会和文化提供一种特殊且新颖的视角。

第三,剖析消除"能源贫困"与贫困治理的关系,探讨"能源减贫"的理论维度。理论上,能源是导致贫困问题的一个关键因素,而贫困又是促成"能源贫困"的主要原因。推而言之,回答"如何打破能源与贫困之间的恶性循环""如何发挥能源在贫困治理中的作用"这两个问题具有重要的理论价值。另外,从经验事实看,推动能源政策与减贫政策之间的有效衔接,是许多发展中国家实现反贫困战略创新升级的重要抓手。印度是全球"能源贫困"问题的典型国家,同时也是经济贫困问题比较突出的国家。因此,分析"能源贫困"与其经济贫困之间的关系、总结和评估印度"能源贫困"治理的经验和成效、探讨印度推动能源政策和减贫政策之间有效衔接的政策举措,对理解"能源贫困"治理与贫困治理的内在机理,即如何使能源成为一种减贫工具,同样具有重要的理论意义。

2. 现实意义

世界银行(World Bank, WB)与国际货币基金组织(International Monetary Fund, IMF)建议发展中国家在其减贫战略中考虑到能源政策与贫困治理之间的联系。然而，几乎没有一份国家减贫战略文件提到能源问题是贫困治理中的一项重要内容。[①] 鉴于此，通过探讨印度如何消除"能源贫困"的理论和实践，为探究如何使能源成为减贫工具提供经验、启示或教训，有助于为贫困治理探索一种新的方案。故此，总结和评估印度"能源贫困"治理的经验和成效，思考如何让消除"能源贫困"成为推动贫困治理的动力，使"能源贫困"治理成为可供贫困治理选择的一种切实可行的方案，具有强烈的现实意义。简言之，印度消除"能源贫困"的一系列政策实践为贫困治理提供了许多可供参考和借鉴的具体路径选择。

## 二 问题的研究现状

### （一）关于"能源贫困"的研究

学界对"能源贫困"的研究，起源于对"燃料贫困"（Fuel Poverty）的研究。1991 年，英国学者布兰达·博德曼（Brenda Boardman）提出了"燃料贫困"的概念，[②] 他指出为了确保冬天室内供暖，其供暖燃料消费开支超过总收入 10% 以上的家庭则陷入"燃料贫困"之中。从博德曼的定义可以看出，"燃料贫困"的主要成因是收入问题，具体表现为供暖的不可负担性（Unaffordable Warmth）。2001 年，英国政府在《燃料贫困统计报告》中采纳了这一观点，其确定收入的 10% 为衡量"燃料贫困"的具体指标，这也标志着解决"燃料贫困"问题首次成为一国政府能源政策的一部分。此外，莫里森等学者基于对苏格兰、爱尔兰部分家庭冬季供暖情况的调查，也认为其中一些家庭之所以出现供暖短缺或不稳定的问题，其根本原因也在于取暖的不可负担性，具体

---

① Rosmarie Sommer, et al., "Sustainable Energy-Rural Poverty Alleviation," *Report of the Inforesources*, 2006, p. 6.

② Brenda Boardman, *Fuel Poverty: From Cold Homes to Affordable Warmth*, London: Belhaven Press, 1991.

是指供暖开支在家庭总支出中的占比已经超出了10%，且强调"燃料贫困"还是一个环境、健康和社会公平问题，该问题又加重了贫困的程度。① 与此同时，2010年，博德曼又在1991年的基础上，进一步拓展和延伸了"燃料贫困"的内涵与外延，认为"燃料贫困"不仅仅是冬季供暖的稳定，同时也旨在稳定获得热水、照明和其他能源服务，且该问题的评价标准不应局限于收入水平（10%的标准），而应该根据贫困程度的变化来判断。也就是说，他认为"燃料贫困"的根源是广义上的经济贫困，涵盖许多与贫困相关的内容，且"燃料贫困"与经济贫困形成互为因果和恶性循环的关系。②

在上述研究的基础上，中国学者李慷等对"燃料贫困"与"能源贫困"的区别和联系进行了比较研究。他们认为"能源贫困"是"燃料贫困"的延续和发展，在问题导向和价值取向上，"燃料贫困"主要探讨的是发达国家的供暖问题，而"能源贫困"则主要针对发展中国家现代能源服务的获得问题，即享有电力服务、淘汰传统生物质能、拥有清洁烹饪设备。李慷等学者强调，尽管二者具体指涉的内容不同，但"燃料贫困"和"能源贫困"的根源都是收入水平低下，属于经济贫困的范畴。③

---

① C. Morrison and N. Shortt, "Fuel Poverty in Scotland: Refining Spatial Resolution in the Scottish Fuel Poverty Indicator Using a GIS-Based Multiple Risk Index," *Health Place*, Vol. 14, No. 4, 2008, pp. 702 – 717; J. D. Healy and J. P. Clinch, "Quantifying the Severity of Fuel Poverty, Its Relationship with Poor Housing and Reasons for Non-Investment in Energy-Saving Measures in Ireland," *Energy Policy*, Vol. 32, No. 2, 2004, pp. 207 – 220; Healy and J. P. Clinch, "Fuel Poverty, Thermal Comfort and Occupancy: Results of a National Household-Survey in Ireland," *Energy*, Vol. 73, No. 3, 2002, pp. 329 – 343; Saundes, et al., "Can Premium Tariffs for Micro-Generation and Small Scale Renewable Heat Help the Fuel Poor, and If So, How? Case Studies of Innovative Finance for Community Energy Schemes in the UK," *Energy Policy*, Vol. 42, No. 3, 2012, pp. 78 – 88; S. Robert, "Energy, Equity and the Future of the Fuel Poor," *Energy Policy*, Vol. 36, No. 11, 2008, pp. 4471 – 4474; C. Morrison and C. Liddell, "Fuel Poverty and Human Health: A Review of Recent Evidence," *Energy Policy*, Vol. 38, No. 6, pp. 2987 – 2997.

② Brenda Boardman, *Fixing Fuel Poverty: Challenges and Solutions*, London: Earthscan, 2010.

③ Kang Li, et al., "Energy Poor or Fuel Poor: What are the Differences?," *Energy Policy*, Vol. 68, 2014, pp. 476 – 481.

从上述相关研究出发，"燃料贫困"是"能源贫困"的认知起点，即"能源贫困"产生的首要因素和直接表现是经济能力的欠缺（"买不起"）。但是，"燃料贫困"把成因归结为收入水平低下，则显得比较片面，而且设置10%的标准也过于绝对，忽视了该问题产生的其他因素，例如社会和文化因素。由此来看，"能源贫困"在一定程度上又是对"燃料贫困"内涵与外延的拓展和延伸。

2000年，UNDP在《世界能源评估：能源与可持续发展的挑战》的报告中首次提出了"能源贫困"的概念，即经济社会发展缺少足够、可负担、可利用、高质量、安全和清洁的现代能源服务，逐渐得到相关国际组织和学术界的广泛关注。同时，IEA在《世界能源展望2002》和《世界能源展望2010》中进一步完善了"能源贫困"的概念，指出该问题的具体表现形式为家庭生活用能中出现无电、缺电的现象，并严重依赖传统生物质能，包括仍在使用以传统生物质能为燃料的落后炊事设备。由这两个机构提出和完善的概念，也逐渐成为学界研究"能源贫困"问题的理论基础，并得到最广泛的应用。总体来看，2000年以来国外学界有关"能源贫困"的学理研究主要体现在以下几个方面。

第一，对"能源贫困"相关基础性问题的研究，即是什么、为什么、产生了哪些影响？首先，从全球视野和多个视角来探讨"能源贫困"。法提赫·比罗尔认为"能源贫困"是当今全球能源体系面临的三大挑战之一，对此，全世界各国政府应该采取坚决有力的措施来解决如何获得现代能源服务的问题；同时，发达国家应承担起帮助发展中国家摆脱"能源贫困"的道义责任。[①] 尼尔·辛科克（Neil Simcoc）和拉克什曼·古鲁斯瓦米（Lakshman Guruswamy）指出，"能源贫困"的内涵与外延已经远远超出能源问题本身，是一个涉及历史、文化、环境、政治和人权等内容的综合性议题。因此，需要个人、社区、国家等多个行

---

① Fatih Birol, "Energy Economics: A Place for Energy Poverty in the Agenda?," *The Energy Journal*, Vol. 28, No. 3, 2007.

为体的协同应对。①

此外，米克尔（Mikel González-Eguino）在《能源贫困研究述评》一文中也指出，"能源贫困"是一个政治问题，已不再局限于学理探讨的范畴，其涉及一个国家的能源政策和发展战略。② 麦克·阿克林（Michaël Aklin）在著作《逃离能源贫困陷阱：政府何时及如何让穷人生活充满活力》中，从政治学的角度探讨了"能源贫困"，指出能否在"能源贫困"治理上取得显著成效取决于政府的制度设计；强调"能源贫困"本质上是一个能源政策问题，不仅需要从技术层面解决能源获得问题，而且还要在政治、经济和环境等领域制定出相应政策，采取综合性手段。③ 需要强调的是，该研究是少有的专门从政治学角度探讨"能源贫困"的研究成果，对尝试从政治学或能源政策的视角来探讨"能源贫困"的治理具有重要参考价值。例如，对于如何消除"能源贫困"，麦克·阿克林认为其关键在于政府对治理"能源贫困"是否具有坚定的政治意愿。其根本原因是，"能源贫困"是一个政治经济问题，尤其是一个能源政策问题；解决该问题不仅能够获得经济效益，同时也可以捍卫政治利益，比如赚取选票、赢得选举。④ 对此，阿克林进一步提出应该在能源政策上做出有效的制度安排，提出了以政治意愿为基础的分析框架，并利用这一框架分析了印度的"能源贫困"。不过，这本书也有明显的缺陷。其一，将"能源贫困"问题过度政治化，且掺杂了强烈的意识形态因素，弱化了分析框架的学理价值。比如，他认为"民主政府"和"专制政府"在"能源贫困"问题上自然形成不同的态

---

① Neil Simock, et al., *Energy Poverty and Vulnerability*, Abingdon: Routledge, 2017; Lakshman Guruswamy, *International Energy and Poverty: The Emerging Contours*, Abingdon: Routledge, 2016.

② Mikel González-Eguino, "Energy Poverty: An Overview," *Renewable and Sustainable Reviews*, Vol. 47, No. 3, 2015, pp. 377–385.

③ Michaël Aklin, et al., *Escaping the Energy Poverty Trap: When and How Governments Power the Lives of Poor*, Massachusetts: MIT Press, 2018.

④ Michaël Aklin, et al., *Escaping the Energy Poverty Trap: When and How Governments Power the Lives of Poor*, Massachusetts: MIT Press, 2018, pp. 2, 21.

度和立场。① 其二，几乎未触及"能源贫困"的社会和文化维度。毕竟，"公共参与须起因于人们日常生活的社会和文化环境"。② 尽管麦克·阿克林探讨了"能源贫困"治理中的公众参与，但是评判标准主要是民众能否对政府推出的相关政策举措抱有良好预期，忽视了社会文化因素对公众行为态度的塑造性影响作用，比如文化背景影响能源消费习惯与观念的形成，因而并不能对"能源贫困"作出充分的解释。

同时，经济合作与发展组织（Organization for Economic Cooperation and Development，OECD）和 IEA 在联合发布的报告中指出，家庭收入、能源价格和能源效率是导致"能源贫困"现象产生的三个主要因素。③ 这成为本书分析"能源贫困"生成机制的基础，但是这三个因素必要而不充分，还应该从社会文化因素等视角予以补充。

其次，对"能源贫困"核心概念的梳理和总结，即关于能源获得与能源服务的研究。能源服务和能源获得是"能源贫困"的核心概念，理解这两个概念是研究"能源贫困"的前提。从相关国际组织的研究报告来看，IEA 在报告《展望能源获得：从贫困到富裕》中系统和专门探讨了能源获得的问题，并结合 SDGs 目标介绍了能源获得与性别平等、健康、环境等议题之间的关系，还介绍了全球和撒哈拉以南非洲电力和清洁烹饪燃料的获得情况。④ 英国实际行动组织（Practical Action）自 2010 年以来发布了系列报告——《贫困人口能源展望》，指出导致"能源贫困"的关键是能源获得的缺失，即实现能源获得是进一步获得能源服务的前提条件。尤其是，解决贫困人口基本能源需求、基础设施建设等与能源获得相关的问题是消除"能源贫

---

① Michaël Aklin, et al., *Escaping the Energy Poverty Trap: When and How Governments Power the Lives of Poor*, Massachusetts: MIT Press, 2018, p.64.

② ［美］安东尼·奥勒姆、约翰·戴尔：《政治社会学（第五版）》，王军译，中国人民大学出版社 2018 年版，第 321 页。

③ OECD and IEA, *Evaluating the Co-Benefits of Low-Income Energy-Efficiency Programmes*, International Energy Agency-workshop Report, January 2011.

④ "Energy Access Outlook," *Report of the IEA*, 2017.

困"的关键。① 国际应用系统研究分析所（IIASA）发布的报告《获得现代能源：对发展中国家的评估与展望》也指出，能源获得的缺失是"能源贫困"产生的关键，且获得的能源必须具有现代性特征。② 另外，从相关学者的研究来看，麦克·詹姆斯·费尔（Michael James Fell）认为能源服务是能源消耗之后产生的功能，这些功能是满足人类最终需求的手段。③ 凯古斯兹（K. Kaygusuz）则强调获得能源服务对摆脱"能源贫困"固然重要，但关键在于能源对居民生活质量改善的实效性，而不在于能源服务本身的现代性。④

第二，如何评估？即关于"能源贫困"评估方法的研究。目前，常见的"能源贫困"评估方法有：IEA提出的"能源发展指数"（EDI），以获得电力人口比例、人均生活电力消费量、商品能源在生活用能中的比重为具体指标；帕乔里等提出的"能源贫困二维分析指数"（Energy Access-Consumption Matrix），从能源服务的可获得性与能源需求量两个维度构建"能源贫困"二维矩阵；英国行动组织提出的"能源可获得性指数"（EAI），从生活燃料、电力、机械动力三个方面评价能源可获得的水平；米扎（Miza）和希尔麦（Szirmai）提出的"能源不便利综合指数"，以生活能源不便利指数和生活能源匮乏指数为指标；努斯鲍尔（Nussbaumer）等提出的"多维能源贫困指数"，以现代炊事燃料、室内污染、电力、家电设备、娱乐与教育设备和通信工具情况等为具体指标；英国政府提出的生活能源成本超过收入10%的标准；克鲁格曼（Krugman）和戈登堡（Goldemberg）提出综合人类发展指数（HDI）来计算人均每天基本能源需求；索巴尔（Shoibal）和塔沃尼

---

① "Poor People's Energy Outlook," *Report of the Practical Action*, 2010 – 2019.
② "Access to Modern Energy: Assessment and Outlook for Developing and Emerging Regions," Report of the International Institute for Applied Systems Analysis, 2012.
③ Michael James Fell, "Energy Services: A Conceptual Review," *Energy Research & Social Science*, Vol. 27, No. 3, 2017, pp. 129 – 140.
④ K. Kaygusuz, "Energy Services and Energy Poverty for Sustainable Rural Development," *Renewable and Sustainable Energy Reviews*, Vol. 15, No. 2, 2011, pp. 936 – 947.

(Tavoni)提出了通过考察满足人类生存、生产、现代社会需求和欧洲平均水平四个不同层次需求的能源消费量的方法。① 此外，也有一些检验上述评估方法的成果。例如，日本学者 Makoto Kanagawa 和 Toshihiko Nakata 通过能源和人类发展指数以及能源和联合国千年发展目标（MDGs）阐述了能源与健康、教育、环境和收入之间的关系，认为提高电力普及率会对发展中国家农村地区居民的健康、教育、性别等问题产生积极影响，比如，如果印度阿萨姆农村继续提高电力接入率，识字率将由 63.3% 上升至 74.4%。② 法拉克·谢尔（Falak Sher）等分别利用 MEPI 探讨了巴基斯坦和南非的"能源贫困"。③ 可以看出，这一系列常见评估方法几乎都属于定量研究。

第三，如何摆脱？即关于"能源贫困"解决路径的研究。本杰明·索瓦库尔（Benjamin K. Sovacool）与艾拉·玛蒂娜·德鲁帕迪（Ira Martina Drupady）在其著作《能源获得、贫困和发展：发展中亚洲国家小规模可再生能源发展计划》中介绍了亚洲发展中国家通过发展可再生能源摆脱"能源贫困"的具体举措，其中在第九章还专门介绍了印

---

① "World Energy Outlook," *Report of the IEA*, 2012; S. Pachauri, et al., "On Measuring Energy Poverty in Indian Households," *World Development*, Vol. 32, No. 12, pp. 2083 – 2104; "Poor People's Energy Outlook," *Report of the Practical Action*, 2010; Bilal Mirza and Adam Szirmai, "Towards a New Measurement of Energy Poverty: A Cross-Community Analysis of Rural Pakistan," Working Paper in United Nations University/UNU-MERIT, 2010; Patrick Nussbaumer, et al., "Global Insights Based on the Multidimensional Energy Poverty Index (MEPI)," *Sustainability*, Vol. 5, No. 5, 2013, pp. 2060 – 2076; Brenda Boardman, *Fixing Fuel Poverty: Challenges and Solutions*, London: Earthscan, 2010; Shoibal Chakravarty and Massimo Tavoni, "Energy Poverty Alleviation and Climate Change Mitigation: Is There a Trade Off," *Energy Economics*, Vol. 40, No. 6, 2013, pp. 67 – 73.

② Makoto Kanagawa and Toshihiko Nakata, "Assessment of Access to Electricity and the Socio-Economic Impacts in Rural Areas of Developing Countries," *Energy Policy*, Vol. 36, No. 6, 2008, pp. 2016 – 2029.

③ Falak Sher, et al., "An Investigating of Multidimensional Poverty in Pakistan: A Province Level Analysis," *International Journal of Energy Economics and Policy*, Vol. 4, No. 1, 2014, pp. 65 – 75; Sylvia Olawumi Israel-Akinbo, "An Investigation of Multidimensional Energy Poverty among South African Low-income Households," *South African Journal of Economics*, Vol. 86, No. 4, 2018, pp. 468 – 487.

度通过"农村能源安全计划"来提高农村居民对现代能源服务的可获得性，以此解决农村的"能源贫困"问题。① 玛丽·罗宾逊基金会气候正义中心（Mary Robinson Foundation Climate Change）的报告则探讨了社会福利和保障机制对消除"能源贫困"的作用，认为由于"能源贫困"对妇女、儿童等弱势群体产生的影响最为严重，是一个突出的社会问题，因此政府应该着手从社会公平正义的角度加以解决。② 安达里（Roos Kities Andadari）等认为对于低、中收入国家而言，液化石油气（LPG）是替代传统生物质能的最佳选择，因而也是消除"能源贫困"的重要抓手。不仅是因为 LPG 相对清洁、安全及可负担，也是由于其能够大规模减轻政府的能源补贴负担。③

第四，涉及"能源贫困"具体问题的研究。索巴尔等探讨了"能源贫困"与气候变化之间的关系，认为消除"能源贫困"并非一件完美的事情，将会带来能源消费的上升，尤其是非洲地区能源消费在 2030 年以前将会在现有基础上提高至少两倍，从而导致碳排放量的增多，气温由此将上升 0.13℃。尽管如此，索巴尔认为这仍然处于可控范围。④ 维多利亚·纳鲁勒（Victoria R. Nalule）基于地区主义的视角探讨了撒哈拉以南非洲的"能源贫困"，认为应高举"地区主义"旗帜，借助非盟等现有地区合作机制，实现地区电网等能源基础设施的互联互通来解决"能源贫困"问题。此外，也有探讨老挝、中国香港、印尼、欧盟、东盟等地区或国家"能源贫困"

---

① Benjamin K. Sovacool and Ira Martina Drupady, *Energy Access, Poverty, and Development: The Governance of Small-Scale Renewable Energy in Developing Asia*, Burlingto: Ashgate Publishing Company, 2012.

② Mary Robinson Foundation Climate Justice, *The Role of Social Protection in Ending Energy Poverty: Making Zero Carbon, Zero Poverty the Climate Justice Way a Reality*, New York: Mary Robinson Foundation Climate Justice, 2016.

③ Roos Kities Andadari, et al., "Energy Poverty Reduction by Fuel Switching. Impact Evaluation of the LPG Conversion Program in Indonesia," *Energy Policy*, Vol. 66, No. 11, 2013, pp. 436 – 449.

④ Shoibal Chakravarty and Massimo Tavoni, "Energy Poverty Alleviation and Climate Change Mitigation: Is There a Trade Off," *Energy Economics*, Vol. 40, No. 12, 2013, pp. 67 – 73.

问题的成果。①

另外，国内学界的相关研究具体呈现在三个方面：一是对"能源贫困"及其相关议题的介绍。王卓宇在《能源贫困与联合国发展目标》一文中，介绍了联合国与 IEA 提出的关于"能源贫困"的相关概念及其产生的负面影响，并介绍了"能源贫困"与联合国可持续发展目标之间的关系。② 这篇论文主要是对相关国际组织涉及"能源贫困"报告中的核心内容进行梳理性介绍。

二是对中国"能源贫困"问题的研究。李慷在博士学位论文《能源贫困综合评估方法及其应用研究》中，采用定量分析方法对国内外"能源贫困"文献进行了综述，并在此基础上重点围绕中国"能源贫困"的基本特征和减缓"能源贫困"的驱动因素开展建模和应用研究。他认为，第一，国内对"能源贫困"问题的研究尚未起步，相较国外研究还存在差距；第二，中国居民部门生活用电水平和商品用能公平性较高，但生活用能不平衡性却十分突出；第三，中国城镇家庭生活用能可支付性整体表现较好，趋好形势明显，中国整体"能源贫困"呈自然减缓趋势，但速度缓慢；第四，生活用能认知的提高有助于消除"能源贫困"；第五，社会经济因素的改变可驱动"能源贫困"减缓。此外，作者还针对这些研究结论提出了相应的政策建议。③ 与此同时，李默洁等在《中国消除能源贫困的政策与行动》一文中，基于"能源

---

① Victoria R. Nalule, *Energy Poverty Access Challenges in Sub-Saharan Africa: The Role of Regionalism*, Switzerland: The Palgrave Macmillan, 2019; Sothea Oum, "Energy Poverty in the Lao PDR and Its Impacts on Education and Health," *Energy Policy*, Vol. 132, No. 5, 2019, pp. 247 – 253; Maxensius Tri Sambodo and Rio Novandra, "The State of Energy Poverty in Indonesia and Its Impacts on Welfare," *Energy Policy*, Vol. 132, No. 5, 2019, pp. 113 – 121; Sara Fuller, et al., "Narratives of Energy Poverty in Hong Kong," *Energy & Buildings*, Vol. 191, No. 3, 2019, pp. 52 – 58; Florin Vondung and Jogannes, "Energy Poverty in the EU-Indicators as a Base for Policy Action," *ECEEE Summer Study 2019*, Vol. 3, 2019; Christoph Strunk, *Fighting Energy Poverty in Europe-Responses, Instruments, Successes*, Bonn: Friedrich-Ebert-Stiftung, 2017; Stefan Bouzarovski, *Energy Poverty: (Dis) Assembling Europe's Infrastructure Divide*, Switzerland: The Palgrave Macmillan, 2018.

② 王卓宇：《能源贫困与联合国发展目标》，《现代国际关系》2015 年第 11 期。

③ 李慷：《能源贫困综合评估方法及其应用研究》，博士学位论文，北京理工大学，2014 年。

贫困"的定义分析了中国的情况,对改革开放以来中国解决"能源贫困"的相关政策和行动进行了总结,认为随着无电人口用电问题的逐步解决,中国"能源贫困"出现新特征,需要从电力政策、生态环境保护等方面进一步推动该问题的解决。① 赵雪雁等则在《2000—2015年中国农村能源贫困的时空变化与影响因素》一文中,以中国30个省区市为研究单元,将能源获得与能源服务作为"能源贫困"的度量指标,利用"Theil指数"、"空间自相关分析法"、"空间杜宾模型"(SDM)分析了中国农村"能源贫困"的时空演变特征与影响因素,根据总结出的特征,认为随着经济发展水平的提高,中国农村"能源贫困"严重性将得到有效缓解。② 魏一鸣等在《中国能源报告(2014):能源贫困研究》中,总结了当前学界具有代表性的"能源贫困"评估方法,在此基础上,针对中国的"能源贫困"提出了自己的分析指标,分别从时间(改革开放前后)和空间(不同地区或省份)的维度对中国的"能源贫困"进行了评估,并针对使用传统生物质能对居民部门身心健康影响、经济社会发展、清洁能源产业发展、气候变化与环境的可持续性以及消除"能源贫困"的政策与实践等相关问题开展了系统性研究。③

三是关于非洲"能源贫困"问题的研究。张建新等在《非洲的能源贫困与中非可再生能源合作》的论文中,分析了非洲"能源贫困"的现状(2015年),认为发展可再生能源是摆脱"能源贫困"的重要途径,并在此基础上从制度框架、投资和减贫三个方面探讨了中非可再生能源合作的内容与意义,认为中非可再生能源合作不仅产生了广泛的社会经济效益,而且形成了多赢的利益格局,对于促进非洲的能源消费向低碳能源体系转型、实现可持续发展做出了积极的贡献。④

---

① 李默洁等:《中国消除能源贫困的政策与行动》,《中国能源》2014年第8期。
② 赵雪雁等:《2000—2015年中国农村能源贫困的时空变化与影响因素》,《地理研究》2018年第6期。
③ 魏一鸣等:《中国能源报告(2014):能源贫困研究》,科学出版社2014年版。
④ 张建新、朱汉斌:《非洲的能源贫困与中非可再生能源合作》,《国际关系研究》2018年第6期。

### (二) 关于印度"能源贫困"的研究

总体来看，对国内学界而言，尚缺乏对印度"能源贫困"问题的全面、系统和专门性研究。相较于此，关于印度"能源贫困"的研究成果主要源自国外学界。

从国内学界来看，对印度"能源贫困"问题的研究仍有相当大的提升空间。魏一鸣等在其《中国能源报告（2014）：能源贫困研究》的第九章《消除能源贫困政策与行动》中简要地对印度如何消除"能源贫困"做了介绍。包括：印度很多地区实施阶梯电价，对低于贫困线的消费者提供低价电力；发展太阳能、风能、小型水电站等可再生能源；鼓励妇女使用和推广清洁能源。[①]

与印度"能源贫困"相关的研究则主要是探讨当前印度莫迪政府的可再生能源发展计划。毋庸置疑，通过发展可再生能源来消除"能源贫困"是一种普遍性的选择，对印度政府而言当然也不例外。诚然，当前莫迪政府推出的一系列可再生能源发展计划，消除"能源贫困"是其中的主要动因。因此，金莉苹的论文《印度莫迪政府可再生能源发展计划：动因、成效与制约》和张帅的论文《印度发展清洁能源的动因、特点与前景分析》都分析了当前莫迪政府推出所谓全球最大可再生能源发展计划的国内外政治经济等多层面的动因，取得的成效、特点及前景。[②] 在此基础上，金莉苹又在其博士学位论文《印度经济增长中的能源消费及其可持续性研究》中剖析、解读了印度的能源消费和碳排放模式、状况、特征，以及对能源消费与经济增长的关系和印度能源消费模式的可持续问题进行了探讨。[③] 然而，较为遗憾的是，这三项

---

[①] 魏一鸣等：《中国能源报告（2014）：能源贫困研究》，科学出版社2014年版，第186—190页。

[②] 金莉苹：《印度莫迪政府可再生能源发展计划：动因、成效与制约》，《南亚研究》2018年第3期；张帅：《印度发展清洁能源的动因、特点与前景分析》，《印度洋经济体研究》2018年第5期。

[③] 金莉苹：《印度经济增长中的能源消费及其可持续性研究》，博士学位论文，云南大学，2018年。

成果都未能进一步联系和探讨印度的"能源贫困"问题，或者说都只触及了印度"能源贫困"问题的一个方面。

除此之外，从形式上看，既有相关成果将印度"能源贫困"问题进行了拆分研究，即分别探讨"印度的能源问题""印度的贫困问题"。这些研究成果的滞后性比较明显，且几乎都属于单向度视角的研究。

从印度能源问题研究的角度看，既有成果可以分为印度能源战略与外交、能源政策两个主题。就印度能源政策的研究来看，包括《印度的能源危机及其对策》《印度能源的分布与开发》《印度政府的农村能源对策》《印度能源政策分析》《印度能源形势与发展趋势分析》《试析印度的能源政策》《论印度能源法制转型及其对我国的启示》。[①] 从印度能源战略和外交研究来看，成果包括《石油冲击与印度能源自给的努力》《能源外交：印度的地缘战略认知与实践》《试论印度与非洲的能源合作》《论印度实施能源外交的条件》《印度与拉美的能源合作》《从印非关系的重新调整看印度对非洲能源外交》《能源安全视角下的印度"东向"外交》《德国、美国、日本、印度清洁能源外交比较研究：兼论对中国绿色"一带一路"建设的启示》。[②]

从印度贫困问题研究的角度看，大致可以按主题和解释路径的不同

---

① 梅晴：《印度的能源危机及其对策》，《世界经济》1981年第4期；胡士铎：《印度能源的分布与开发》，《南亚研究》1984年第4期；司马军：《印度政府的农村能源对策》，《世界经济与政治》1992年第3期；杨翠柏：《印度能源政策分析》，《南亚研究》2008年第2期；杨思灵、高会平：《印度能源形势与发展趋势分析》，《南亚研究》2009年第3期；时宏远：《试析印度的能源政策》，《国际论坛》2011年第1期；何苗：《论印度能源法制转型及其对我国的启示》，《求索》2012年第3期。

② 赵穗生：《石油冲击与印度能源自给的努力》，《南亚研究》1984年第1期；张力：《能源外交：印度的地缘战略认知与实践》，《世界经济与政治》2005年第1期；时宏远：《试论印度与非洲的能源合作》，《西亚非洲》2008年第11期；时宏远：《论印度实施能源外交的条件》，《南亚研究》2010年第1期；时宏远：《印度与拉美的能源合作》，《拉丁美洲研究》2010年第5期；常思：《从印非关系的重新调整看印度对非洲能源外交》，《南亚研究》2012年第3期；李昕：《能源安全视角下的印度"东向"外交》，《南亚研究》2013年第4期；李昕蕾：《德国、美国、日本、印度的清洁能源外交比较研究：兼论对中国绿色"一带一路"建设的启示》，《中国软科学》2020年第7期。

进行分类。在研究主题方面，大多数研究成果都聚焦印度农村的贫困问题。[①] 几乎都秉持一个核心观点，即农村的贫困问题是印度贫困问题的集中呈现，印度政府重点推动农村的反贫困治理。诚然，农村是印度贫困问题的重灾区，解决农村的贫困问题是印度彻底摆脱贫困的关键。但实际上，印度的贫困问题也具有普遍性，使整个社会处于贫困的状态，并不局限于某一领域或地区。又如，印度许多城市仍然拥有大量贫民窟且相当一部分城市家庭的基本生活用能还严重依赖薪柴等初级能源。故此，农村的贫困只不过是探讨印度贫困问题的必要条件，并不能充分诠释印度贫困问题的全貌。

从解释路径看，现有相关研究的分析框架比较传统和单一。其一，主要从社会公平正义的角度诠释印度贫困问题的成因及解决路径，包括：性别不平等、种姓不平等及通过实现公平的政治参与来解决贫困问题。[②] 其二，从微观层面的收入、教育、就业等视角来讨论印度的贫困问题。比如，受教育水平低下使印度贫困问题保持长期性和周期性；优先解决就业问题、增加贫困人口的收入、建立健全社会保障制度等是摆脱贫困的关键举措。当然，通过这些视角都有助于理解印度贫困问题的核心要义。但是，此类解释路径只为理解印度的贫困与反贫困提供了一般性分析模式，而较少关注印度贫困问题的特殊性，从而具有一定片面性。

尽管上述两个视角的研究成果并未直接涉及印度的"能源贫困"问题，但是为本研究讨论"能源贫困"视角下的印度能源问题和贫困问题提供了一些参考，也为实现二者的有机统一奠定了基础。例如，尝

---

[①] 李熠煜、刘迅：《元治理视域下多元主体参与的印度农村反贫困研究——基于 IAY 项目的执行分析》，《湘潭大学学报》（哲学社会科学版）2017 年第 4 期；宋志辉：《印度农村反贫困的经验、教训与启示》，《南亚研究季刊》2009 年第 1 期；王晓丹：《印度贫困农民的状况及政府的努力》，《当代亚太》2001 年第 4 期；沈红：《印度的乡村贫困和扶贫体制》，《社会学研究》1994 年第 5 期。

[②] 张清：《贫困与自由：基于印度"不平等"的宪政分析》，《学习与探索》2010 年第 2 期；王晓丹：《印度贫困妇女面临的问题》，《南亚研究》2000 年第 2 期。

试从能源外交的角度去思考印度如何消除自身的"能源贫困"。

相较于此,国外学界对印度"能源贫困"的研究则要更成熟和丰富。相关研究成果可分为两个方面。一是印度摆脱"能源贫困"的路径选择,即如何通过发展可再生能源来消除"能源贫困"。许多学者和国际组织对当前印度莫迪政府的可再生能源发展计划充满"兴趣",几乎都认为消除"能源贫困"是印度莫迪政府发展可再生能源的主要动因,包括大规模推动太阳能和风能的发展、推出"全国通电计划"等。[1] 不过,也有学者认为印度要消除"能源贫困"不能完全寄希望于发展可再生能源。阿尼鲁德·莫汉(Aniruddh Mohan)就认为大力发展煤电才是印度当前解决"能源贫困"问题的最佳选择,且以此为基础进一步讨论了"发展特权"与"能源普适性"之争的关系。[2] 此外,印度非官方智库辨喜基金会(M. S. Swaminathan Research Foundation)等机构发布的研究报告也认为,印度解决"能源贫困"问题的路径选择不是发展可再生能源,而是借助 LPG,支持莫迪政府推出的"免费煤气罐计划",认为此举不仅有助于使许多家庭获得更多能源,而且也对解决贫困中的性别、教育等具体问题提供有利条件。[3]

---

[1] Gaurav Joshi and Komali Yenneti, "Community Solar Energy Initiatives in India: A Pathway for Addressing Energy Poverty and Sustainability," *Energy & Buildings*, Vol. 210, No. 3, 2020, pp. 1 – 14; S. Manju and Netramani Sagar, "Progress towards the Development of Sustainable Energy: A Critical Review on the Current Status, Applications, Developmental Barriers and Prospects of Solar Photovoltaic Systems in India," *Renewable and Sustainable Energy Reviews*, Vol. 70, No. 6, 2017, pp. 298 – 313; Anjali Bhide and Carlos Rodriguez Monroy, "Energy Poverty: A Special Focus on Energy Poverty in India and Renewable Energy Technologies," *Renewable and Sustainable Energy Reviews*, Vol. 15, No. 2, 2011, pp. 1057 – 1066; "Can Renewable Energy Jobs Help Reduce Poverty,", *Report of the World Resources Institute*, 2017; Lari Shanlang, et al., "Electricity Generation in India: Present State, Future Outlook and Policy Implications," *Energies*, Vol. 12, No. 2, 2019, pp. 1 – 14.

[2] Aniruddh Mohan and Kilian Topp, "India's Energy Future: Contested Narratives of Change," *Energy Policy*, Vol. 44, No. 4, 2018, pp. 75 – 82.

[3] Haribandhu Panda, "Political Economy of Energy Policy in India: Electricity and LPG," Report of the MS Swaminathan Research Foundation, 2020; "The Ujjwala Saga-Unending Happiness & Health," Report of Ministry of Petroleum and Natural Gas of India, 2019; Sasmita Patnaik, "Roadmap for Access to Clean Cooking Energy in India," Report of the Council on Energy, Environment and Water, 2019.

这一视角的研究成果明确了印度发展可再生能源与其"能源贫困"之间的关系，或者说将发展可再生能源置于"能源贫困"的主题下予以探讨。但是，仍然只探讨了印度"能源贫困"的一个方面，至于对该问题的表现、特征、影响、治理等问题几乎没有进行系统分析。不过，这一视角的成果为讨论有效应对"能源贫困"的风险挑战提供了支撑，尤其是要立足自身能源问题的具体实际来提出消除"能源贫困"的政策建议，而非纯粹地寄希望于发展可再生能源，诸如此类的观点为本书探讨印度如何治理"能源贫困"以及消除"能源贫困"与贫困治理的关系具有重要启示。

二是将印度作为探讨"能源贫困"相关问题的案例，或者通过一个具体视角来探讨印度的"能源贫困"。安瓦尔·赛代斯（Anver C. Sadath）和邵娜丽·帕乔里（Shonali Pachauri）分别以印度各邦家庭能源消费情况为例，通过分析其"能源贫困"的广度和深度，发展和完善了"多维能源贫困指数"（Multidimensional Energy Poverty Index，MEPI）和"能源贫困二维分析指数"。沙希杜尔·坎德克（Shahidur R. Khandker）则以印度为案例探讨了"能源贫困"与收入水平之间的关系，认为在"能源贫困"问题中收入水平的高低只是必要但不充分的因素，增加收入固然重要，但需要与有针对性的能源政策相结合才能取得实效。① 此外，IEA 等发布的一系列报告，如《印度能源展望》（*India Energy Outlook*）详细介绍了印度"能源贫困"的诸多事实，是本书所列举的许多数据、案例的重要参考和来源。②

另一方面，拉杰什·阿查亚（Rajesh H. Acharya）等则采用"多维能源贫困指数"并基于印度居民部门的相关发展指数探讨了印度"能源贫困"与经济发展之间的关系，认为印度各地区仍然存在严重的

---

① Shahidur R. Khandker, et al., "Are the Energy Poor also Income Poor? Evidence from India," *Energy Policy*, Vol. 47, No. 4, 2012, pp. 1–12.
② "India Energy Outlook," *Report of the IEA*, 2015; "India Energy Policy Review," *Report of the IEA*, 2020; "India：Household Energy, Indoor Air Pollution, and Health," *Report of the World Bank*, 2002.

"能源贫困"现象，其对经济社会发展造成诸多负面影响；对于消除"能源贫困"，通过强化教育手段比提高收入水平更加有效；同时，印度"能源贫困"还具有特殊性，即出现"分化"现象。一是阶层的分化，相较于其他种姓，表列部落和贱民阶层面临更严重的"能源贫困"；二是出现城乡分化，农村"能源贫困"现象要比城市更严重。[①]但是，这一成果未对印度"能源贫困"的成因与表现，尤其是特殊性影响作进一步的学理分析。不过，其中一些观点和事实为本书继续探讨印度"能源贫困"的特点提供了一些线索，比如印度"能源贫困"与种姓制度的关系。

### （三）关于"能源贫困"与经济贫困关系的研究

从上述研究成果来看，"能源贫困"与贫困问题存在必然联系。具体而言，"能源贫困"触及绝对贫困。从成因来看，收入水平低下是导致"能源贫困"的核心问题；而从结果来看，"能源贫困"使居民部门难以持续稳定地获得生存需求，甚至是一种缺失状态。另外，"能源贫困"又触及相对贫困。从成因来看，"能源贫困"的形成不仅是收入水平的低下，也源自非收入因素；从结果而言，"能源贫困"也制约个人的生活与发展。由此，对"能源贫困"与经济贫困关系的研究主要体现在以下两个方面。

一是关于"能源贫困"与绝对贫困关系的研究。此类研究重点突出能源获得这一核心要义，认为"能源贫困"的核心问题是"有无问题"，之所以如此的根本原因在于受收入水平的高低影响，即是否对现代能源和现代能源服务具有可负担性。例如，在农村地区，"能源贫困"与收入贫困具有强相关关系，甚至前者的严重程度要远远大于后者，主要表现形式为现代燃料和清洁烹饪设备的缺失；而在城市地区，

---

① Rajesh H. Acharya and Anver C. Sadath, "Energy Poverty and Economic Development: Household-Level Evidence from India," *Energy & Buildings*, Vol. 183, No. 1, 2019, pp. 785 - 791.

收入水平高低基本上与"能源贫困"的程度构成正相关关系,是否具备可负担能力对城市家庭而言是核心问题。[1] 有学者就通过印度的案例证明,"能源贫困"与收入贫困之间存在必然联系,印度农村和城市家庭之所以存在普遍的"能源贫困"现象,主要原因是收入贫困,而且"能源贫困"也是制约这些家庭收入水平提高的关键因素。[2]

二是关于"能源贫困"与相对贫困关系的研究。此类研究重点探讨能源服务的匮乏对居民部门生活及个人发展的影响。IEA 就指出,相对贫困是"能源贫困"的重要特征之一,二者往往呈现正相关关系,且受"能源贫困"影响的人群主要聚集在贫困问题比较突出的国家或地区。[3] 具体从这些人群的生活能源消费来看,以农业生产的废弃物、禽畜粪便、薪柴为代表的传统生物质能是处于相对贫困居民的主要生活用能来源,而传统生物质能在生活用能来源中的占比大小又是 IEA 定义和评价"能源贫困"的一个标准。与此同时,"能源贫困"是导致相对贫困的重要原因,其是健康、环境、安全、社会公平正义的潜在威胁,同时也是相对贫困在能源议题上的表现。[4] 因此,消除"能源贫困"旨在为居民部门用能行为和农业生产提供高效、健康、安全的现代能源和能耗设备,有助于降低家庭生活成本,有利于居民部门提高收入、拥有高质量的生活、享有更多自由发展的权利。[5]

综上所述,学界基本上对"能源贫困"与贫困的关系形成共识。具体而言,"能源贫困"与贫困并非彼此割裂的两个问题,二者是一个

---

[1] Lauren C. Culver, "Energy Poverty: What You Measure Matters," Pre-symposium White Paper for: Reducing Energy Poverty with Natural Gas: Changing Political, Business, and Technology Paradigms, May 9 &10, 2017, p. 7.

[2] Shahidur R. Khandker, et al., "Are the Energy Poor also Income Poor? Evidence from India," *Energy Policy*, Vol. 47, No. 2, 2012; Sangeeta V. Sharma, et al., "Socio-Economic Determinants of Energy Poverty amongst Indian Households: A Case Study of Mumbai," *Energy Policy*, Vol. 132, No. 3, 2019.

[3] "World Energy Outlook," *Report of the IEA*, 2002.

[4] 王卓宇:《能源贫困与联合国发展目标》,《现代国际关系》2015 年第 11 期。

[5] "World Energy Outlook," *Report of the IEA*, 2010.

相互作用的整体，且"能源贫困"已成为加大贫困治理难度的重要因素。贫困是促成"能源贫困"问题产生及持续存在的重要原因之一，减缓贫困对消除"能源贫困"起到正面作用；而"能源贫困"阻碍经济发展、收入水平提高，是消除贫困的障碍。不过，尽管学界关于"能源贫困"与贫困的关系有充分论述，但对"能源贫困"与贫困治理的关系仍可以做进一步探讨。换言之，从方法论的角度出发，对于探究如何通过消除"能源贫困"推进贫困治理，这两者具有何种内在机理等问题仍有延展的空间。

### （四）总结与评论

从国内学界来看，关于"能源贫困"的研究成果较少，一定程度而言仍属于一个新话题。既有相关成果尚处于描述性和介绍性研究阶段，侧重于探讨中国的"能源贫困"。从具体学科来看，几乎都是能源经济、环境工程，很少有政治学或国际关系研究方面的成果，且采用的方法几乎都是定量研究。相较于此，属于定性研究的理论分析很少，唯有王卓宇发表于《现代国际关系》2015年第11期的《能源贫困与联合国发展目标》和张建新发表于《国际关系研究》2018年第6期的《非洲的能源贫困与中非可再生能源合作》两篇文章属于从政治学、国际关系的视角来探讨"能源贫困"。但是，较为遗憾的是，这两篇文章在内容上仍属于描述性和介绍性研究，缺乏对"能源贫困"的理论探讨，更未涉及印度的情况。不过这也表明，从政治学与国际关系的角度来探讨"能源贫困"不仅具有可行性，而且还具有进一步深化和延展的学术空间。

相比之下，国外学界对"能源贫困"及印度"能源贫困"的研究则有较多成果。这些研究成果源自对经验现象的提炼，为本书展开进一步研究提供了相应启示，为本书部分章节的写作提供了重要参考。不过，这些研究成果也存在以下几点不足，仍具有深入探讨的空间。

第一，严重偏向定量研究。诚然，定量研究是当前国内外学界的潮流和趋势，也有助于准确把握"能源贫困"的程度，但是定量研究必须要以掌握大量研究对象地区和国家的相关数据为前提，缺乏普遍适用性和借鉴性。对此，需要有定性研究的方法作为补充。

第二，理论敏感性不强，缺乏明确和深入的理论分析框架。大多数研究成果几乎都是在探讨能源问题时提及"能源贫困"的概念和表现，而缺乏对这种经验现象深入和系统的理论探讨，即如何把这种常见的现象抽象到理论层面。同时，也未能较好地总结出"能源贫困"的一般性规律。比如，缺乏对"能源贫困"内涵与外延、核心概念的澄清与界定；缺乏对"能源贫困"生成机制、影响机理及与经济社会发展固有问题之间内在机理等问题进行深入的学理分析。

第三，相关研究处于零散状态，更多是个案研究或者是对具体问题的分析，尤其是偏向于探讨"能源贫困"的解决路径。就印度"能源贫困"的研究而言，许多名为印度"能源贫困"研究的成果，实际上只是将印度作为一个案例去达到发展、完善、改进或检验研究方法和理论的目的，本身不是一种专门性研究。

综上所述，国内外现有的相关研究成果为本书提供了丰富的素材，也留下继续探究的空间。一是对"能源贫困"本身的理论探讨，尤其是摆脱定量研究惯性思维的束缚，尝试从定性研究的角度为"能源贫困"的研究构建理论分析框架；二是对印度"能源贫困"问题进行专题研究，尤其是结合印度经济社会发展的具体实际来探讨该问题；三是结合印度的实际，从特性到共性，探讨能源为什么可以推动贫困治理及其路径选择的问题，为贫困治理的研究提供补充性视角。

## 三 重点、难点和创新点

### （一）重点

1. "能源贫困"的理论探讨

构建理论分析框架是印度"能源贫困"问题研究的基本前提。鉴于此，理论分析框架构建的逻辑起点是概念的澄清。所以，首先是"能源贫困"定义的归纳和总结。然后据此明确"能源贫困"的相关概念，尤其是核心概念。再次，对"能源贫困"的内涵与外延进行界定，并探究该问题的生成机制和影响机理。最后，在总结既有评估方法和相关理论范式的基础上，对提炼出的核心概念或分析指标以逻辑自洽的方式进行建构，为印度"能源贫困"的研究提供分析框架。

2. 印度"能源贫困"的特征分析

作为全球"能源贫困"的一部分，印度的"能源贫困"具有普遍性的特征。但与此同时，"能源贫困"又与印度经济社会发展的一系列问题存在直接或间接的联系。由此，印度"能源贫困"的"印度特色"是本书要讨论的重点之一。具体而言，本书将着重探讨"能源贫困"与印度经济贫困、种姓制度、性别问题三大典型问题之间的关系。

3. 对消除"能源贫困"与贫困治理关系的探讨

如何通过消除"能源贫困"来促进贫困治理是本书的题中应有之义和落脚点。能源与贫困之间的关系是研究印度"能源贫困"的核心问题之一。因此，印度如何治理"能源贫困"？其成效如何及意义何在？印度的"能源贫困"治理与其贫困治理究竟是一种什么关系，或者说印度治理"能源贫困"的政策与实践对其贫困治理产生什么作用和意义？对这些问题的探讨都是本书探讨的一个重点。

### （二）难点

1. "能源贫困"的理论探讨及分析框架的建构缺乏明确的理论范式

尚未有解释或分析"能源贫困"的理论范式。与此同时，从能源的维度来看，对能源问题的研究本身也没有"内生性的理论"，往往是借助"外部理论"，比如经济学和政治学的理论。但是，借助这些现成的"外部理论"来分析"能源贫困"显得十分牵强。相较于此，从贫困的维度寻找理论依据反而要更能够体现出直接的相关性。毕竟，贫困是"能源贫困"的核心要义,也是"贫困—能源—贫困"恶性循环关系的起点和关键一环。然而,用解释贫困问题的理论范式来分析"能源贫困"又显得必要而不充分。也就是说,如何在批判和继承的基础上,对"能源贫困"展开理论探讨,实现分析框架的创新发展是本书面临的难点。

2. 一手资料收集难度较大

本书的内容涉及1947年印度独立以来的能源政策,时间跨度大、涉及面广,需要开展大量的资料收集和事实梳理。尤其是,如何在紧扣"能源贫困"定义、概念的同时,从印度的能源政策中总结和梳理涉足"能源贫困"治理的具体实践是本书的一大难点。

3. 难以全面把握印度"能源贫困"的社会文化维度

"能源贫困"与社会、文化和宗教因素存在直接或间接的联系。一定程度而言,印度的"能源贫困"实际上就是印度教徒或印度教社会的"能源贫困"。不过,印度是一个多元文化、宗教信仰丰富多彩的国家。从这一意义而言,本书难以对印度每一个族群、每一种文化背景下的"能源贫困"展开面面俱到的分析,只能有的放矢地突出主体和重点。

### (三)创新点

1. 对"能源贫困"概念的澄清及理论探讨

学界对"能源贫困"的相关概念尚存争议,甚至还具有一定模糊性。因此,本书首先要对"能源贫困"的概念进行澄清。一方面,从"能源贫困"概念缘起和演变的动态过程中,确定并阐释其核心概念;另一方面,从静态角度,对与"能源贫困"相近或相似的概念进行辨析,进一步明确"能源贫困"核心概念的意涵。在此基础上,界定"能源贫困"的内涵和外延,并探究其生成机制和影响机理。

2. 构建、运用并验证"能源贫困"的理论分析框架或分析指标

不同于定量研究,本书的研究在批判和继承既有评估方法和相关理

论范式的基础上，充分利用总结和提炼出的核心理论要素，形成逻辑自洽，构建自己的理论分析框架或分析指标，为研究印度的"能源贫困"提供工具。同时，运用分析框架探讨印度"能源贫困"的具体实际，提供新的解释或得出新的结论，也证明本书提出的理论分析框架的可行性，从而作为定量研究的一种补充，为学界从定性研究的角度探讨其他国家和地区的"能源贫困"提供借鉴和参考。

3. 评估和总结印度"能源贫困"治理的成效和经验，探究"能源贫困"治理与贫困治理的关系

印度的"能源贫困"是全球典型，其贫困问题也具有代表性。因此，印度政府治理"能源贫困"的成效和经验值得总结和参考。尤其是，印度如何以"能源贫困"治理为契机推动贫困治理，对进一步思考如何借助能源反贫困具有重要的理论价值和现实意义。

4. 剖析印度"能源贫困"的社会文化维度

"能源贫困"具有多维度特征，概括而言体现在物质和非物质两个层面。区别于聚焦能源经济学视角的研究，本书将剖析"能源贫困"的社会文化维度。印度具有纷繁复杂的文化背景、根深蒂固的种姓制度、突出的性别问题，加之作为"能源贫困"的典型国家，是探讨"能源贫困"社会文化维度的"天然试验场"。

当然，本书在体现上述创新点的同时，也留下了几个可供继续研究和讨论的切入点。其一，对"能源贫困"理论分析框架进行整合。本书未能通过"一个分析框架"来贯穿全文。相反，依照各章节之间的内在逻辑关系，分别构建了"用能三指标"、"能源贫困"恶性循环和以"政治意愿、政策安排、民众参与"为三要素的分析框架，以此逐一分析印度"能源贫困"的表现、影响和治理。同时，也正如上文所述，构建理论分析框架既是力图达到的创新点，也是难点之一，因而在构建完成后的运用中或许不可避免地出现了生搬硬套的现象。所以，如何在此基础上，进一步实现分析框架的有机整合，从定性研究角度构建一个真正意义上的模式化分析框架，以及推动分析框架与分析内容之间

的有机结合，将是"能源贫困"研究未来努力的重点方向。

其二，提出一个合理解释"能源贫困"问题的理论范式。客观而言，学界尚未提出一个能够充分解释"能源贫困"的理论范式，至多是借助经济学的理论来解释该问题的一个方面，以至于必要而不充分。尽管本书也尝试从理论层面对"能源贫困"的一系列问题进行系统探讨且以逻辑自洽的方式构建分析框架，但这至多是分析指标的提炼、核心概念的逻辑自洽，并不能称为真正意义上的理论范式。因此，这是未来"能源贫困"研究要突破的一个瓶颈。

其三，强化"能源贫困"分析框架的普适性。从一般到特殊再到一般是本书的一个基本思路，尤其是尝试对印度这一特殊案例的探讨，以期对"能源贫困"问题形成普遍性和特殊性的认识。不过，本书的一些发现至多是对"能源贫困"和"能源减贫"相关问题作出的一种普遍性解释，尤其是分析框架的普适性还有所欠缺。因此，弥补这一缺陷就需要在今后的研究中实现与上述两点的协调推进。

其四，从宗教和社会文化因素的角度研究印度的"能源贫困"问题仍有很大的延展空间。鉴于印度社会文化因素的庞杂性，本书只对印度"能源贫困"问题中的宗教和社会文化因素做了有的放矢的讨论。剖析经济贫困、性别问题、种姓制度和"能源贫困"的关系是本书的重点之一，但在不断深入的过程中发现，从社会文化角度来分析印度的"能源贫困"实在是纷繁复杂、难度较大。因此，只能立足主要问题，例如传统生物质能中的牛粪与宗教、"能源公平"和种姓制度及性别问题，因而本书在写作过程中难免会出现泛泛而谈的现象。与此同时，正如前文所言，本书已意识到宗教和社会文化因素在印度"能源贫困"问题中的重要性，却难以真正立足"印度"来诠释其"能源贫困"，只能尽可能从理论上做客观分析，以保证结论的科学性。例如，对印度教社会而言，使用牛粪并不算是一种"能源贫困"，且或许在大多数印度人看来，印度本身就不是一个贫穷的国家，或者说相较于悠久的历史、灿烂的文化、雄心勃勃的大国等自信与自豪感，消除贫困并非具有极端重要性，更何况消除"能源贫困"。

## 四 框架思路与分析方法

### （一）框架思路

本书立足问题导向将要讨论的问题归纳为两个方面。一是对基本问题的回答，包括印度"能源贫困"的表现；二是通过研究印度的"能源贫困"所得到的启示。围绕这两方面的问题，本书又具体分为以下三个内容。

第一，构建本书的分析框架。首先是从动态和静态的角度，对"能源贫困"概念进行澄清，作为构建分析框架的首要任务。其次是对"能源贫困"内涵和外延的界定，并探究其生成机制和影响机理。在完成这两项工作的基础上，总结和提炼出建立分析框架所需的核心理论要素或指标。最后，在对既有评估方法和相关理论范式评析的基础上，以逻辑自洽的方式对核心理论要素或指标进行组合，从而构建起"能源贫困"的分析框架。

第二，回答基本问题，即对印度"能源贫困"的一系列基本内容的探讨。具体而言，运用第一章的分析框架，逐一分析印度"能源贫困"的表现、"能源贫困"对印度经济社会发展的影响，以及印度对"能源贫困"的治理。

第三，分析核心问题，即剖析探讨印度"能源贫困"的理论和现实意义。具体而言，第三部分内容旨在解决的问题包括："能源贫困"治理和贫困治理之间的关系；如何以"能源贫困"治理为契机推动贫困治理；印度"能源贫困"治理的经验成效为贫困治理提供的借鉴和参考。

### （二）分析方法

1. 文献分析法

对"能源贫困"、印度"能源贫困"、印度的能源问题和贫困问题、印度的种姓和性别问题等相关研究成果进行梳理、总结和借鉴。除学理研究成果外，本书还参考了联合国、国际能源署、印度相关政府部门和智库等国际组织与机构的政策性文件、研究报告及调查数据，以此作为本书的支撑材料。

2. 系统分析法

宏观上，将"能源贫困"作为主题和研究对象，从纵向视角分析什么是"能源贫困"、如何评估及其具体表现和影响，探讨该问题的普遍性；从微观上，聚焦印度的实际情况，探讨"能源贫困"在印度的特殊性。其次，在理论维度方面，探讨"能源贫困"的生成机制和影响机理及该问题与印度三大典型经济社会发展问题之间形成的内在机理；在现实路径上，则对如何借助能源推动贫困治理的问题展开探讨。

3. 概念分析法

通过概念分析法剖析"能源贫困"的内涵（特有属性）与外延（与之相关的内容），提炼和总结出"能源贫困"的核心理论要素、分析指标，比如能源获得、能源服务、能源质量，以此作为分析框架构建的基础；或者说为其提供一些能够形成逻辑自洽的具体指标，如用能结构、用能能力、用能设备。

# 第 一 章

# "能源贫困"的概念与分析框架

"能源贫困"涉及的相关概念较多,学界对其存在一些不同认识,对这些相关概念也缺乏清晰的界定。一定程度上,这也是对"能源贫困"理论探讨不足的重要原因。因此,有必要首先对"能源贫困"的相关概念进行澄清,尤其是明确它的核心概念,从而为进一步探究"能源贫困"的生成机制和影响机理奠定基础。同时,这也是本书分析框架构建的关键。

## 第一节 "能源贫困"相关概念澄清

### 一 "能源贫困"概念的缘起和演变

"能源贫困"源自"燃料贫困","燃料贫困"概念的提出为"能源贫困"概念的形成和发展奠定了基础。[①] 正是在这一演变过程中,产生了许多与"能源贫困"直接或间接相关的概念。同时,这些概念的分化与组合,也决定了"能源贫困"的意涵。具体而言,"燃料贫困"为"能源贫困"概念的生成奠定了理论基础,并为"能源贫困"所蕴

---

① 参见 Sam Nierop, "Energy Poverty in Denmark?" Master's Thesis of Aalborg University, 2014; Richard Moore, "Definitions of Fuel Poverty: Implications for Policy," *Energy Policy*, Vol. 49, No. 10, 2012, pp. 19 – 26。

含的问题导向和价值取向的形成提供了现实条件。本质上,这一演变过程是"能源与安全"向"能源与发展"议题的推进。概而言之,"燃料贫困"向"能源贫困"的演变过程实际上是"能源安全"的深化和发展。

(一)"能源贫困"概念的缘起

首先,从时间上看,"燃料贫困"为"能源贫困"的提出和深入研究提供了重要参考和借鉴。1991 年,英国学者布兰达·博德曼(Brenda Boardman)在前期对英国大多数家庭取暖现状调查的基础上正式从学理层面提出了"燃料贫困"的概念。而"能源贫困"概念的正式提出源自 2000 年联合国开发计划署发布的报告《世界能源评估:能源与可持续发展的挑战》(*World Energy Assessment*:*Energy and the Challenge of Sustainability*)。

"燃料贫困"是指一户家庭花费了至少 10% 的收入,却仍然不能获得充足的能源服务。① 具体而言,已经花费了收入的 10%,该家庭冬天取暖需求却仍未得到满足,表现为卧室温度低于 21℃,客厅等房间的温度低于 18℃。② 因此,"燃料贫困"也被称为"不可负担的温暖"(Unaffordable Warmth)。也就是说,这一概念强调经济层面的不可负担性。相较"能源贫困","燃料贫困"的内容比较简单和具体,二者既有区别也有联系。一方面,特别关注不可负担性,以及强调居民部门能源消费需求未能得到满足的状态这一结果是"燃料贫困"与"能源贫困"的共性;另一方面,"燃料贫困"主要用于描述发达国家的能源匮乏问题,而发展中国家则主要以"能源贫困"为主。③ 2017 年,IEA 在

---

① Brenda Boardman, *Fuel Poverty*: *From Cold Homes to Affordable Warmth*, London: Belhaven Press, 1991, p. 227.
② Branda Boardman, *Fixing Fuel Poverty*: *Challenge and Solutions*, London: Earthscan, 2010, p. 23.
③ Anver C. Sadath and Rajesh H. Acharya, "Assessing the Extent and Intensity of Energy Poverty Using Multidimensional Energy Poverty Index: Empirical Evidence from Households in India," *Energy Policy*, Vol. 102, No. 3, 2017, p. 540.

《能源获得展望：从贫困到富裕》（World Energy Outlook: From Property to Prosperity）报告中指出"能源贫困"是现代能源服务缺失的集中呈现，该问题产生的根源在于现代能源的不可负担性。[①] 其中，IEA对"能源贫困"概念的源流脉络进行了简要回顾，认为它源自"燃料贫困"，且强调该问题并不是发展中国家的"专利"，发达国家同样也存在"能源贫困"问题，只是表现形式不同而已。其中，发达国家以缺乏取暖燃料为特点，而发展中国家则表现为电力和清洁能源的匮乏。可见，"燃料贫困"与"能源贫困"具体涉足范围和对象有显著不同。前者讨论的主要对象是发达国家，以"可支付"为核心要义。对"能源贫困"而言，不可负担性只是原因和表现之一，还具有更丰富的内涵和外延，例如社会文化因素对"能源贫困"的塑造性影响作用。因此，从这一角度而言，"能源贫困"是对"燃料贫困"概念的继承、发展和完善。

其次，从核心要义来看，"能源贫困"源自"燃料贫困"。"燃料贫困"的核心要义是居民部门获取能源服务的可负担性问题，"能源贫困"则继承和发展了这一核心要义。如前文所述，导致"能源贫困"的原因体现在两个方面：内在能力的缺少和外部条件的缺失。其中，家庭用能在经济上的不可负担性是内在能力缺失的核心问题。只不过"能源贫困"突破了"燃料贫困"的局限，既强调家庭作为需求方的不可负担性，同时也关注能源服务供应方的不可负担性问题，即"买不起"与"供不起"的有机统一。例如，英国学者罗希·戴（Rosie Day）就认为"能源贫困"是指由于无法获得可负担、可靠和安全的能源服务直接或间接导致人的基本能力的丧失，如保持健康、开展社交、接受教育。[②] 强调获得能源是人类具备生存与发展能力的先决条件，"能源贫困"则意味着这一条件和能力的缺失。又如，荷兰学者尼尔洛普

---

① "World Energy Outlook: From Property to Prosperity," *Report of the IEA*, 2017, p. 24.
② Rosie Day, et al., "Conceptualizing Energy Use and Energy Poverty Using a Capabilities Framework," *Energy Policy*, Vol. 93, No. 3, 2016, p. 260.

(Sam Nierop）认为"能源贫困"是指由于存在不可负担性，以至于居民部门的能源消费无法获得充足的能源服务。① 同时，他还强调"能源贫困"的生成机制由收入水平、能源价格、能源效率、社会文化等因素构成。

再次，从表观特征来看，"能源贫困"同样是对"燃料贫困"的继承、发展和完善。其一，"能源贫困"继承了"燃料贫困"概念探讨的主体，即居民部门的能源消费。其二，"能源贫困"在"燃料贫困"的基础上，对具体表现形式进行了抽象化的诠释，同时又从微观层面拓展和延伸了"燃料贫困"的基本内容。具体而言，将"无法获得充足的供暖"抽象表述为"现代能源服务的匮乏"。同时，又将缺乏充足供暖拓展和延伸至电力服务、现代烹饪燃料及现代炊事设备三个基本内容。此外，在评判标准上，"能源贫困"继承了"燃料贫困"的标准。如任职于 UNDP 的柬埔寨学者索递雅·乌姆（Sothea Oum）认为"能源贫困"问题存在于未连接电网的家庭及能源消费超过总支出 10% 的家庭之中。② 这一定义强调了电力服务在现代能源和现代能源服务中的中心地位，并继承了"燃料贫困"中 10% 的判断标准。另外，"能源贫困"在具体评判标准上又实现了更广泛的适用性和开放性，即将"燃料贫困"的 10%、21℃和 18℃的具体标准抽象概括为内生能力和外部条件的缺失。

最后，从本质特征来看，"能源贫困"在"燃料贫困"的基础上，实现内涵与外延的更加丰富和多元。宏观上，"能源贫困"继承了"燃料贫困"所探讨的两个基本问题——"能源与贫困"。中观上，"能源贫困"又对"燃料贫困"作了补充。"燃料贫困"强调的 10%、21℃和 18℃的标准主要针对发达国家，而"能源贫困"兼具发达国家与发

---

① Sam Nierop, "Energy Poverty in Denmark?" Aalborg: Master Thesis of Aalborg University, 2014, p. 7.

② Sothea Oum, "Energy Poverty in the Lao PDR and Its Impacts on Education and Health," *Energy Policy*, Vol. 132, No. 9, 2019, p. 250.

展中国家的视角,尤其突出发展中国家能源问题与贫困问题的联动性。微观上,"能源贫困"又在"燃料贫困"的基础上,将议题设置从供暖问题拓展和延伸至政治、经济、社会、文化等多个领域,更加突出贫困的维度。中国学者魏一鸣等指出"能源贫困"是:"为了人类生存和发展,不能公平获取并安全利用能源,特别是充足的、可支付的、高质量的、环境友好的能源。"① 他提出的这一定义在吸收相关英文文献核心要义的基础上,突出了"公平"问题,明确了解决"能源贫困"问题应坚持的价值导向,即能源公平。

(二)"能源贫困"概念的演变

"能源贫困是全球化时代世界两极分化的一个重要标志。"② 在国际体系中,发达国家为能源安全所困扰,而发展中国家则挣扎于"能源贫困",反映了两种截然不同的生存状态。自1973年欧佩克革命以来,能源安全成为一个重大的国际政治问题,而"能源贫困"不过是一个熟视无睹的社会经济问题。直到2000年9月,随着降低全球贫困水平的"千年发展目标"(Millennium Development Goals,MDGs)出台,"能源贫困"才逐渐进入学界的视野。

2000年,189个国家在联合国首脑会议上共同签署了《联合国千年宣言》,推出了消除贫困问题的"千年发展目标",包括消灭极端贫穷和饥饿、普及小学教育、促进男女平等并赋予妇女权利、降低儿童死亡率、改善产妇保健、与疾病作斗争、确保环境的可持续能力、开展全球合作以促进发展。③ 正是在这一背景下,自2000年以来,不断有研究强调消除"能源贫困"与实现"千年发展目标"之间的密切联系,联合国有关机构也意识到消除"能源贫困"在实现"千年发展目标"方面发挥的基础性、关键性作用,日益重视消除"能源贫困"并努力寻

---

① 魏一鸣等:《中国能源报告(2014):能源贫困研究》,科学出版社2014年版,第34页。
② 张建新、朱汉斌:《非洲的能源贫困与中非可再生能源合作》,《国际关系研究》2018年第6期。
③ "Millennium Development Goals," *Report of the UNDP*, https://www.undp.org/content/undp/en/home/sdgoverview/mdg_goal-s.html.

求有效的实践路径，主要体现在三个方面。第一，越来越多的国际组织关注"能源贫困"问题。例如，2000 年，联合国开发计划署首次明确了"能源贫困"的定义。同时，其还将这一定义置于"贫困与新千年可持续发展目标"主题之下，将"能源贫困"视为"贫困的能源维度"（Energy Dimension of Poverty）。[1] 另外，世界卫生组织也在历年报告中，关注到发展中国家使用传统生物质能所造成的严重室内空气污染问题。2002 年，IEA 也在《世界能源展望》中首次专设"能源与贫困"一章，并延续至今。IEA 认为"能源贫困"是指居民部门的能源消费缺乏电力服务及依赖传统生物质能。[2] 这一定义源自 IEA 于 2002 年发布的年度报告——《世界能源展望》。该定义是对上述 2000 年 UNDP 定义的具象化表述。随后，IEA 又在 2010 年的《世界能源展望》中发展和完善了"能源贫困"的定义，指出该问题还表现为依赖消耗传统生物质能的炊事设备。[3]

第二，国际社会开始强调能源服务的重要性，强调能源服务是实现"千年发展目标"的重要路径选择。2002 年，联合国"水、能源、健康、农业和生物多样性"（WEHAB）工作小组指出，"能源自身并不是人类的基本必需品，但它却是实现其他需求的关键。缺乏多样化、可负担的能源服务意味着许多人的基本需求无法得到满足"。[4] 例如，英国学者斯蒂芬·布萨洛夫斯基（Stefan Bouzarovski）认为"能源贫困"是指居民部门的能源消费无法获得高质量的能源服务，包括制冷与供暖、烹饪、电器、信息技术，从而导致许多基本需求呈现出无法得到满足的状态。[5] 这一定义对能源服务进行了具象化描述，并强调能源服务的缺

---

[1] "Millennium Development Goals," *Report of the UNDP*, https://www.undp.org/content/undp/en/home/sdgoverview/mdg_goal-s.html.

[2] "World Energy Outlook," *Report of the IEA*, 2002, p. 26.

[3] "Energy Poverty: How to Make Modern Energy Access Universal," *Report of the IEA*, 2010, p. 7.

[4] "A Framework for Action on Energy," *Report of the UNDP*, 2004, p. 6.

[5] Stefan Bouzarovski, *Energy Poverty*: (Dis) Assembling Europe's Infrastructure Divide, London: Palgrave Macmillan, 2017, p. 1.

失是"能源贫困"的核心问题,是支撑获得生存权与发展权所需条件和能力缺失的状态。

第三,国际社会日益将能源获得与能源服务提升至人类经济社会发展的高度,尤其是对贫困治理形成的推动效应。2001年4月,可持续发展委员会第九次会议(CSD-9)提到能源获得及现代能源服务对可持续发展的重要性。"要落实国际社会设定的目标,即到2015年将日均生活开支不足1美元的人口减少一半,获得可负担的能源服务是先决条件。"① 2002年9月,约翰内斯堡"世界可持续发展峰会"(WSSD)及其执行计划中明确提及实现能源获得是促进"千年发展目标"的关键,因而进一步确认了能源与减贫之间的关联。同时,此次会议还强调获得可靠的、可负担的能源服务有利于消除贫困。② 2004年IEA在《世界能源展望》报告中明确指出"能源贫困"是贫困的陷阱之一。③

可见,自2000年以来,国际社会对能源问题的认识已从能源与安全的层面拓展和延伸至能源与经济社会发展及贫困治理的层面。鉴于此,越来越多的国家开始重视"能源贫困"问题。2015年9月,全球193个国家在联合国可持续发展峰会上提出了包括17个目标在内的《2030年可持续发展议程》。其中,首次明确指出消除"能源贫困"是实现可持续发展的目标之一,即目标之七——"确保人人获得负担得起的、可靠的及可持续的现代能源"(SDG7.1),并强调实现该目标对其余16个目标的实现具有正面积极效应。④ 比如,以可再生能源替代传统生物质能,使妇女与儿童从繁重的家务活动中得以"解放",以此捍卫性别平等(SDG5)。总之,随着《2030年可持续发展议程》的提出,

---

① "Commission on Sustainable Development: Report on the Ninth Session," *United Nations*, 2001, p. 46.

② "A Framework for Action on Energy," *Report of the UNDP*, 2012, p. 7.

③ Sebastian Groh, "The Role of Energy in Development Processes-The Energy Poverty Penalty: Case Study of Arequipa (Peru)," *Energy for Sustainable Development*, Vol. 18, No. 1, 2014, p. 85.

④ "Energy Access Outlook," *Report of the IEA*, 2017, p. 26.

"能源贫困"的概念有了比较清晰的内涵与外延,也逐渐成为许多国家能源政策关注的新议题。世界经济论坛(the World Economic Forum)就指出"能源贫困"是无法获得现代能源和现代能源服务,[①] 强调"能源贫困"与气候变化、能源安全同属全球性问题。因此,实现能源的可持续性旨在实现"人人获得现代能源和现代能源服务",即所有人获得更安全、更清洁、更廉价的能源。美国学者迈克尔·阿克林(Michaël Aklin)在他的专著——《摆脱能源贫困陷阱:政府何时及如何使穷人生活充满活力》(Escaping the Energy Poverty Trap: When and How Governments Power the Lives of the Poor)中也认为"能源贫困"是一个政治问题,需要从能源政策的途径予以解决;家庭用能及居民的基本生活需求无法获得充足的电力保障和现代烹饪燃料是该问题的具体呈现。[②]

综上所述,尽管"能源贫困"的定义在上文所述的动态演进过程中有着不同表现形式,但从中仍可以看出目前学界对"能源贫困"依然具有一些共识。第一,居民部门的能源消费或家庭用能是"能源贫困"问题强调的行为主体。而电力的匮乏、依赖传统生物质能及烹饪设备的落后是该问题的具体表现形式。第二,"能源"与"贫困"是"能源贫困"的两个核心要义,且从上述定义可直观地看出"能源贫困"涉及能源获得、能源服务、能源质量、物质贫困、"燃料贫困"等概念。第三,诸多能力的缺失,尤其是经济能力(不可负担性)是"能源贫困"生成机制中的关键要素。第四,"能源贫困"的标本兼治体现在向居民部门的能源消费提供充足的、可负担的、可依靠的、高质量的、安全的及环境友好的现代能源和现代能源服务。从这一意义而言,可再生能源将对消除"能源贫困"发挥重要作用。

从字面意义出发并结合上述分析,"能源"与"贫困"两个要素是在理论范式缺乏的情况下分析"能源贫困"问题比较理想的切入点。

---

① "Global Agenda Council Reports," Report of the World Economic Forum, 2010, p. 180.
② Michaël Aklin, et al., Escaping the Energy Poverty Trap: When and How Governments Power the Lives of the Poor, Massachusetts: MIT Press, 2018, pp. 21, 61.

换言之,"能源贫困"的出现及持续存在主要是能源问题、贫困问题共同作用的结果,二者形成相辅相成、辩证统一的关系。因此,其影响机理也体现在经济、社会、环境等多个领域,且进一步构成政治议程中的重要一环,尤其是成为一国能源政策关注的重要议题。与此同时,"能源贫困"也是一个社会文化问题,与居民个人的习惯和观念息息相关,又涉及"文化贫困"的概念。最后,"能源贫困"具有两个潜在特殊含义。一是消除"能源贫困"与反贫困治理的价值导向具有一致性,即实现能源公平与捍卫社会公平正义的有机统一。二是消除"能源贫困"就是要实现能源转型,但受习惯与观念的影响,其在治理过程中又存在"能源叠加"的问题。由此可见,"能源贫困"涉及的相关概念比较多。所以,有必要对相关概念做进一步辨析,以明确支撑本书分析框架的核心概念。

**二 "能源贫困"相关概念辨析**

**(一)生物质能与传统生物质能**

生物质能(Biomass Energy)是自然界中有生命的植物提供的能量,这些植物以物质作为媒介储存太阳能。换言之,生物质能表现为太阳能以化学能贮存在生物质中。依据来源不同,生物质能又具体可以分为五大类。

一是林业资源。具体指森林生长和林业生产过程提供生物质能的资源,包括薪炭林(薪柴)、在森林抚育和间伐作业中的零散木材、残留的树枝、树叶和木屑等;木材采运和加工过程中的枝丫、锯末、木屑、梢头、板皮和截头等;林业副产品的废弃物,如果壳和果核等。

二是农业资源。具体指农业生产过程中的废弃物,如农作物收获时残留在农田内的农作物秸秆(玉米秸、高粱秸、麦秸、稻草、豆秸和棉秆等);农业加工业的废弃物,如农业生产过程中剩余的稻壳等;农业作物,泛指各种用以提供能源的植物,通常包括草本能源作物、油料作物、制取碳氢化合物植物和水生植物等几类。

三是污水废水。由城镇居民生活、商业和服务业的各种排水组成的生活污水，如冷却水、洗浴排水、盥洗排水、洗衣排水、厨房排水、粪便污水等。工业有机废水主要是酒精、酿酒、制糖、食品、制药、造纸及屠宰等行业生产过程中排出的废水等，其中都富含有机物。

四是固体废物。城市固体废物主要是由城镇居民生活垃圾，商业、服务业垃圾和少量建筑业垃圾等固体废物构成。其组成成分比较复杂，受当地居民的平均生活水平、能源消费结构、城镇建设、自然条件、传统习惯以及季节变化等因素影响。

五是禽畜粪便。主要是畜禽排泄物的总称，它是其他形态生物质（主要是粮食、农作物秸秆和牧草等）的转化形式，包括畜禽排出的粪便、尿及其与垫草的混合物。

依据生产方式是否具有可持续性，这五类生物质能又可以被分为传统生物质能（Traditional Biomass）和现代生物质能（Modern Biomass）。[1] 传统生物质能源具有能源效率低、不具环保性的特征，因而具有不可持续性，以薪柴、动物粪便、农业生产废弃物为代表，具体指上述林业、农业和禽畜粪便三类能源，其是许多发展中国家农村地区家庭生活用能的主要来源。而现代生物质能是指生物质能中非传统质能的部分，也指生物质能的"现代"利用，大规模地用于取暖、发电、沼气生产等，具有大规模代替常规化石能源的潜力。[2]

（二）可再生能源与清洁能源

可再生能源（Renewable Energy）是来自大自然的能源，例如太阳能、风能、潮汐能、地热能、水能；相对于化石能源而言，可再生能源是取之不尽，用之不竭，对环境无害或危害极小的一种能源。需要指出的是，在形式上，可再生能源也包括生物质能，但是有观点也认为生物质能不是严格意义上的可再生能源。因为正如上文所述，生物质能有传

---

[1] Jose Goldemberg and Suani Teixeira Coelho, "Renewable Energy: Traditional Biomass and Modern Biomass," *Energy Policy*, Vol. 32, No. 6, 2004, p. 711.

[2] "BUBE: Better Use of Biomass for Energy," *Report of the IEA*, July 2010, p. 11.

统和现代之分，其中传统生物质能对环境的危害较大，不符合可再生能源环境友好型的特点，例如薪柴的燃烧至多在形式上可以被循环利用。然而，有观点认为可再生能源视角下的生物质能主要是指沼气，即有机物轻微生物作用产生的可燃气体。概言之，对于生物质能与可再生能源之间的关系尚存争议。

正因为可再生能源具有环境友好型的特点，其也被称为清洁能源或绿色能源（Clean/Green Energy），即不排放污染物、能够直接用于生产生活的能源。同样需要强调的是，第一，清洁能源不是对能源的简单分类，而是指能源利用技术体系的清洁、高效及对生产与生活产生的积极效应；第二，清洁能源不仅具有环境可持续性的特点，同时也突出推动经济社会实现可持续发展的内在要求，比如通过提高能源效率，降低能源消费的成本；第三，清洁能源的核心内涵——"清洁性"主要是指符合一定排放标准，或理论上的零排放，但不等于生产、供应等环节的技术体系在实践过程中的绝对零排放。

需要指出，从能源工程技术的角度对上述各类型能源的探讨不属于本书的内容。因此，就"能源贫困"指涉的能源类型而言，主要是指以薪柴、禽畜粪便、农作物残余为代表的传统生物质能，以及以太阳能、风能为代表的可再生能源。从一次能源的角度来看，主要是指清洁、绿色、安全、高效的可再生能源的匮乏，或对薪柴、动物粪便、农业生产残余等不清洁、低效的初级能源的严重依赖。从二次能源和最终能源消费的角度来看，主要是指电的匮乏，尤其是可再生能源发电的比重小，以及可再生能源在能源消费中的不可获得性与不可负担性。

（三）能源获得与能源服务

能源获得与能源服务是"能源贫困"的两个核心概念。能源获得是实现能源服务的前提，而能源服务则是能源获得的延续和拓展，二者实际上构成能源消费的全过程，分别代表能源消费的开始和结束，由此也体现出这两个概念在"能源贫困"意涵中的重要地位。

广义上的能源获得（Energy Access）是指获得能源的物质形态，即获取一次能源。① "能源贫困"视角下的能源获得则具有两个内涵。一是居民部门能源消费获得电力服务。以电力普及率（Electrification Rate）为判断标准，即接入电网的人口百分比。二是获得由 LPG、电、现代炊具等提供的能源服务。因此，对"能源贫困"而言，能源获得是指居民部门的能源消费享有现代能源和现代能源服务。

具体来看，能源获得是经济社会发展的潜在动力，通常包括三种形式。一是电力服务，包括提高电力普及率、实现家庭用能的电气化；二是清洁燃料与可再生能源，例如太阳能和风能；三是现代化的用能设备，如电气化的炊具。

可见，能源获得实际上是能源消费的开始。换言之，获得一次能源或占有能源的物质形态是完成整个能源消费过程的第一阶段。由此，确保能源获得的实现自然延伸出两个维度。一方面，内在能力的具备，尤其是可负担的能力；另一方面，外部条件的具备，例如清洁、安全、可靠能源的持续及稳定供应。因此，从这一意义而言，能源获得是"能源贫困"的核心概念之一，是"能源贫困"的首要内涵。

而能源服务（Energy Service）是由一次能源消费所提供的生产力及人类生活所享有的一系列"服务"。② 例如，照明、烹饪、取暖、制冷、电视娱乐和通信等。现代能源服务是指"一个家庭拥有可靠的、可负担的清洁烹饪设备，首先接入电力，其次电力消费水平逐渐增长达到地区平均水平"。③

综上，人类利用能源的根本目的是满足生存与发展的需求，而非能源物质形态本身。同时，"能源贫困"强调能源服务的现代性特征，即获得的一次能源及其创造的服务要具有可靠、安全和环境友好的特点。也就是说，能否及如何满足需求是能源消费的问题导向；能源服务的缺

---

① 指从自然界取得未经改变或转变而直接利用的能源，如原油、天然气、水能、风能等。
② Lauren C. Culver, *The Stanford Natural Gas Initiative Energy Poverty：What You Measure Matters*, California：Stanford University, 2017, p. 2.
③ 转引自 Raffaella Bellanca, Ewan Bloomfield and Kavita Rai, "Delivering Energy for Development," *Report of the Practical Action*, 2013, p. 6.

失,或者说能源消费未能满足居民部门的基本需求,是"能源贫困"的核心问题。由此,能源服务是"能源贫困"的又一核心概念。

(四) 能源质量与能源公平

能源质量是实现能源公平的必然要求;换言之,能源公平的实现不仅体现在能源获得上,同时也内嵌于能源服务之中。由此,能源公平实际上是能源质量的理论形式。

能源质量(Energy Quality)是指不同形式的能源在流动和转换过程中表现出的特性或质量。① 其中,"质量"主要是指"产品"服务的特征,其具有满足显在或潜在需求的能力。例如,薪柴的燃烧低效且不具环保性,属于低质量的能源,因而不能满足人类对清洁环保的需求。实际上,能源质量是对上述能源获得、能源服务两个核心概念的补充,是探究"能源贫困"问题不可或缺的内容。

"能源贫困"强调电、清洁燃料、清洁用能设备三种物质形态的缺失,其共同特点是具有现代性。因此,"能源贫困"也可以被理解为缺乏高效、安全、清洁的能源质量,即能源消费不具备现代性的特点,具体又针对能源物质形态、用能设备、能源服务三种形式。与此同时,能源质量的意义也通过居民生活质量的高低反映出来。即现代能源匮乏,严重依赖化石能源将对居民生活质量造成负面影响。据此,缺乏能源质量将体现出生活品质低下、健康受威胁、高成本三个特征。因而,能源质量是探讨"能源贫困"生成与发展的题中之义,是"能源贫困"的核心概念之一。

能源公平(Energy Equity)是指"社会成员平均地获取和消费能源资源,即社会成员间能源消费差异不显著,较为平衡"。② 其是社会公平体系的重要组成部分,是改善和保障民生的重要议题,促进和保障能源公平有利于社会成员更充分地享受能源服务、更有效地利用能源满足

---

① "Energy Quality," Wikipedia, https://en.wikipedia.org/wiki/Energy_quality.
② 李慷:《能源贫困综合评估方法及其应用研究》,博士学位论文,北京理工大学,2014年。

生产和发展需求。即实现能源公平是消除"能源贫困"的目标之一。反之，能源不公平现象的持续存在，对部分社会成员的基本权益构成威胁，是社会不安定的潜在因素，不利于社会和谐健康发展，是"能源贫困"的重要表现之一。所以，实现能源公平是消除"能源贫困"的价值导向，能源不公平实际上是社会公平正义的缺失在能源问题上的反映。

（五）能源转型与能源叠加

理论上，能源转型是能源体系的新旧更替，但现实中由于社会文化和习惯等因素使能源转型过程中出现能源叠加的现象具有一定必然性。也就是说，能源叠加实际上是能源转型的一种补充解释。

能源转型（Energy Transition）是指能源部门从基于化石能源的生产和消费系统（包括石油、天然气和煤炭）向可再生能源或清洁能源的转变。[1] 其中，对居民部门的能源消费而言，燃料的更替是能源转型的一个核心概念，指新旧燃料的交替过程，而这一过程又被形象地描述为"能源阶梯"（Energy Ladder）。[2] "能源阶梯"由三个不同的线性动态阶段构成（见图1-1），其内容取决于居民部门能源消费的习惯与偏好，以清洁、易用和高效为择取标准。

能源阶梯表明，随着社会经济地位的提高，一户家庭将逐渐放弃低效、低成本、高污染的初级能源消费模式，从普遍依赖传统生物质燃料过渡到相对现代的消费模式（第二阶段），如煤油、煤炭、石油等。随着收入水平的继续提高，能源消费模式又将逐渐向以电和可再生能源为代表的第三个阶段过渡，体现出高效、环保、高成本的特点。

需指出，在理论上，能源阶梯是居民部门实现能源转型的具体呈现，且实现能源转型是解决"能源贫困"的路径选择之一，即用可再

---

[1] "What is Energy Transition," S&P, https://www.spglobal.com/en/research-insights/articles/what-is-ener-gy-transition.

[2] Bianca van der Kroon, et al., "The Energy Ladder: Theoretical Myth or Empirical Truth? Results from A Meta-Analysis," *Renewable and Sustainable Energy Reviews*, Vol. 20, No. 3, 2013, p. 505.

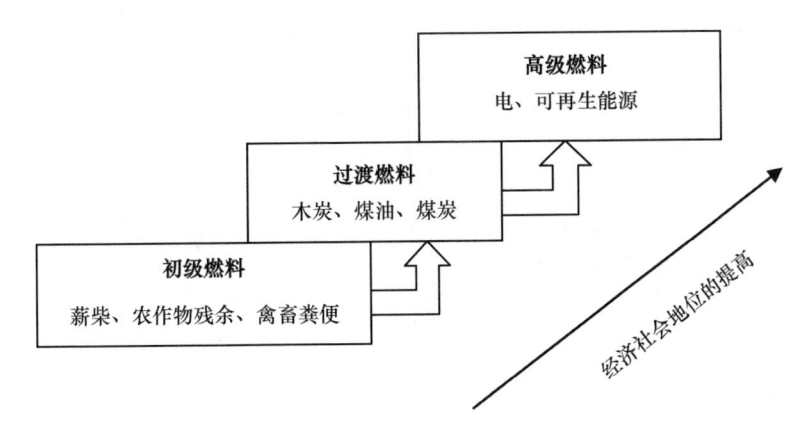

图 1-1 能源阶梯

注：笔者自制。

生能源为代表的现代能源替代薪柴等初级能源。不过，在现实路径上，解决"能源贫困"问题并非这样一种简单的线性逻辑演进，其是一个复杂的过程，需要借助综合性的治理手段。

"能源叠加"（Energy Stacking）是指随着家庭收入的增加，在向现代能源消费模式过渡的同时仍在使用多种类型的能源。[1] 按照这一观点，较贫困的家庭通常高度依赖传统生物质能，例如薪柴、禽畜粪便和木炭。随着收入的增加，该家庭尽管已经有能力利用一些现代燃料，但是在某些活动中却仍然继续使用传统生物质燃料，从而形成一种混合的能源消费结构（如图1-2所示）。

由此判断，居民部门混合式能源结构的形成，其原因不仅在于收入水平的变化，实际上还触及能源消费的习惯与观念问题。尤其对具有特殊文化背景的家庭而言，文化因素在燃料择取及依赖程度方面起到塑造性的推动作用。也就是说，"能源贫困"还是一个社会文化问题。消除"能源贫困"需要考虑饮食文化、宗教信仰、受教育水平等在内的多个非物质因素。

---

[1] Johanna Choumert, et al., "Stacking Up the Ladder: A Panel Data Analysis of Tanzanian Household Energy Choices," Report of the French Research Agency, 2017, p. 5.

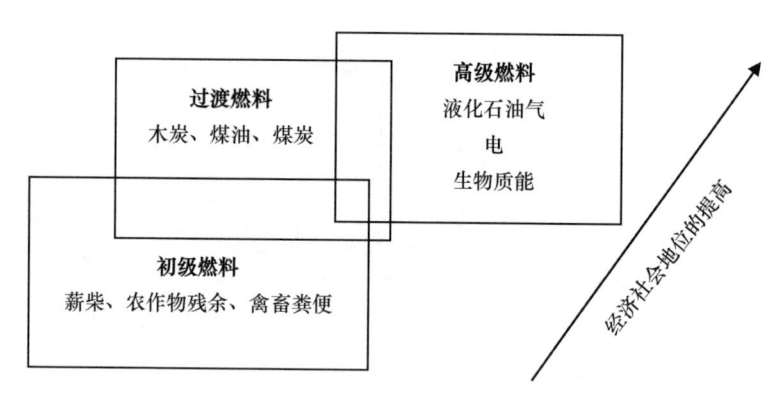

图 1-2 能源叠加

注：笔者自制。

### （六）"能源贫困"与能源困境

从字面意思来理解，"能源贫困"和能源困境具有高度相似性，不过能源困境相较"能源贫困"要更缺乏一个准确和标准的定义，国内学界更多从"困境"一词的角度来理解能源困境；相反，随着贫困治理研究的持续深入，"能源贫困"的意涵却比较丰富，且现实意义和针对性更突出。

中国社科院研究生院国际能源安全研究中心就认为，中国能源遭遇多重现实困境，包括"能源消费需求不断攀升、能源经济效率低下、能源供应安全风险大，能源科技和装备水平低，能源储运系统不完善，国际能源合作困难重重等"[1]；对此，应从能源生产革命、消费革命、技术革命、体制革命以及国际合作来突破困境。可见，中国学界主要从"困境"的角度来诠释能源困境，如何突破困境便成为理解能源困境的核心要义，体现出鲜明的问题导向和价值取向。相较于此，"能源贫困"则具有多维度特点，主要包括能源与贫困有机统一、缺一不可，既是能源的贫困维度，也是贫困的能源维度。

---

[1]《中国能源的现实困境和突围方向》，经济网，2016年2月29日，http://www.ceweekly.cn/2016/0229/142719.shtml。

从英文文献中辨析二者的区别，并理解何谓能源困境则要浅显易懂。英文文献中的能源困境（Energy Dilemma），其指向比较具体，主要包括能源的生产（供应）和需求（消费）两个方面。例如，相关研究报告指出未来全球能源将面临双重"困境"：一方面能源需求不断上升；另一方面要求碳排放的减少，由此也面临双重挑战。对此，既要充分发挥多种能源形式的作用，又要转向低碳能源发展。[①] 相较于此，消费需求和环境保护议题只是"能源贫困"的其中一部分而已，其内在逻辑是能源的不可获得性导致了能源服务的缺失，而供不应求和环境问题只不过是这一演进过程中的两个表现形式而已。尽管能源困境与"能源贫困"有区别，但若将二者置于能源安全的主题下，其在本质上具有一致性。

### 三 "能源贫困"内涵与外延的界定

"能源贫困"的内涵与外延主要体现在"能源"和"贫困"两个维度。也就是说，"能源贫困"的学理内涵体现为能源与贫困的联动关系，其现实意义则集中体现为与全球可持续发展目标形成的内在联系。

（一）"能源贫困"呈现在能源资源向能源服务转换的过程中

能源无法直接被消费，人类所需要的是由能源物质形态提供的一系列服务。与此同时，能源服务的缺失，其意义还体现为人类维持生存权与发展权的各种能力的缺失。推而言之，这一转换过程具体体现为"一次能源—二次能源—能源服务—生存需求—发展需求"的线性演进（如图1-3所示）。

一方面，能源资源的绝对匮乏，以至于居民部门的能源消费无法获得能源服务，丧失维持生存权与发展权的能力；另一方面，能源资源的相对匮乏，即现代能源的匮乏，因而严重依赖化石能源，使居民部门的

---

① "Energy Outlook," *Report of the BP*, February 14, 2019, https：//www.bp.com/en/global/corporate/news-and-insights/press-releases/bp-energy-outlook-2019.html；"The Energy Dilemma," Hitachi, https：//social-innov-ati-on.hitachi/en-eu/stories/energy/energy-dilemma/.

```
┌────────┐   ┌────────┐   ┌────────┐   ┌──────┐   ┌────────┐
│一次能源│──▶│二次能源│──▶│能源服务│──▶│生存需求│──▶│发展需求│
│  煤炭  │   │  煤电  │   │提供照明│   │ 烹饪 │   │享有健康、│
│        │   │        │   │        │   │      │   │接受教育│
└────────┘   └────────┘   └────────┘   └──────┘   └────────┘
```

**图 1-3　能源、能源服务和需求间的关系**

资料来源：笔者根据 Rosie Day, et al., "Conceptualizing Energy Use and Energy Poverty Using a Capabilities Framework," *Energy Policy*, Vol. 93, No. 3, 2016, p. 260 相关信息制图。

能源消费呈现出高污染、高成本、不可持续的特点，以致维持生存权和发展权的能力受到威胁。

（二）获得现代能源服务是应对发展问题的关键

缺乏现代化的能源资源及其服务，是"能源贫困"的核心问题，其阻碍现代文明的全面扩展和可持续发展。诚然，现代能源的消费提高和改善了人类的生存条件与生活质量，也使生活方式发生了巨大变化。正是得益于现代能源提供的现代服务，人类文明才得以从传统社会向现代社会转型。

同时，获得现代能源服务是经济社会发展的核心议题。[①] 从历史上看，经济增长的途径在很大程度上是农业经济向工业和知识经济转型的结果。这种结构性的变化改变了能源消费的模式和水平，又促使能源技术的进步。从能源与社会的关系来看，经济社会向前发展得益于能源技术的进步，且文明和富裕程度越高，对传统生物质燃料等非商业性能源的依赖程度就越低，电力等现代能源在能源消费结构中的占比就越高。一定程度而言，获得现代能源服务于人类经济社会发展是一个同步的过程。尤其是，获得现代能源服务对于发展中国家推动广大农村地区的减贫进程，消除制约经济社会可持续发展的障碍起到关键作用。对许多发展中国家而言，农村是贫困人口的集中地区和"能源贫困"的重灾区，

---

① Patrick Nussbaumer, et al., "Global Insights Based on the Multidimensional Energy Poverty Index," *Sustainability*, Vol. 21, No. 5, 2013, p. 2061.

解决农村地区的一系列发展问题是经济社会可持续发展的关键一环。鉴于此，积极向农村地区推广高效、清洁的现代能源不仅能够改善和提高农村居民的生活水平，还有助于增加收入，加快农村居民的脱贫进程。例如，用电、LPG 等清洁能源替代薪柴，将有助于节约大量的燃料收集时间，农村居民因而将拥有更多时间进行其他生产性活动以增加收入。此外，固体燃料的使用导致室内空气污染，因而对人体的健康危害极大，而清洁炊事能源的推广在一定程度上能够有利于发展中国家农村居民整体健康水平的提高。而且，通过电气化的生活，如电视、手机等还将为农村居民提供一个舒适和现代化的生活环境。

（三）社会、文化和宗教因素对"能源贫困"具有塑造性影响

"能源贫困"的生成、发展及持续存在不仅取决于物质层面上的不可获得性、不可负担性等因素。同时，习惯、观念等非物质性因素也在"能源贫困"的生成机制中扮演关键角色，甚至起到决定性作用。"能源贫困"的行为主体是居民部门，因而居民个人的习惯和观念与"能源贫困"具有内在联系。毕竟，利用能源是日常生活的一部分，而传统、习惯，甚至是宗教信仰又塑造了特定的生活方式，影响着能源消费模式的形成。此外，家庭或个人又属于社会的基本单元，具有特定的社会与文化背景。

第一，饮食文化对居民部门的能源消费起到塑造作用，为"能源贫困"的持续存在提供有利条件。对于一些国家的居民而言，即便是具备了获得现代能源的能力和条件，但由于特殊的饮食文化，这些群体仍然宁可放弃清洁、高效的现代能源，也要坚持使用低效、高污染的传统生物质能。尤其是，即使在薪柴与可利用的替代燃料一样昂贵的情况下，传统的烹饪技术和口味偏好也可能使人们偏爱薪柴。[1] 例如，对许多墨西哥农村家庭而言，由于使用 LPG 制作主食玉米饼（tortillas）消

---

[1] Rasmus Heltberg, "Factors Determining Household Fuel Choice in Guatemala," *Environment and Development Economics*, Vol. 10, No. 3, 2005, p. 337.

耗的时间更多，且对其口味产生了负面影响，以至于即使这些家庭有能力使用现代燃料，但仍继续坚持使用薪柴。① 又如，对一些危地马拉的移民家庭而言，尽管负担得起 LPG 和先进的炊具，但他们仍然几乎不对其予以利用，因为采用这种新燃料和新设备将改变食物的烹饪方式，导致食物味道的变化。②

第二，宗教信仰可能对居民部门的能源消费起到规范作用，是"能源贫困"问题的特殊意涵。宗教是文化的重要内容，是人类社会发展到一定历史阶段出现的一种文化现象。所以，在探讨行为习惯及观念的时候，回避不了宗教信仰。尤其是，对于维持生存权和发展权的能源消费而言，宗教信仰起到关键作用。例如，对于拜火教教徒而言，"火"是崇拜对象，具有神圣的宗教意义。据此，如何创造火就不是一个简单的能源问题，其带有突出的宗教意涵；又如，印度教徒家庭将牛粪作为日常生活燃料的刚需，其中一个重要原因就在于印度教宗教信仰的驱使。

第三，社会公平正义的缺失为"能源贫困"现象的生成与演化奠定了社会基础。例如，据相关调查，危地马拉的原住民家庭属于社会边缘和弱势群体，其难以融入经济社会发展的主流，因此难以获得或无法负担得起 LPG。③ 又如，在印度教的种姓社会中，"在高种姓成员看来，低种姓成员的不幸，是他们前生罪恶的当然报应。对于他们蒙受的贫困、饥饿、疾病、社会歧视和种种不平等待遇，不仅不予以同情。而且认为这是他们赎罪、净化所必不可少的手段"。④ 所以，在印度教社会

---

① Omar R. Masera, et al., "From Linear Fuel Switching to Multiple Cooking Strategies: A Critique and Alternative to the Energy Ladder Model," *World Development*, Vol. 28, No. 12, 2000, p. 2091.

② Matthew J. Taylor, et al., "Burning for Sustainability: Biomass Energy, International Migration, and the Move to Cleaner Fuels and Cookstoves in Guatemala," *Annals of the Association of American Geographers*, Vol. 101, No. 4, 2010, p. 924.

③ Rasmus Heltberg, "Factors Determining Household Fuel Choice in Guatemala," *Environment and Development Economics*, Vol. 10, No. 3, 2005, p. 337.

④ 朱明忠、尚会鹏：《印度教：宗教与社会》，世界知识出版社 2003 年版，第 183 页。

中，低种姓的家庭无法获得现代能源或许是一种正常的社会现象，"能源贫困"的生成与发展也就带有一定的合理性或"合法性"。

（四）"能源贫困"与贫困是一个相互作用的整体

首先，能源是经济增长与社会发展的动力，现代能源匮乏是经济落后的重要原因。通常情况下，经济发达与社会的富裕程度往往取决于能源市场的平衡与稳定，即持续稳定的能源供应与可负担的消费能力。同时，一般情况下，可再生能源发展迅猛的国家几乎都是经济发达的国家，而且国民具有较高生活质量。反之，发展中国家主要呈现出现代能源匮乏或严重依赖化石能源的特征，此格局不仅阻碍经济社会可持续发展，而且诱发环境与健康等问题。所以，从这一角度来看，能源问题实际上是贫困问题的重要成因和表现之一。

其次，经济不发达与贫困是"能源贫困"的重要特征。一方面，"能源贫困"是经济不发达的外延性表现。如从"能源阶梯"视角来看居民部门生活用能的变化，低收入水平的家庭主要以传统生物质能为主要生活能源，而按照 IEA 的标准，这又构成"能源贫困"的核心特征。另一方面，"能源贫困"人群大多聚集在经济落后的国家和地区。最不发达和欠发达国家居民生活用能以传统生物质能为主。由于收入水平低下或持续存在的贫困问题，使这些国家的居民部门在获取现代能源方面出现不可支付性的特点，因而为满足生存需求又不得不使用传统生物质能，且多以低效的方式收集和燃烧，存在环境、健康等方面的潜在威胁；而且，常态性的非商业能源消费模式导致社会生产力水平低下，制约工业化进程和经济社会的可持续发展，从而又导致更多的人生活在贫困线以下。需要强调，人均商业能源消费是评价一个国家或地区贫困程度的重要指标。

此外，对广大农村地区而言，"能源贫困"造成的影响要大于收入贫困。其中，现代燃料和炉灶是问题的核心，即解决现代能源和现代能源服务的可获得性问题是农村地区"能源贫困"的核心议题。而对城市地区而言，"能源贫困"与收入贫困大致相当，其问题的关键在于是否具有可负担性。① 总之，"能源贫困"与经济贫困相互作用，是贫困问题的一体两面。

最后，"能源贫困"极有可能成为贫困问题的诱因及阻碍减贫进度的障碍，从而成为阻碍经济社会发展的潜在因素。缺乏现代能源不利于提高和改进国民生活水平与质量，一定程度而言，高度依赖传统生物质能意味着国民生活仍处于初级能源时代，能源消费则主要满足生存需求，且能源消费方式低效落后，往往伴随环境和健康问题。同时，严重依赖化石能源也意味着经济社会发展面临着一系列传统与非传统能源安全挑战。总之，现代能源的匮乏制约经济社会可持续发展，促成并加重贫困问题，尤其是威胁弱势群体的生存权、发展权和社会公平正义。

（五）"能源贫困"是物质与文化层面的双重贫困

一方面，"能源贫困"是一种物质贫困。物质贫困包括绝对贫困和相对贫困，绝对贫困表现为物质上的匮乏，是缺乏维持生存所需要的食品、住房、衣物等生活必需品的一种状态，以至于无法进行简单再生产，直接制约生命的延续。而相对贫困则是相比较而言的贫困，是与不贫困的社会成员的生活水平相比较的一种衡量和测度，是主观判断的感觉，是一种普遍性、动态性、长期性的状态，存在于一切社会之中，实质上是社会的不平等、不公平状态。

首先，"能源贫困"是物质贫困的表现之一，兼具绝对贫困和相对贫困两个内涵。缺乏现代能源，或依赖传统生物质能是物质匮乏的具体呈现，也成为贫困问题的重要诱因。由于用不起电等现代能源，不少贫困家庭为铲挖柴草、拾取畜粪耗费相当数量的劳力，从而减少了从事非农业劳动增加家庭收入的机会。同时，贫困家庭为了省钱平常尽量少开灯、少用电，家用电器则成为摆设，严重制约其生活水平的提高。尤其是，在农村偏远地区，由于电压不太稳定，贫困家庭中的电灯功率较

---

① Lauren C. Culver, *The Stanford Natural Gas Initiative Energy Poverty: What You Measure Matters*, California: Stanford University, 2017, p. 7.

低、灯光昏暗，对人的视力影响较大。且电压不足影响农业机械的正常运转，制约农业生产力，严重阻碍了农村居民的脱贫致富。尤其是使用传统生物质释放的一系列污染物，不仅容易诱发呼吸类疾病，还导致严重空气污染问题。

其次，能源不公平是"能源贫困"的应有之义，是相对贫困的体现。一方面，贫富差距及收入水平差异的存在意味着一部分家庭能够负担得起现代能源，而另外一部分家庭则只能依赖廉价和易得的传统生物质能。由此，生活质量与水平也出现明显的贫富差距。另一方面，在"能源贫困"造成的危害中，妇女、儿童等弱势群体遭受的危害尤为严重，对社会公平正义造成冲击。

另一方面，"能源贫困"是一种"文化贫困"。狭义上，"文化贫困"是指某一群体、家庭或个人在知识水平、受教育程度、科学技术修养、思想道德素质、价值观念、主体性、心理素质、思维方式、行为趋势上落后于当代经济社会发展，从而影响到自身生存与发展的落后状态；而其在广义上又是指"一些国家或地区文化滞后于时代发展，并影响到国民生存与发展的落后状态。它既包括教育、科学技术的落后，又包括价值观念、体制、发展战略、知识创新的落后等"。[①] 由此出发，"能源贫困"其实是"文化贫困"的成因和表现之一。"能源贫困"意味着物质贫困，从而限制了某一群体、家庭或个人的知识水平、受教育程度等的提高，是造成"文化贫困"的根源之一。同时，社会与文化因素又影响或塑造群体、家庭或个人的行为习惯、观念意识。尤其是，落后的观念在很大程度上决定了能源消费习惯的形成，导致"能源叠加"现象的出现及对传统生物质能形成依赖。

（六）消除贫困是解决"能源贫困"的内在要求和根本目标

为家庭用能提供高效、健康、安全的现代能源和能耗设备，将有利

---

① 郭晓君：《文化贫困：内涵与界定》，人民网，2004年3月16日，http://www.people.com.cn/GB/guandian/1035/2392798.html。

于降低家庭生活成本，刺激地区经济发展，从而有助于消灭极端贫困。同时，反贫困也就是要促进和捍卫社会公平正义。所以，实现能源公平自然也成为解决"能源贫困"问题的价值取向。此外，发展可再生能源不仅是解决"能源贫困"比较现实可行的路径选择，而且也有助于加快贫困治理的步伐。一方面，能源需求的上升迫切需要可再生能源的发展，尤其是发挥电力服务的巨大作用，扩大城乡家庭电力的可及性具有极为重要的意义；另一方面，清洁能源代表着能源利用更加清洁、健康、环境友好，有助于对冲"能源贫困"的负面影响，兼顾经济、社会、民生、环境等多方面的效益，从而从能源的角度来消除贫困问题存在的基础。

（七）消除"能源贫困"是贫困治理和可持续发展的题中之义

从现实情况来看，"能源贫困已经超越地区、国别以及经济和政治范畴，成为全球性问题"。[①] 而且，能源服务几乎与所有"千年发展目标"的实现息息相关，而"能源贫困"的存在也持续影响"千年发展目标"实现的进程。在全球减贫实践中，国际社会日益将"能源贫困"视为成功减贫的重要一步。因此，消除"能源贫困"也被称为"错失的千年目标"（Missing Development Goal）。[②]

2015年，联合国可持续发展峰会又提出了《2030年可持续发展议程》（The 2030 Agenda for Sustainable Development，SDGs），该议程旨在推动减贫进程、提高健康水平、促进性别平等、保护地球、确保和平与繁荣。这一议程首次将能源提升至新的政治层面，强调2030年实现人人获得可负担的、可依靠的和现代能源对实现SDG的重要意义（见表1-1）。

---

[①] Thijs Van de Graaf, *The Politics and Institutions of Global Energy Governance*, London: Palgrave Macmillan, 2013, pp. 39-40.

[②] "Food and Energy Security and Energy Efficiency," Report of the UN, 2011, p. 1.

表1-1　　　　　可持续发展与消除"能源贫困"的关系

| 可持续发展目标 | 能源的角色与作用 |
| --- | --- |
| 消除贫困与饥饿 | 能源支撑工农业生产、交通运输、商业活动的正常运转，带动就业并增收；食物的烹饪与储存依赖于能源提供的热量 |
| 普及义务教育 | 电为家庭、学校提供照明；现代能源使妇女、儿童从繁重的家务中获得"解放"，拥有和获得受教育的机会、时间 |
| 捍卫性别平等 | 缺乏现代能源使妇女受限于繁重家务，其平等发展权受到威胁，加剧性别不平等问题；反之，将有助于提高和促进女性的受教育程度及社会参与，提高其经济社会地位 |
| 减少儿童死亡率 | 使用薪柴、火炉会造成室内空气污染问题，引起呼吸系统疾病，直接导致婴幼儿及儿童死亡率的上升 |
| 改善孕妇的健康状况 | 妇女的健康受室内空气污染、水和食源性疾病的威胁，而卫生诊所缺电将导致夜间分娩无照明。同时，收集和使用薪柴等传统生物质能还加重了贫困家庭产妇的负担，对其健康造成严重威胁，尤其是在农村地区这一点更为突出 |
| 战胜艾滋病等疾病 | 通过电视、广播等媒介传播重要的公共卫生信息；医院、医生都需要通过电力服务（照明、冷藏、消毒）来提供有效的医疗服务 |
| 确保环境的可持续性 | 化石能源的生产和消费导致气候变化、环境污染，因而需要清洁的能源系统推动环境的可持续性 |
| 加强全球合作伙伴关系 | 可持续发展问题的全球首脑会议呼吁，实现可持续发展旨在实现人人获得可负担、可依靠及环境友好的可持续能源服务 |

注：笔者自制。

（八）"能源贫困"问题是能源政治的重要内容

从性质与内容看，"能源贫困"是一个政治问题，该问题的解决需要采取强有力的政治行动。同时，"能源贫困"理所当然属于能源政策的一部分，同时其也是减贫政策题中之义。因此，"能源贫困"是政治议程中的重要一环。

从解决路径来看，政府在消除"能源贫困"的实践中起到主体性作用。首先，消除"能源贫困"需要大规模的基础设施建设投资，以国家的力量为后盾。其次，消除"能源贫困"既需要政府调动公共资本，也需要政府完善制度设计从而营造良好的投资环境，以吸引私营资本的加入。最后，由于消除"能源贫困"需要国家层面的大规模资本投入，完全抛开政府的角色，而采取以市场为导向的解决路径将无法实现该问题的标本兼治。毕竟，"能源贫困"的影响主要冲击社会底层和弱势群体，完全以市场为导向的解决方案更多使工业和商业部门获利，而进一步加剧了弱势群体的边缘化。

超越"能源贫困"本身而言，其与政治形成互动关系的深层含义在于影响执政党的执政基础。① 如前文所述，"能源贫困"触及贫困等与社会民生直接相关的议题。深受"能源贫困"影响的群体将尤为关注政府的相关政策，其认可度最终将会通过选票反映出来。如果执政党能够制定有效政策使相关群体从消除"能源贫困"中获益，将有助于在政治选举中获得这些群体的选票支持。例如，莫迪政府推行的"免费煤气罐计划"就为其赢得 2019 年大选起到了重要作用。

## 第二节 "能源贫困"的生成机制和影响机理

从能源的角度来看，能源获得、能源服务与能源质量与"能源贫困"的相关度最强，这三要素的缺失及其互动关系构成"能源贫困"的生成机制。同时，从贫困的角度来看，物质与文化贫困的辩证统一推动"能源贫困"的生成，并成为滋生该问题的土壤。因此，由能源和贫困问题导致的负面影响也构成了"能源贫困"的影响机理，体现在经济社会发展中的多个领域。

### 一 能源三要素的缺失及其互动关系

首先，"能源贫困"生成的直接原因是能源的不可获得性。具体而

---

① Pranab Bardhan and Dilip Mookherjee, "Decentralization and Accountability in Infrastructure Delivery in Delivery in Developing Countries," *The Economic Journal* (Oxford), Vol. 116, No. 508, 2006, pp. 101 – 127; John A. Ferejohn, "Incumbent Performance and Electoral Control," *Public Choice*, Vol. 50, No. 1, 1986, pp. 5 – 25; James D. Fearon, "Self-Enforcing Democracy," *Quarterly Journal of Economics*, Vol. 126, No. 4, 2011, pp. 1661 – 1708.

言，居民部门的能源消费之所以无法获得现代能源和现代能源服务，其直接原因在于内生能力不足与外部条件缺失。内生能力包括经济能力和认知能力。一方面，居民部门能源消费呈现低收入高支出的特点，决定其购买现代能源具有不可负担性；另一方面，由于文化和观念因素，包括受教育水平低下的限制，以至于许多家庭对传统生物质能和现代能源二者的优缺点缺乏科学、理性的认知，从而导致特定能源消费模式和习惯的形成，使现代能源的普及存在先天性不足。需强调，这也是消除"能源贫困"的难点所在。此外，外部条件是指该地区或国家能源结构的现状，即以化石能源为主导的能源结构以及能源公平的缺失，制约并影响居民部门获得和消费现代能源。具体而言，工业、农业、居民等各部门按一定秩序形成能源消费的结构，是相辅相成、互为影响的关系。而高碳的能源结构在客观上则决定了各部门的能源消费主要以获取化石能源为主。一定程度而言，可再生能源在能源结构中比重较小决定了"能源贫困"的出现具有先天性特点。同时，不同经济社会地位的家庭，或城乡之间的能源消费存在显著差距，是能源公平缺失的体现，制约并影响现代能源的普及。从这一角度而言，能源获得是获取能源服务的先决条件。

其次，"能源贫困"生成的根本原因是能源服务的缺失，或者说居民部门能源消费的基本需求未得到满足。即能源服务的缺失是能源获得的终止。换言之，能源获得与能源服务分别是能源消费的开始与结束；实现能源可获得性是能源可以被消费的前提，而将能源转换为不同形式的服务又是能源消费的最终目的，即能源获得最终通过能源服务呈现出来。因此，从能源问题的维度看，"能源贫困"的本质是能源物质形态未能成功实现向能源服务的转变，以及居民部门能源消费需求未得到满足的状态。

最后，能源质量的缺失是"能源贫困"生成的必要条件。能源质量是对上述能源获得与能源服务两个要素的一种补充形态。"能源贫困"意味着能源物质形态、能源消费过程与结果缺失能源质量，即电力和清洁能源的缺失,是一种低效落后且高污染的能源利用方式。

因此,能源获得与能源服务形成线性逻辑关系,而能源质量是这一关系的必要条件与补充形式。具体而言,"能源贫困"的生成机制包括三个核心要义。一是能源获得与能源服务两端的缺失,换言之,能源不可获得性导致能源消费需求的缺失。二是能源获得向能源服务转换的媒介缺失,即能耗设备的缺失。三是能源获得向能源服务的转换过程不具现代性特点,即能源质量的缺失。

## 二 物质与文化贫困的辩证统一

前文已从"能源贫困"内涵与外延的角度,对物质贫困与"文化贫困"进行了探讨。因此,下文着重从"能源贫困"生成机制的角度分析二者的关系。从贫困的维度来看,"能源贫困"的生成在于物质贫困与"文化贫困"的联动关系。

首先,物质贫困是导致"文化贫困"的根源,是"能源贫困"生成的客观条件。收入贫困是物质贫困的核心要义,而不可负担性是导致"能源贫困"的根本原因。从这一意义而言,许多家庭呈现出低收入高支出的状态,加之可再生能源和电力消费具有成本高的特点,因而对能源服务缺乏足够的可负担能力,由此不得不依赖于廉价易得的传统生物质能。换言之,收入贫困为"能源贫困"的产生提供了客观条件。而且,电、可再生能源等现代能源物质形态的匮乏本身也是物质贫困的具体呈现。与此同时,物质贫困使居民部门无法持续和稳定获得现代能源,导致基本的生活需求无法得到满足,从而制约生活质量的提高,剥夺和减少享有精神文化生活的条件与资源,最终又促成"文化贫困"的现象。例如,电力服务的匮乏使许多家庭成员难以接触手机、电视、互联网等媒介,因而获取现代信息的机会在减少。又如,对一些发展中国家的农村家庭而言,现代能源的匮乏意味着妇女、儿童将投入更多繁重的劳动力去收集薪柴等传统生物质能以保证全家的基本能源消费需求。

其次,"文化贫困"对物质贫困产生能动作用,是"能源贫困"生成及带有一定"惯性"的主观原因。基于前文所述,"文化贫困"是思想、观念的落后状态,其又决定了行为习惯的滞后性,不利于理性认知与科学决策的形成。从这一意义而言,"文化贫困"使"能源贫困"的生成与存续存在具有一定合理性,加剧了该问题在物质贫困层面的严重性。换言之,即便一户家庭具备了现代能源的可负担能力及其他相关条件,但如果该家庭仍然坚持认为传统生物质能的优势要大于现代能源或使用传统生物质能有助于满足某些特殊的文化与宗教信仰需求,这同样是"能源贫困"存在的条件,也使该问题具有复杂性和长期性的特点。

最后,物质与文化贫困共同推动"能源贫困"的生成。"能源贫困"是贫困问题在能源领域的呈现,是贫困的重要特征。反之,贫困的持续存在是当今能源问题关注的题中应有之义。简言之,能源与贫困存在强势互动关系。由此,物质贫困与"文化贫困"实际上是"能源贫困"在贫困问题上的两个具体呈现。一方面,现代能源的不可负担性及其物质形态的缺失是"能源贫困"产生的直接原因;另一方面,居民部门落后的能源消费模式与习惯是"能源贫困"产生的间接原因。二者形成上述联动关系,成为滋生"能源贫困"问题的贫困土壤。

### 三 "能源贫困"对环境和健康的影响

"能源贫困"是导致环境污染及一系列健康问题的根源之一。过度依赖薪柴等传统生物质能及落后炉灶会释放大量含有一氧化碳、二氧化氮、甲醛及一些致癌物质,恶化室内空气质量,导致严重的室内空气污染问题。例如,亚洲、非洲、拉丁美洲存在"能源贫困"问题的家庭室内可吸入颗粒物浓度在 300—3000μg/m³,炊事时可达峰值 10000μg/m³,远超过其危险上限 150μg/m³。[1] 同时,燃烧传统生物质能,吸入这些颗粒物又诱发一系列疾病。WHO 已将空气污染视为全球

---

[1] 李慷:《能源贫困综合评估方法及其应用研究》,博士学位论文,北京理工大学,2014 年。

十大健康风险之一，而"能源贫困"所导致的室内空气污染问题在其中占有重要地位。① WHO 指出，室内空气污染问题导致每年近 400 万人因病过早死亡，其中，27%的人为肺病，18%的人为中风，27%的人为局部缺血性心脏病，20%的人为慢阻肺，8%的人为肺癌；而且，室内污染对儿童造成的危害是成年人的近 2 倍，导致 45%的 5 岁以下儿童因患肺病而亡，成年人死亡的规模则为 28%。② 这些疾病进一步消耗了穷人大量的生产资源，以致出现比较普遍的因病致贫现象。③

### 四 "能源贫困"对经济发展的影响

"能源贫困"阻碍经济发展，制约生产力的提高，是经济贫困的主要原因。加快工业化是摆脱贫困的动力源泉之一，而工业化的推进则需要强大的现代能源作为驱动，也就是说缺少现代能源就无法发展生产力，尤其是电力的不可获得将制约工业活动的开展、限制现代农业改革及农村经济发展和减贫进程。同时，电力服务的缺失将对地区产业的转型形成制约，将地区经济禁锢在以传统农业为主的落后发展模式中，从而减少发展现代经济的机会，剥夺了劳动力创造和利用财富的机会，进而增加了贫困治理的难度。

其次，现代能源有利于推动居民部门形成更安全、更高效的家庭用能需求模式，因而现代能源的缺失阻碍劳动力的发展。现代能源的缺失在很大程度上意味着居民部门的供暖、炊事、照明需求通过传统生物质能来满足。而薪柴、秸秆等传统生物质能的获取，加大了劳动力的体力消耗，缩短了劳动力创造财富的时间。

最后，过高的能源消费成本同样加大了贫困治理的难度。由于经济

---

① "Ten Threats to Global Health in 2019," WHO, 2020, https://www.who.int/news-room/feature-stories/ten-threats-to-global-health-in-2019.
② "Household Air Pollution and Health," WHO, May 2018, https://www.who.int/en/news-room/fact-sheets/deta-il/household-air-pollution-and-health.
③ Matthew H. Bonds, et al., "Disease Ecology, Biodiversity, and the Latitudinal Gradient in Income," *PLOS Biology*, Vol. 10, No. 12, 2012, pp. 1–12.

上的不可负担性，现代能源的普及对贫困家庭而言则意味着过高的能源消费成本。同时，传统生物质能也会给贫困家庭带来更多环境、健康等非收入层面的成本。推而言之，能源与居民生活密切相关，是获得生存权与发展权的刚性需求。对发达国家而言，经济贫困的家庭购买满足生存需求的能源时不得不承担高昂的成本。比起高收入群体，"低收入群体为满足家庭生存需求而支付的生活能源成本更高，其家庭经济收支更易陷入恶性循环，无法轻易摆脱经济贫困"。[1] 反之，消除"能源贫困"对经济发展水平的提高具有正向作用。当居民获取和消费更多清洁的生活能源时，将有助于对冲"能源贫困"对教育、健康、公平等方面造成的负面影响。由此，家庭成员也将拥有更充足的时间和强健的身体去创造财富，从而提高自身收入水平。

### 五 "能源贫困"对社会发展的影响

"能源贫困"阻碍教育事业的向前发展，"现代能源与现代能源服务的匮乏成为受教育水平偏低的重要原因之一"。[2] 电力服务的缺失将影响学龄儿童的学习时间和学习质量，不利于培养高素质的专门人才。"在一些发展中国家的广大农村家庭，由于过度依赖薪柴等传统生物质能，儿童也不得不参与到传统生物质能的收集和使用的工作中，从而加重了儿童的体力消耗，占用了其学习时间，增加了安全风险，使儿童无法完成课业任务和充分参与学校课余活动。"[3] 与此同时，电力服务的缺失将缩短学龄儿童的学习时间，制约学龄儿童受教育水平的提高。电是充足照明、多媒体教学设备的必需的能源。"在电力服务匮乏的地区，学龄儿童接受的教育不能达到其他同龄人水平，进而影响未来劳动

---

[1] Christine Liddell and Chris Morris, "Fuel Poverty and Human Health: A Review of Recent Evidence," *Energy Policy*, Vol. 38, No. 6, 2010, p. 2987.

[2] Djiby Racine Thiam, "Renewable Energy, Poverty Alleviation and Developing Nations: Evidence from Senegal," *Journal of Energy in Southern Africa*, Vol. 22, No. 3, 2011, p. 25.

[3] "A Review of Energy in National MDG Reports," UNDP, 2007, p. 18.

力的整体素质。"① 而且，长期生活在能源服务不足环境中的人群更难以融入社会，教育完成度相对较低。②

其次，"能源贫困"降低了居民部门的生活质量和水平，也冲击社会公平正义。现代能源与现代能源服务的匮乏，使居民部门能源消费的基本需求无法得到满足，或至多满足于其基本生存需求，以致许多家庭难以享有高质量的生活。例如，非洲之所以被称为"黑暗大陆"，主要原因就在于该地区存在严重的"能源贫困"问题（缺电或无电现象严重）。另外，"能源贫困"损害了人类的平等发展权，妨碍落后地区和贫困人口获得更多的发展机会。传统生物质能虽然在表面上更廉价易得，但由于其负面影响比较突出，以致在实际利用过程中成本高昂、能效低下，造成额外的时间、金钱与环境成本。同时，"有限的能源服务将穷人边缘化，严重制约了他们改善自己生活环境的能力，且变相剥夺了落后地区民众享有现代生活方式的机会，削弱了这些地区农业、商业、交通运输业的发展能力"。③ 尤其是，电力服务的缺乏直接加剧和固化了贫困问题，冲击了大多数的工业活动及其所能创造的就业岗位。此外，传统的能源消费模式加剧了性别的不平等，使"能源贫困"成为一个高度性别化的问题。尤其对许多农村家庭而言，拾柴、取水、做饭等家务劳动成为家庭妇女天经地义的责任，"这种传统的能源消费模式和劳动分工显然加重了男女不平等，导致女性不能参加教育等社会经济发展，固化了女性作为社会底层的角色"。④ 而且，女性还成为室内空气污染问题的最严重受害者，如在炊事过程中，家庭妇女吸入有害物质颗粒物浓度是建议最大健康许可值的 20 倍。⑤

---

① 李慷:《能源贫困综合评估方法及其应用研究》，博士学位论文，北京理工大学，2014 年。
② Simon Roberts, "Energy, Equity and the Future of the Fuel Poor," Energy Policy, Vol. 36, No. 10, 2008, p. 4471.
③ 王卓宇:《能源贫困与联合国发展目标》，《现代国际关系》2015 年第 11 期。
④ 张建新、朱汉斌:《非洲的能源贫困与中非可再生能源合作》，《国际关系研究》2018 年第 6 期。
⑤ Douglas F. Barnes, et al., "The Development Impact of Energy Access," in Antoine Halff, et al., Energy Poverty, London: Oxford University Press, 2014, p. 54.

## 第三节 对"能源贫困"评估方法和理论范式的评析

如文献综述部分所述,既有"能源贫困"的相关评估方法严重偏向定量研究,不具普遍适用性,同时其他相关方法也存在不同程度的局限。因此,对既有评估方法不能予以直接利用。除此之外,基于"能源贫困"的内涵与外延,其相关理论依据主要源自贫困的维度,但这些理论又无法独立地对"能源贫困"问题进行充分而又必要的解释。

鉴于上述,本书尝试提出自己的理论分析框架。一是对既有评估方法和相关理论进行梳理和总结,以明确构建分析框架的切入点。二是提出相关研究假定,以逻辑自洽的方式充分利用前文总结出的"能源贫困"核心概念,建构分析框架的内在逻辑。

### 一 对既有评估方法的评价

目前,关于"能源贫困"的评估方法分为定性和定量两大类。从定性研究方法来看,最具代表性的就是以10%为标准的"能源贫困线"。该方法以探讨不可负担性为主要内容,认为至少将10%的收入用于能源消费开支的家庭即存在"能源贫困"问题。也就是说,为满足基本生活需求而支付的生活用能成本高于社会平均水平,且剩余收入低于官方经济贫困线,即"低收入高支出"(Low Income High Cost, LIHC)的状态就可以被判定为"能源贫困"。[1]

其次,以"能力理论"(Capability Theory)为基础的分析框架。该理论分析框架将"能源贫困"的内涵抽象概括为功能(Functioning)和

---

[1] John Hills, *Fuel Poverty: The Problem and Its Measurement*, London: The London School of Economics and Political Science, October 2011, p. 17.

能力（Capability）两个指标，具体内容则体现为由这两个指标形成的互动关系，这一关系与个人生存和发展息息相关。[①]其中，"功能"被定义为"存在和行为"，而"能力"是实现"功能"所需的机会和条件。因此，"能源贫困"被概念化为"能力被剥夺"（Capability Deprivation）。换言之，现代能源的缺乏将无法支撑一系列"能力"，从而丧失一些关键和有价值的"功能"。例如，电力服务的匮乏将导致家庭成员无法或较少接触电视、网络等多媒体传播平台，从而无法及时获得最新信息，滞后于经济社会的发展。

最后，立足"能源贫困"概念，从技术、物理和经济三个层面分析该问题。[②]其一，从技术层面来看，"能源贫困"首先是现代能源服务的获取问题，具体指主要用于炊事与供暖的电力和其他清洁燃料。传统生物质能限制并阻碍了居民部门获得基本能源服务的机会。从这个角度而言，"能源贫困"可以通过计算获得此类服务的人口来衡量。其二，从物理层面来看，以该地区或国家居民等部门获取基本需求所需的最小能源消费量为标准，低于这一标准的部门则存在"能源贫困"问题。其三，从经济层面来看，与"能源贫困线"相似，以该家庭的能源消费支出占比为标准，一旦出现能源消费的不可负担性，则面临"能源贫困"问题。

另外，从定量研究方法来看，主要可以分为两个视角。第一，基于能源获得的评估方法。这一视角的评估方法主要是构建综合评估指标体系，常用指标包括电力的可获得性和传统生物质能消费。具有代表性的方法有，IEA基于人类发展指数提出了评估"能源贫困"的"能源发展指数"（Energy Development Index，EDI）。EDI的常用指标包括无法获取电力的人口比例、商品能源在家庭终端用能中的比重、人均商品能

---

[①] Rosie Day, et al., "Conceptualizing Energy Use and Energy Poverty Using a Capabilities Framework," *Energy Policy*, Vol. 93, No. 3, 2016, p. 258.

[②] Mikel González-Eguino, "Energy Poverty: An Overview," *Renewable and Sustainable Energy Reviews*, Vol. 47, No. 3, 2015, p. 380.

源消费、人均生活电力消费，还包括生产用能和公共用能两个子指标。这一类指标从家庭和社会两个维度重点考察了电力和商品燃料的可获得性。① 其次是结合牛津大学贫困和人类发展倡议中采用的多维贫困测度方法，构建的"多维能源贫困指数"（Multidimensional Energy Poverty Index, MEPI）。该方法主要关注现代能源服务的可获得性。MEPI 的指标主要考虑炊事用能和电力获取，包括具有不同权重的六个子指标：现代炊事燃料、室内污染、电力获得、家电设备、娱乐与教育设备和通信工具。② 另外还有包括能源服务可获得性和能源消费量的"能源贫困"二维矩阵。该方法将可获得的能源服务类型划分为三个层次：第一个层次只使用传统生物质能；第二个层次增加了电力服务；第三个层次增加了 LPG 服务。其根据人们消费的能源服务类型和人均消费量将全部人口分为 12 个组，通过矩阵的形式呈现出能源消费和能源服务获取的情况。③

第二，基于能源服务的视角。该视角的评估方法主要考察实际能源消费量能否满足人类生存和发展需求。此类方法估算了满足人类需求的能源消费量，并以此作为评估"能源贫困"的标准阈值。例如，联合国环境与气候变化咨询小组（AGECC）设计的能源获得递增模型将能源需求扩展为满足人类基本需求、满足生产需求和满足现代社会需求，并用工程学方法计算出满足三个不同层次需求的人均每年能源消费量的波动范围。④ 又如，评估各类能源服务需求的方法。该方法在获取基本能源需求、能源服务类型、人均实际能源消费和使用数据的基础上，用工程学的方法列出了满足不同层次的能源需求量。比如，以印度一户5人家庭为调查对象，将人均能源消费水平分类为：小于 15W、15—

---

① Sothea Oum, "Energy Poverty in the Lao PDR and Its Impacts on Education and Health," *Energy Policy*, Vol. 132, No. 5, 2019, p. 249.
② Patrick Nussbaumer, et al., "Global Insights Based on the Multidimensional Energy Poverty Index, *Sustainability*, Vol. 21, No. 5, 2013, p. 2063.
③ Pachauri, et al., "On Measuring Energy Poverty in Indian Households," *World Development*, Vol. 32, No. 12, 2004, pp. 2083 - 2104.
④ 魏一鸣等：《中国能源报告（2014）：能源贫困研究》，科学出版社2014年版，第38页。

30W、30—60W 和大于 60W，分别对应最低、较低、较高、高四个水平，以此作为评估不同需求层次的能源服务水平。①

综上所述，既有"能源贫困"的评估方法为分析框架的构建提供了有益的借鉴，但是也存在许多不足之处，以至于本书无法对其予以直接利用。首先，既有方法严重偏向定量研究。因此，如前文所述，需要有定性研究的方法作为补充。其次，相关定性研究方法主要是对"能源贫困"概念的简单运用，缺乏相应的理论敏感性，也未充分诠释相关核心概念之间的逻辑关系。例如，反复强调不可负担性与不可获得性两个核心概念，却未对"能源贫困"的生成机制和影响机理作深入分析。最后，既有相关方法选取的视角比较集中和单一，只探讨了"能源贫困"的一个方面，缺乏对该问题的系统认识，尤其是对"能源贫困"的特殊案例的关注严重不足。例如，"能源贫困线"提出 10% 的标准略显绝对，且主要适用于分析发达国家，而无法利用其探讨印度等发展中国家的"能源贫困"。

## 二 对相关理论范式的评述

如文献综述部分的结论，"能源贫困"在定性层面的研究仍处于现象描述的阶段，它们致力于分别从能源与贫困的视角对"能源贫困"的表现和影响进行描述和归纳，但无法清晰和系统地回答这些现象产生的原因及机制，缺乏完整的逻辑链条。因此，缺乏能够有效解释"能源贫困"的理论范式。不过相关解释路径还是为本书分析框架的构建提供了线索，即从贫困研究的领域寻找相关理论依据，毕竟"能源贫困"的研究本质上仍属于贫困问题的一部分。故此，主要的贫困研究理论范式分为以下三个。

首先是"收入分配贫困"理论。该理论包括收入贫困和分配贫困

---

① Pachauri, et al., "On Measuring Energy Poverty in Indian Households," *World Development*, Vol. 32, No. 12, 2004, pp. 2083–2104.

两个内涵。贫困的初始定义源自经济层面，强调家庭总收入不能维持成员的基本生活需求，因而无法满足实现进一步发展的条件。与此同时，从分配的角度而言，贫困是由于财富和经济权利分配不均衡造成的。一是就业机会的不公平。劳动力市场为就业者提供的机会不公，失业者难以找到有经济效益的工作，从而陷入贫困。二是经济权利的垄断。经济与政治形成强势互动关系，使财富集中于少部分人手中，使政治或少数利益集团把持经济命脉，而其余绝大多数民众难以享有社会经济财富。三是人力资本的等级化。人力资本的优劣成为就业与权利分配的唯一标准，促使不同素质的劳动者在获取工作岗位和待遇方面形成优劣的等级之分。可以看出，"收入分配贫困"理论的核心要义是收入和财富的分配问题，这实际上是对物质贫困概念的继承和发展。基于"能源贫困"的生成机制来看，物质贫困是"能源贫困"生成机制的核心原理。同时，结合"收入分配贫困"理论来看，"能源贫困"视角下的物质贫困又可以被概括为"两个缺失"，即现代能源物质形态与现代能源服务的缺失，以及可负担能力的缺失。

其次是"知识贫困"理论。收入与分配方面的问题实际上只是贫困问题的一个表观特征，贫困的产生还具有深层次原因及更丰富的表现形式。其中，"知识贫困"（Knowledge Poverty）既是对受教育水平程度低下的衡量，也是指获取、吸收和交流知识能力的匮乏或途径的缺乏，换言之，也就是对人们获取、吸收和交流知识的能力与途径的剥夺。[1]与此同时，"知识贫困"已成为当今世界存在的三类贫困之一。[2]除此之外，还包括传统的收入贫困，即收入水平极其低下，以致不能维持基本生存和生活；以及缺乏基本的能力，如不识字、营养不良、较短的预期寿命等，这三类贫困之间相互联系并相互作用。从这一视角来看，"知识贫困"实际上就是"能源贫困"生成机制中的"文化贫困"。

---

[1] 胡鞍钢、李春波：《新世纪的新贫困：知识贫困》，《中国社会科学》2001年第3期。
[2] 胡鞍钢：《知识贫困是新世纪的新贫困》，中国新闻网，2001年6月1日，http://www.chinanews.com/2001-06-01/26/95137.html。

最后是"贫困恶性循环"理论。该理论可以简单解释为贫困现象的循环出现,并难以摆脱贫困状态的一种理论。"贫困恶性循环"理论强调需求或消费角度的经济能力,即收入问题和资本的形成是导致贫困问题产生的根源。同时,与收入存在关联的相关因素又形成一个恶性循环,以致难以实现贫困问题的根本治理。从供给方面来看,恶性循环表现为:低收入→低储蓄能力→低资本形成→低生产率→低产出→低收入;从需求方面来看,恶性循环表现为:低收入→低购买力→低投资诱因→低生产率→低产出→低收入。这两个循环互相影响,使经济增长缺乏足够的动力,进而陷入贫困的不断恶性循环之中而不能自拔。也就是说,一个国家因为穷所以穷。① 同理,穷人之所以陷入贫困状态并无法从中摆脱是因为收入的不足,导致资金积累不足,或者根本没有资金。穷人要摆脱贫困,就必须增加收入。而收入的增加,需要凭借一份高薪工作。但是,由于穷人无法进行充足的教育投资,导致其受教育水平低下、缺乏高素质的劳动技能,引发高失业率。这些情况又使穷人收入低,徘徊在生存边缘。如此,贫困现象就会循环出现,这也是形成长期贫困的原因之一。② 需要指出的是,这种现象的出现实际上蕴含着物质与文化贫困的内在逻辑关系。一方面,从类型来看,贫困分为绝对贫困和相对贫困。绝对贫困强调"生存",即物质生产资料的缺乏,尤其是收入水平的低下对温饱问题构成威胁;而相对贫困更强调"生活",即社会公平正义的缺失导致受教育权利、政治参与、公平的收入分配等机会或能力被剥夺。从这一角度而言,贫困包括物质因素和非物质因素两个基本内涵。另一方面,按性质分类,贫困又可以被分为物质贫困和"文化贫困"。经济贫困是物质贫困的核心要义,而"文化贫困"的核心要义是受教育水平低下或受教育权利被剥夺。由此,所谓"贫困恶

---

① [美]讷克斯:《不发达国家的资本形成问题》,谨斋译,商务印书馆1966年版,第6页。
② [美]讷克斯:《不发达国家的资本形成问题》,谨斋译,商务印书馆1966年版,第6—7页。

性循环"实际上是物质贫困与"文化贫困"的辩证统一。循此推论，能源在其中实际上起到一种中介变量的作用，即现代能源的匮乏加剧了"贫困恶性循环"的程度和速度。换言之，"贫困恶性循环"理论的内涵实际上可以被拓展为能源与贫困之间的恶性循环。

可以看出，上述理论范式都未直接触及"能源贫困"，只讨论了贫困问题的一个方面，或者说可以从贫困的一个方面来解释"能源贫困"。不过，上述三个理论范式还是为分析框架的构建提供了部分理论依据。在此基础上，根据前文对"能源贫困"核心理论要素的归纳总结及其内部机制的建构，本书得以发展出下文逻辑链条较为完整的三个分析框架。

### 三 方法缺陷与理论争鸣

如何较为准确地理解"能源贫困"及全面把握印度的"能源贫困"？通过上文分析及文献回顾，并没有发掘出有助于对这一问题形成充分而又必要解释的方法或"工具"。之所以如此的直接原因是，尚未有能够解释"能源贫困"的理论范式；而根本原因是，对"能源贫困"的诸多基本问题仍缺乏统一认识，涉足印度"能源贫困"的探讨也具有很大的延展空间。故此，本书对"能源贫困"分析框架的建构做了一系列的尝试。

在评估方法上，当前可供借鉴和参考的几乎都是定量研究。如前文分析，定量研究的评估方法必须以对象国或地区的特定数据为前提，因而不具普遍性和普适性。即便是针对印度"能源贫困"的定量评估方法，至多也只能为理解印度的能源问题提供工具，而并非对印度"能源贫困"本身的系统性研究。同时，也难以通过这些方法去剖析"能源贫困"涉足的社会、文化、宗教、情感等具有鲜明定性特征或理论色彩浓厚的元素。

诚然，学界也推出了许多针对"能源贫困"的定性研究方法，其参考和借鉴的理论范式主要源自经济学（贫困及其治理）和政治学

（能源安全）。从经济学的视角来看，"贫困"又是分析框架建构的主要切入点。第一，"收入分配贫困"理论的核心要义是居民部门维持基本生活需求的收入不足，从而缺失进一步实现发展的所需的条件。这一理论框架有力地解释了"能源贫困"的核心生成机制，即对现代能源物质形态和现代能源服务的不可负担性。但是，这一解释必要而不充分。贫困在成因上，既有物质因素，也有非物质因素，比如受教育水平；在内容上，贫困又主要分为物质上的贫困和非物质层面上的贫困。与此相对应，"能源贫困"带有多维度的特点，其生成机制同样可以建立在物质和非物质因素的基础上。也就是说，对"能源贫困"的考察不仅需要考虑收入和分配问题，也要探究非物质、非经济层面的原因。

正因为看到"收入分配贫困"解释力的不足，"知识贫困"理论则起到补充性解释。以此为切入点，"能源贫困"问题中的非物质性因素受到了重视，由此也成为理解该问题之所以具有持续性和治理难度的逻辑起点。然而，"教育水平低下，以及获取、吸收和交流知识能力与途径的剥夺"的理论解释框架缺乏对社会文化特殊性的充分发掘，使"能源贫困"的研究缺乏深度和广度。比如，对印度教社会"能源贫困"所面临的社会、文化、宗教背景的关注就明显显得不足。尤其是，高度依赖传统生物质能是"能源贫困"的核心议题之一，印度的居民部门之所以对牛粪燃料形成依赖，仅仅从广大印度民众受教育水平高低的角度则不具说服力，而需要从印度教教义、文化及宗教信仰的层面去深入考察。

基于上述，仅从收入或受教育水平高低的视角都难以全面和准确地理解"能源贫困"，由此有成果提出"贫困恶性循环"理论，将物质（收入）贫困和知识（文化）贫困进行了有效衔接，提出"一个国家之所以穷是因为穷"的经典论断，建构了一条用于解释贫困问题的"从生存到生活再到生存"循环逻辑链。不过，这一理论分析框架没有高度重视能源在生存与生活中所扮演的关键角色，仍然未脱离收入和就业的一般性逻辑起点，因而将能源因素嵌入该理论框架之中，为拓展和延伸"能源贫困"分析框架提供了有利条件。

另外,从政治学的角度而言,与"能源贫困"存在一定关联的理论分析框架主要源自能源安全。"供应安全"和"消费安全"是能源安全的一体两面,供应方面主要强调以适度的成本、多元化的途径获得充足的供应;消费方面主要强调可持续性。相较于此,"能源贫困"强调能源与贫困之间的内在联系及由此产生的多维度特征,以及对居民部门能源消费的影响。

可见,尽管本质上"能源贫困"也可以归为能源安全的范畴,但二者在形式上却差别显著,"能源贫困"主要以居民部门的能源消费为对象,受一系列微观因素的影响,而能源安全主要用于解释一个国家宏观层面的安全和发展战略,国际关系、地缘政治、气候变化等宏观因素对其影响较大。不过,能源安全的理论也为解释"能源贫困"提供了许多可借鉴的思路。例如,"能源贫困"实际上也是能源体系的一部分,仍然遵循了从生产(供应)到消费(需求)的内在逻辑,且本质上也是对能源安全的拓展和延伸。

综上所述,对"能源贫困"的研究,在方法和理论上仍有很大的延展空间。对此,在借鉴已有成果的基础上,本书立足"能源贫困"的生成机制和影响机理,

充分利用"能源贫困"的核心理论要素与关键指标,提出自己的分析框架,从而为印度"能源贫困"的研究提供具体的"工具"。

## 第四节　分析框架

本书的分析框架将分别从"能源贫困"的表现、影响及治理三个具有内在逻辑关联的角度进行建构。第一,针对印度"能源贫困"的表现,构建以"用能三指标"为基础的分析框架。第二,针对"能源贫困"对印度经济社会发展的影响,提出"能源贫困"恶性循环的解释框架。第三,基于"政治意愿、政策安排、民众参与"三个要素来

探讨印度对"能源贫困"的治理。

## 一 "用能三指标"与"能源贫困"的表现

据前文分析,能源获得、能源服务、能源质量是"能源贫困"的三个核心概念,且三者之间形成一个逻辑链,构成"能源贫困"的生成机制。由此,本书将这三个概念进行具象化处理,同时充分吸收"能源贫困是能力缺失"这一观点,提出用能结构、用能能力、用能设备三个指标为基础的分析框架(如图1-4所示)。

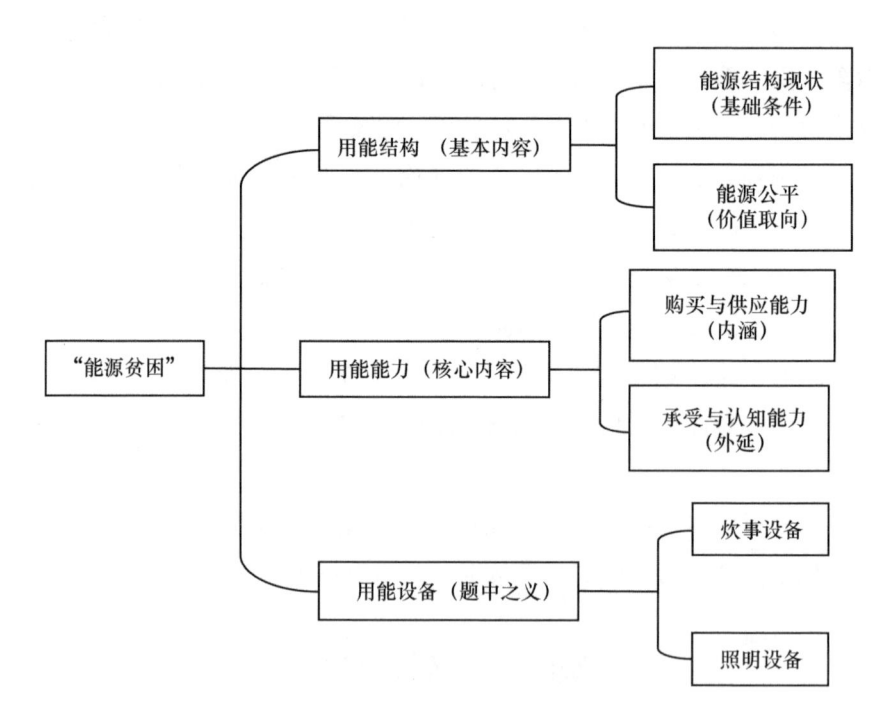

图1-4 "能源贫困"表现的分析框架

注:笔者自制。

首先,用能结构是"能源贫困"的基本内容,是决定"能力"缺失与否的客观因素。该指标是决定能源可获得性(能源获得)的基础,具体又包括能源结构现状和能源公平两个内容。

第一，能源结构现状是评价"能源贫困"问题的基础。"能源贫困"在可再生能源占比少且以化石能源为主导的地区或国家中具备先天性的生成条件，该地区或国家也先天性地带有"能源贫困"的一些特点。"能源贫困"的表观特征是可再生能源等现代能源的缺乏，或依赖传统生物质能。对此，宏观上看，以化石能源为主导的能源结构，决定着该地区或国家的能源生产、供应与消费体系呈现出高碳高污染的特点。同时，"能源贫困"通过不同部门的能源消费现状体现出来，尤其是居民部门的能源消费结构。其中，居民部门严重依赖薪柴等传统生物质能是"能源贫困"的最显著表现。

第二，是否具有相对公平合理的能源供应、分配和消费结构，即实现能源公平，是探讨"能源贫困"问题的价值取向。如前文所述，"能源贫困"是社会公平正义缺失在能源问题上的体现。居民部门对能源的可获得性和可负担性是评价能源公平的标准。而能源公平由多重因素决定，主要包括能源基础设施、能源服务水平和经济发展水平等。

其次，用能能力是"能源贫困"的核心内容。该指标是决定能源获得的关键，具体包括购买能力、承受能力、供应能力和认知能力四个内容。

第一，购买与供应能力是用能能力的内涵。这两个内容也可被通俗地理解为"买得起"和"供得起"。"能源贫困"的核心要义是现代能源的不可负担性，即是否具有可负担的能力是决定能源是否具有可获得性的关键。换言之，"买得起"是居民部门获得现代能源的基本能力。另外，对于现代能源的供应方而言，同样也要具备可负担的能力。电力、清洁能源和现代化的能源设备具有技术含量高、成本高的特点。因此，现代能源的生产与供应需要大规模的财力投入和基础设施建设，需要具备比较雄厚的综合国力。[1]

---

[1] Rajesh H. Acharya and Anver C. Sadath, "Energy Poverty and Economic Development: Household-Level Evidence from India," *Energy & Buildings*, Vol. 183, No. 1, 2019, p. 786.

第二，承受和认知能力是用能能力的外延。基于"能源贫困"的影响机理，其负面影响兼具宏观与微观层面，体现在多个领域。"能源贫困"是制约经济社会可持续发展、加快减贫进度、维护社会公平正义的障碍，由此对发展中国家的冲击也最为严重。而且，该问题直接触及广大民众，尤其是农村地区人口的日常生活。IEA 就指出，全球每年约 280 万人的过早死亡与传统生物质能诱发的空气污染问题直接相关，且在一些发展中国家，妇女和儿童每天至少投入五个小时用于收集和利用传统生物质能已成为一种天经地义的责任和义务。[①] 从这一意义而言，面对"能源贫困"的负面影响，发展中国家缺乏足够的承受能力。

此外，落后的用能习惯是"能源贫困"生成和发展的关键因素，而用能习惯的形成又在很大程度上取决于居民个人的认知能力。认知能力具体是指居民用能习惯的形成是否基于科学精神和理性决策，取决于能源消费观念、文化背景、受教育程度等因素。

最后，用能设备是探讨"能源贫困"的题中之义，其具体针对炊事与照明设备，是"能源贫困"问题最直观的反映。用能设备是能源质量的具体呈现，是用能结构、用能能力两个要素的拓展和延伸。只有实现能源物质形态的成功转换，才能最终获得能源服务，而用能设备是完成这一转换过程必须借助的载体。而且，基于用能结构、用能能力的内在要求，这一用能设备必须具备现代性的特点。也就是说，现代化的用能设备是现代能源物质形态向现代能源服务转换的必由之路。此外，根据"能源贫困"的定义，用能设备的具体形式理所当然首先是指烹饪设备，同时也针对照明设备。这两种形式是居民部门生活用能的最基本呈现，是发展中国家"能源贫困"问题最直接的反映。

## 二 "能源贫困"恶性循环与"能源贫困"的影响

如文献综述和理论范式评述部分所言，"贫困恶性循环"理论为分析

---

① "Energy Access Outlook," *Report of the IEA*, 2017, p. 14.

"能源贫困"对经济社会发展的影响提供了重要思路。但是，其对"能源贫困"研究而言，缺点在于并没有注意到能源在贫困问题中扮演的角色和发挥的作用，仍然还是就贫困而论贫困，对贫困之所以形成恶性循环的关键变量缺乏充分的关注，或没有提供一种新的解释。因而，针对"能源贫困"对经济社会发展的影响，本书将能源的因素植入"贫困恶性循环"，发展出"能源贫困"恶性循环的分析框架（见图1-5）。

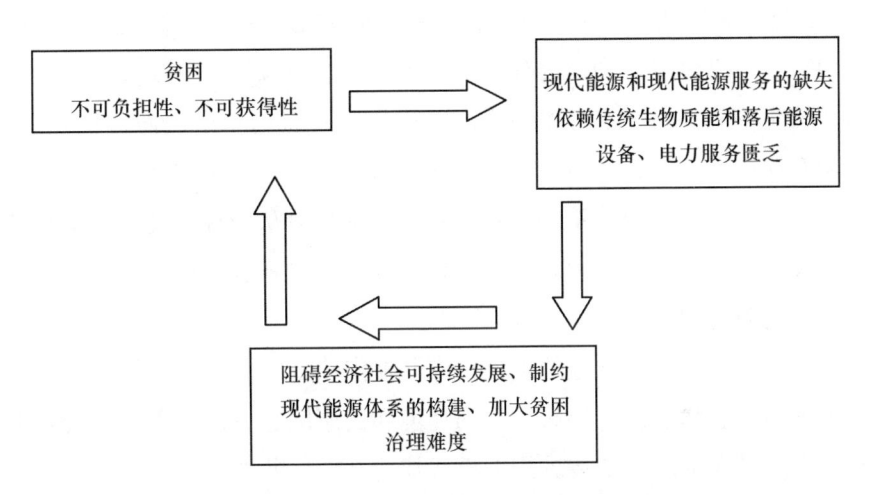

图1-5 "能源贫困"影响的分析框架

注：笔者自制。

一定程度而言，"能源贫困"恶性循环实际上是"贫困恶性循环"在能源问题上的具体呈现，或者说是能源与贫困之间形成的恶性循环关系。缺乏能源及其对健康、教育和收入所造成的负面影响是导致贫困的主要原因之一，而贫困反过来又导致人们无法获取能源，因此形成了一个"贫困—能源—贫困"的恶性循环。只不过需要强调的是，这一恶性循环关系的形成充分借助了与贫困或与缺乏能源具有强相关关系的一系列中介变量。

其一，现代能源服务的不可负担性（"买不起""供不起"）和不可获得性（缺失）本质上是相对贫困和绝对贫困的具体呈现，同时也是促成或加剧贫困问题的重要原因。

其二，基于"能源贫困"的影响机理，缺乏现代能源其负面影响作用于与经济社会发展紧密相关的诸多领域。首先是能源问题本身，即"能源贫困"制约现代能源体系的构建。宏观上，可再生能源的比重十分小，化石能源占主导地位，尤其是对传统生物质能的严重依赖，以致缺乏一个多元能源结构；中观上，如前文所述，现代能源及其服务的"供不起"导致缺乏一个持续、稳定和可靠的供应模式；微观上，居民部门对以可再生能源和电为代表的一次和二次能源的"买不起"，以及对传统生物质能的"消费惯性"，以致难以建立起一个供需良性互动、资源有序配置、节约高效的用能模式。由此，现代能源和现代能源服务的缺失制约现代能源体系的构建，其负面影响也从能源维度外溢至经济社会发展领域。当然，缺乏一个现代能源体系本身也就是经济社会可持续发展的阻碍因素。

其三，现代能源服务的匮乏，或严重依赖薪柴、禽畜粪便、农作物残余等传统生物质能，导致一系列环境和健康问题，同时也对社会公平正义构成潜在威胁。如传统用能模式加重女性、儿童的家务负担，剥夺了这些弱势群体的生存权和发展权。

其四，上述表现和影响，又进一步促成贫困问题或加大了贫困治理的难度。当然，这些表现和影响实际上本身就是绝对贫困和相对贫困的具体体现。因此，贫困成为不可负担性、不可获得性的主要原因，是"能源贫困"成因的核心要义，因而实现了贫困向能源的回顾，形成"贫困—能源—贫困"的恶性循环。

### 三 "能源贫困"治理三要素

世界银行指出"治理"（governance）是指在管理一国用于发展的经济及社会资源时，行使权力的方式。[①] 由此，"能源贫困"的治理可

---

① "Managing Development-The Governance Dimension," *Report of the World Bank*, 1991, p.1.

以被理解为要实现"所有人获得现代能源服务"和经济社会可持续发展的目标，政府/执政党有效行使权力，广大民众实现积极参与，二者实现良性互动的过程。通常情况下，作出行之有效的政策安排是政府/执政党有效行使权力的集中呈现，而广大民众的参与性又是对制度实效性的一种检验。

循此推论，决定政府/执政党是否作出高效的政策安排，其先决条件是对治理对象是否具有坚定的政治意愿。正如国际能源署署长法提赫·比罗尔指出的那样，发展中国家的政府对解决"能源贫困"需具有坚定的政治意愿。[①] 而具有坚定政治意愿的前提又包含两方面的意涵。在客观上，相关问题呈现出严重危害性，阻碍经济社会的可持续发展；在主观上，治理主体是否具备相应的能力和条件。也就是说，主客观条件的成立将促使治理主体对治理对象抱有坚定的政治意愿，从而作出高效的政策安排。

除此之外，在治理过程中，民众要实现积极地参与同样也需要主客观因素的交互作用。客观上，该问题呈现出危害性，对广大民众的生活水平、自由全面地发展构成威胁，包括对身体健康、福利水平、生活质量等造成的冲击；主观上，广大民众是否能够对政府/执政党的政策安排充满良好的预期或能够从中分享到更多的红利。在这两个因素的交互影响下，将促使广大民众积极地参与到治理过程中，并与政府/执政党实现良性互动，以至于自身也成为不可或缺的治理主体之一。

尽管2002年国际社会才正式提出"能源贫困"的概念。但是，基于经验事实，就印度的情况而言，1947年独立后，印度政府便开始致力于发展经济，制定了一系列发展战略、政策和措施，而"能源贫困"问题的治理就始终是其中的一个重要内容。也就是说，印度政府对解决"能源贫困"问题具有政治意愿，问题的关键只是在于这种意愿的强弱

---

① Fatih Birol, "Energy Economics: A Place for Energy Poverty in the Agenda," *The Energy Journal*, Vol. 28, No. 3, 2007, p. 1.

程度。同时，对印度而言，"能源贫困"的治理主体理所当然是印度政府。问题的关键只是在于广大印度民众是否积极参与到了这一过程当中，及在其中起到了何种作用。据此，在上述理论基础上，本书提出以下三个假定，从而形成一个逻辑自洽的分析框架。

**假定一：治理主体对"能源贫困"是否具有强烈的政治意愿是作出高效政策安排的先决条件。**

从经验事实来看，印度对"能源贫困"问题的治理主要内嵌于经济社会发展的"五年计划"之中。因此，按照印度"五年计划"的演进，其"能源贫困"的治理过程也可以被分为四个阶段。从这四个阶段的治理结果来看，在第一阶段（1947—1965 年），印度"能源贫困"的治理几乎未取得任何进展。例如，1963 年，只有泰米尔纳杜邦和喀拉拉邦 25% 的农村通电。[①] 与此相反，当前莫迪政府时期则取得了显著成效。根据印度官方数据，2018 年该国就已经实现全国约 60 万个村庄全部接入电网，使 2100 万户家庭实现用能电气化，农村通电率 100%，实现 8 个邦的所有家庭 100% 电气化。[②] 当然，导致这一结果存在巨大差距的根本原因还是在于两个时期印度的综合国力具有不可比较性。但是，从政治意愿和政策安排来看，尼赫鲁政府时期对解决"能源贫困"问题就明显缺乏强烈的政治意愿，以致几乎未采取任何涉及解决"能源贫困"问题的政策举措。相较于此，自 2014 年以来，莫迪政府多次提及要解决"能源贫困"问题，对解决这一问题的政治意愿较为强烈，从而推出了一系列专门针对"能源贫困"治理的政策举措。

也就是说，鉴于"能源贫困"的一系列负面影响，治理主体理所

---

① Michaël Aklin, et al. , *Escaping the Energy Poverty Trap*: *When and How Governments Power the Lives of the Poor*, Massachusetts: MIT Press, 2018, p. 120.

② "Electricity Reached All Indian Villages on Saturday," Livemint, April 28, 2018, https://www.livemint.com/Industry/ORuZWrj6czTef21a2dIHGK/Electricity-reached-all-Indian-villages-on-Saturday.html; "Every Ho-useholds to be Electrified by Dec. 31 under Saubhagya: Power Minister R. K. Singh," *The Economic Times*, November 19, 2018, https://economictimes.indiatimes.com/news/economy/policy/everyhousehold-to-be-electrifi ed-by-dec-31-under-saubhagya-power-minister-r-k-singh/articleshow/66866960.cms? from = mdr.

当然对解决该问题抱有政治意愿。但是，决定该问题的治理是否能够取得实质性成效，关键在于政策安排的有效性，而这又取决于治理主体首先应当对此抱有坚定的政治意愿，即"强意愿"导致"强制度"、"弱意愿"导致"弱制度"。

**假定二："强制度"是"能源贫困"治理的必要条件。**

在印度"能源贫困"治理的第四阶段（2014年至今），2019年印度莫迪政府宣布实现所有农村100%通电，印度"能源贫困"问题的治理取得显著成效。这在很大程度上取决于自2014年莫迪政府第一任期以来推出的一系列行之有效的政策安排。例如，"免费煤气罐计划""村村通电计划""好运计划""可再生能源发展计划"等。换言之，针对"能源贫困"，莫迪政府时期通过"强制度"来有效地行使权力，推动"能源贫困"的治理取得积极成效。相较于此，在第二阶段（1966—2003年），尽管这一时期的印度政府针对"能源贫困"问题也作出了一些政策安排，但是这些制度的针对性不强，存在很多局限性，是一种"弱制度"的状态。比如，在第五个"五年计划"（1974—1978年）中，印度政府提出了国家层面的"最低需求计划"（The Minimum Needs Programme，MNP），而提高农村地区电力覆盖率只不过是其中的一部分而已；又如，1978年印度政府成立了"电力委员会"，但是该机构的主要目标和任务并非针对如何解决居民部门的用电问题，而是如何推动印度经济由农业向工业的转型。因此，从结果来看，到了21世纪初期，印度还有大规模的缺电人口，尤其是农村地区至少还有一半人口处于无电状态，同时可再生能源的发展潜力也未得到充分发掘。概言之，制度的强弱性对"能源贫困"的治理成效发挥关键作用。

**假定三：民众的积极参与是"能源贫困"得到根本治理的决定因素。**

在印度"能源贫困"治理的第三阶段（2004—2013年），辛格政府对该问题的治理具有较强的政治意愿，同时也作出了"强制度"的安排。但是，从结果来看，2014年印度仍有8亿多人的生活用能严重依赖薪柴、禽畜粪便等传统生物质能。究其根源，在此阶段广大民众并未积极参与到"能源贫困"的治理当中。

具体而言，"能源贫困"问题的核心议题是居民部门的生活用能问题。也就是说，"能源贫困"的治理成效最终将体现在居民部门能源消费模式、能源消费习惯及生活水平的创新升级。反之，则难以取得实质性的治理成效。但是，正如前文分析，许多印度家庭对薪柴、牛粪等传统生物质能的依赖，在很大程度上不仅是因为这属于一种消费习惯，而且还具有宗教和文化上的特殊意涵。换言之，社会文化因素使这一现象根深蒂固，因此需要通过具有针对性的政策安排来调动民众参与的积极性。这也从另一个角度说明，在第四阶段印度莫迪政府的治理之所以能够取得显著成效，是因为政策安排的实效性和针对性，从而能够最大限度地调动广大民众参与"能源贫困"治理的积极性。例如，推出至少覆盖8000万户贫困家庭以及为贫困家庭女性提供近5000万个煤气罐服务的"免费煤气罐计划"。据此，民众的积极参与是"能源贫困"治理取得显著成效的标志；或者说，提高民众对"能源贫困"治理政策的预期收益，使广大民众从相关政策中获益，是"能源贫困"得到有效治理的本质所在。

综上所述，三个假定形成一个内在逻辑关系，且对于实现"能源贫困"的有效治理缺一不可。通过对他们的分析，本书建立了一个用于分析和评价印度"能源贫困"治理的理论分析框架（见图1-6）。

首先，从1947年印度与"能源贫困"治理相关的理论与实践来看，印度政府对该问题至少是具有政治意愿，即或多或少都通过相关政策安排来行使权力对该问题进行了治理。区别只是在于这种政治意愿是强还是弱，以及治理成效如何。因此，对于图1-6的分析框架而言，印度政府是否对"能源贫困"的治理存在政治意愿是毋庸赘言的事实，这也是这一分析框架建立的逻辑起点。

其次，政治意愿的强弱是能否进一步作出有效政策安排的决定因素。如果对"能源贫困"的治理具有坚定政治意愿，则意味着将会采

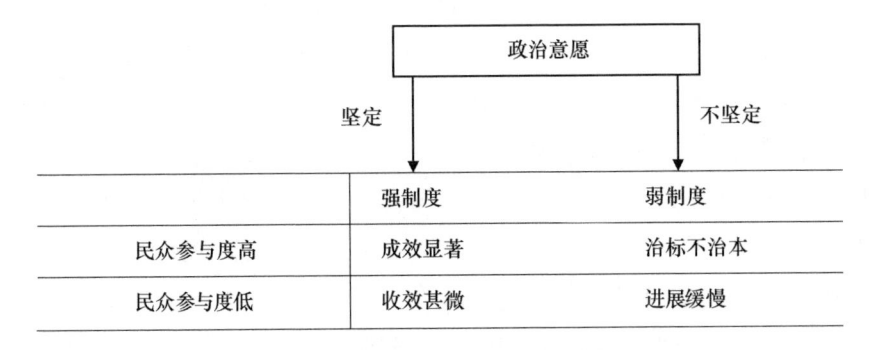

第一章 "能源贫困"的概念与分析框架 | 81

|  | 强制度 | 弱制度 |
|---|---|---|
| 民众参与度高 | 成效显著 | 治标不治本 |
| 民众参与度低 | 收效甚微 | 进展缓慢 |

（政治意愿 → 坚定 / 不坚定）

**图 1-6 "能源贫困"治理的分析框架**

注：笔者制表时参考了 Michaël Aklin, et al., *Escaping the Energy Poverty Trap: When and How Governments Power the Lives of the Poor*, Massachusetts: MIT Press, 2018, p. 61 的相关内容。

取一系列行之有效且具有针对性的政策举措，即一种"强制度"的结果。反之，如果政治意愿较弱，则出现"弱制度"的结果。

最后，受"能源贫困"影响的居民部门，呈现出积极参与或缺乏参与两种状态。需要指出的是，这两种状态与上述两种结果的政策安排又形成联动关系。一方面，"公共参与必须起因于人们日常生活的社会和文化环境"。① 如前所述，"能源贫困"冲击民众的日常生活。由此，受"能源贫困"影响的家庭或个人会通过民意表达要求政府解决"能源贫困"。换言之，民众可以依靠发声（voice）策略来对政府施压，以引起政府对"能源贫困"问题的重视，从而为自身生活条件的改善创造有利条件。而在这些发声策略中，选票无疑是"音量"最大的扬声器。莫迪政府 2016 年"免费煤气罐计划"就源自北方邦，且推广力度最大、获益最明显的邦也是包括北方邦在内的五个北部邦，而这些地区都是印度人民党的选举票仓。故此，民众的积极参与有利于促成"强制度"的结果。另一方面，制度的强弱性又是调动民众参与的关键因

---

① [美] 安东尼·奥勒姆、约翰·戴尔：《政治社会学（第五版）》，王军译，中国人民大学出版社 2018 年版，第 321 页。

素。例如，前文提及的莫迪政府通过"免费煤气罐计划"吸引民众积极参与到"能源贫困"的治理，最大限度地调动了民众参与的积极性。

由此，"能源贫困"的治理实际上也可以被概括为政府/执政党围绕"能源贫困"问题与广大民众展开互动的一个政治过程。从两个极端来看，"强制度"＋民众的积极参与将使"能源贫困"的治理取得显著成效；"弱制度"＋缺少民众参与将难以推动"能源贫困"的治理。此外，这一互动过程也会导致治标不治本的情况发生。其一，具有"强制度"，但缺少民众参与。毕竟，"能源贫困"的有效治理最终通过民众参与程度或民众生活水平的改善体现出来。其二，实现了民众的积极参与，但出现"弱制度"的情况。毕竟，仅凭民众的参与不可能实现"能源贫困"的有效治理，其还需要国家力量作为强有力支撑。

## 本章小结

本章旨在为探讨印度"能源贫困"问题提供分析工具，同时也从普遍性的角度尝试为"能源贫困"的研究构建分析框架。对此，本章从动态和静态两个层面探讨了如何构建分析框架的问题。

一方面，在动态层面，本章追溯了"能源贫困"概念的缘起和演变，在这一动态演进过程中把握其意涵的发展变化，尤其是"燃料贫困"向"能源贫困"的演进过程及二者之间的关系。"能源贫困"源自"燃料贫困"，前者是对后者的继承与发展，而这一嬗变实际上又是能源安全议题的具象化过程或深化发展。换言之，"能源贫困"更加关注微观层面的"人的安全"和"家的安全"。

另一方面，从静态层面对上述演变过程中所呈现出的相关概念做进一步辨析，以明确"能源贫困"的核心概念。即能源维度的能源获得、能源服务、能源质量，以及贫困维度的物质贫困和"文化贫困"。

基于动态和静态的分析，"能源贫困"的内涵与外延不仅体现在"能源"与"贫困"两个静态概念之中，更是"能源"与"贫困"的辩证统一。由此，"能源贫困"的内涵与外延也体现在与全球可持续发展目标及能源政治形成的互为联动关系之中。在此基础上，本章又进一步探究了"能源贫困"的生成机制和影响机理。根据上述"能源贫困"的核心概念，从能源维度而言，本研究认为该问题是能源获得、能源服务、能源质量三要素的缺失及互为联动关系；从贫困维度而言，则是物质贫困与"文化贫困"的辩证统一。推而言之，"能源贫困"的影响由此体现在生态环境、健康、经济发展、社会发展四个领域。

上述为分析框架的构建提供了核心理论要素和关键指标。基于对既有评估方法和相关理论范式的评析发现，现有"能源贫困"的分析框架严重偏向定量研究，存在一些局限性和不足之处。其次，相关理论范式也未对"能源贫困"形成充分而又必要的解释。因此，按照"表现—影响—治理"的逻辑，本章对"能源贫困"的核心理论要素及指标以逻辑自洽的方式进行建构，即针对印度"能源贫困"的表现，建立以"用能三指标"为基础的分析框架；针对"能源贫困"对印度的影响，发展出"能源贫困"恶性循环的分析框架；针对印度对"能源贫困"的治理，则提出以"政治意愿、政策安排、民众参与"三要素为基础的分析框架。需要强调的是，这也是从定性研究的角度对构建"能源贫困"理论分析框架的一种尝试。

# 第二章

# 印度"能源贫困"的表现与特征

根据"能源贫困"表现的分析框架——"用能三指标",印度的"能源贫困"问题具体体现在用能结构、用能能力和用能设备三个方面。首先,用能结构是评估印度"能源贫困"的基本内容。尤其是,从宏观层面把握印度能源生产与消费结构的现状,是分析印度居民部门能源消费实际情况的必要前提,也是剖析印度"能源贫困"问题的逻辑起点。其次,用能能力是评估印度"能源贫困"问题的核心指标。通过该指标有助于进一步理解印度"能源贫困"的本质所在,同时也有助于从能源的视角反观印度的贫困问题。最后,用能设备是探讨印度"能源贫困"的题中之义,是该问题最直观的呈现。通过这三个方面,可以发现印度的"能源贫困"独具特色,具有鲜明印度特色。

## 第一节 用能结构不合理

用能结构包括能源结构和能源公平。一方面,能源结构是印度能源特点的具体呈现。第一,能源资源禀赋的特点决定了印度能源生产和消费结构现状,是分析和判断印度"能源贫困"现状及程度的基础。换言之,能源结构的客观现状决定了居民部门的能源消费模式。第二,可再生能源是现代能源的标志,其在能源结构中所占比重的大小也间接反映出印度"能源贫困"的现状和程度。另一方面,能源公平是用能结构的潜在内涵,是评估印度居民部门的能源消费是否具有可获得性的重要标准。能源消费的不平衡即是能源不公平的一种表现。

**一 能源结构不合理**

印度是全球第七大经济体,世界第二人口大国,因此人口规模和经济体量的增长成为推动印度能源需求不断增长的双重动力。在过去二十年中,印度的能源消费规模增长了至少一倍。目前,印度已成为仅次于中国和美国的全球第三大能源消费国。总体看,目前印度的能源结构以化石能源为主(占比75%),其中,煤炭占比44%,石油占比25.3%,天然气占比5.8%。[1] 因此,尽管印度大力发展可再生能源,但能源体系仍以煤炭为主。仅从能源生产侧来看,印度煤炭产量近年来日益飙升,其中仅印度国家煤炭公司的产量在2018年就达到5.7亿吨,跃居全球第一大煤炭生产商,同时该公司还提出到2020财年实现10亿吨煤炭产量的目标。[2] 然而,对印度而言,煤炭却一直存在供应不足,进口压力大的问题。不仅如此,比较特殊的是,印度还有大量人口仍处于严重依赖薪柴、农作物残余、禽畜粪便等传统生物质能的初级能源时代。具体来看,印度能源结构的不合理体现在以下三个方面。

(一)能源资源禀赋较差,为能源净输入国

整体而言,与世界平均水平相比,印度的能源资源禀赋较差。一是作为主导能源的煤炭尚不能满足国内需求,相当一部分缺口仍需通过进口弥补。而石油、天然气的需求则基本全部依靠进口来满足。由此,在国际能源贸易中,印度处于能源净输入国地位,每年需耗费大量财政收入以满足能源进口需求。二是按照可再生能源和非可再生能源分类,印度的传统化石能源相对贫乏,但可再生能源相对丰富,尤其是风力和太

---

[1] "India Energy Policy Review," *Report of the IEA*, 2020, p.19.
[2] 《亚洲多国经济增长拉动煤炭消费》,《中国石化报》2019年11月12日。

阳能资源。

　　首先，传统化石能源呈现出"富煤少油少气"的特点。煤炭是印度的主导能源，其储量在全球位居第五。目前，印度有1013亿吨已探明煤炭储量，全球占比9%，其中，70%的煤炭储量集中在贾坎德邦、昌迪加尔、奥利萨邦、西孟加拉邦和中央邦五个地区。① 需要指出的是，与其他国际贸易中的煤炭相比，印度煤炭的能源含量通常较低。其具有高灰分含量和低硫含量的特点，且水分含量是可变的，通常在季风季节生产的煤炭中更高。相关数据表明，在过去的二十年中，印度本地生产的煤炭质量一直在下降，平均热值也在下降，碳灰含量在增加。② 也就是说，尽管印度"富煤"，但是其大部分属于低质量的煤炭。与此同时，"富煤"的有利条件并不能充分满足国内需求，2018年至2019年印度仍有2.4亿吨煤炭依赖于对外进口。③ 除此之外，石油和天然气储量稀少，绝大部分依靠进口。石油是印度第二大化石能源资源。根据BP公布的数据，2019年印度已探明石油储量为6亿吨，全球占比0.3%，仅够开采15.5年。④ 同时，天然气可采储量只有1.3万亿立方米，全球占比0.7%。⑤ 此外，印度能源资源的分布也呈现出不均衡的特点。沿海和东北地区的能源资源相对丰富，中部地区则较为贫瘠。其中，煤炭资源集中分布在贾坎德邦、奥里萨邦、恰蒂斯加尔邦等东部省份；石油资源主要分布在印度西海岸和东北地区；天然气资源主要位于东西部沿海和东北地区的部分省份。

　　其次，可再生能源占比小，以传统生物质能为主。尽管从整体来看，可再生能源在印度能源结构中占比23.4%，仅次于石油。但是，

---

　　① "Countries with the Biggest Coal Reserves," Mining Technology, January 6, 2020, https://www.mining-technology.com/features/feature-the-worlds-biggest-coal-reserves-by-country/.
　　② "Coal in India," Department of Industry, Innovation and Science, p. 15.
　　③ "Top Five States in India with the Largest Coal Reserves," NS Energy, April 3, 2020, https://www.nsene-rgybusiness.com/news/states-india-largest-coal-reserves/.
　　④ "Statistical Review of World Energy," Report of the BP, 2020, p. 14.
　　⑤ "Statistical Review of World Energy," Report of the BP, 2020, p. 32.

在印度的能源结构中,现代意义上的可再生能源只包括水能(1.4%)、风能(0.5%)、太阳能(0.4%),而绝大部分仍属于薪柴、农作物残余、禽畜粪便等传统生物质能(21.2%)。[1] 这是印度能源结构不合理的典型表现之一。

需要指出,就可再生能源资源的禀赋来判断,太阳能和风能是印度储量相对丰富的可再生能源。第一,印度发展太阳能的地理和环境优势明显,拥有潜力巨大的太阳能资源。据印度新能源和可再生能源部(MNRE)的估计,印度目前拥有约748GW潜力的太阳能发电规模。[2] 在全球前20大经济体中,印度平均日照量位居第一,优于中国、美国、日本和欧盟。其位于北回归线与赤道之间,年均气温25℃—27.5℃,年均太阳辐射量可达1700—2500kWh/年,集光器日均太阳辐射量可达4—7kWh/m$^2$。[3] 同时,印度大部分国土常年有250—300个晴天,约3000个小时的太阳辐射,每年可获得规模超过5000万亿千瓦时的太阳能,远超于其每年的总消费量。[4] 得益于此,2018年2月,印度太阳能发电装机容量就达20GW,是2014年5月水平(2650MW)的8倍。20GW是印度政府最初提出在2022年实现的目标,而已提前4年实现,因此莫迪政府又提出了更宏伟的目标,即到2022年实现太阳能装机容量100GW。第二,印度发展风能的地理和环境优势明显,拥有巨大的风能资源潜力。据MNRE的估计,印度目前拥有约102GW规模的风能潜力。[5] 印度陆地三面环海,大部分地区处于热带季风活动范围。同时,印度沿岸气候相对稳定,还有着约7600千米的海岸线及其海洋专

---

[1] "India Energy Policy Review," *Report of the IEA*, 2020, p. 107.
[2] Chandra Bhushan, "India's Energy Transition: Potential and Prospects," *Report of the Heinrich Boll Foundation-India and Christian Aid*, 2017, p. 10.
[3] 中华人民共和国商务部:《印度新能源电力行业研究报告》,2017年8月7日,http://caiec.mofcom.gov.cn/ar-ticle/jingmaoluntan/201708/20170802622369.shtml。
[4] "Solar Power in India," Wikipedia, https://en.wikipedia.org/wiki/Solar_power_in_IndiaJHJcite_ref-mnreSolar_23-0.
[5] "Annual Report 2016-2017," Ministry of New and Renewable Energy of India, p. 3, https://mnre.gov.in/file-manager/annual-report/2016-2017/EN/pdf/1.pdf.

属经济区的管辖权,这为印度发展海上风能创造了良好的地理和环境条件。第三,生物燃料发电潜力巨大。其中利用农业生产残余物发电的潜力为17538MW,利用甘蔗残渣发电的潜力为5000MW,利用生物固体废弃物发电的潜力为2556MW。预计到2050年,生物质能将满足印度总能源需求的15%—50%。① 尽管如此,太阳能和风能也未能对化石能源起到实质性的替代作用,尤其是印度当前可再生能源资源禀赋体现出的实际效应还主要集中在传统生物质能(生物质燃料)。因此,资源禀赋优势明显的太阳能和风能至多是印度未来积极推动能源转型的有利条件而已。

最后,根据BP的统计,由于经济的快速发展、人口的增长以及现代化进程的推进,印度对能源供应的需求持续攀升。印度不仅在2019年就已成为仅次于中国和美国的全球第三大能源消费国,且在很大程度上依靠化石燃料进口来满足其能源消费需求,例如到2030年印度有53%的能源消费需求由对外进口满足。②

(二)以煤为主的能源生产体系

印度的能源生产以煤炭和电力为核心。从能源安全的角度来看,煤炭是印度最丰富的非可再生能源,同时燃煤发电是该国电力生产的核心动力。因此,煤炭生产和发电是印度的两个主要能源产业,是经济社会发展的关键动力。这两个部门在全国工业生产总值中就占到10%左右,还直接涉及约50万人的就业。③ 而且,煤炭行业还通过运输部门创造了大量额外的就业机会。

目前,印度是仅次于中国的全球第二大煤炭生产国。自20世纪70年代以来,煤炭在印度的能源结构和电力生产结构中的比重持续上升。在印度一次能源供应结构中,煤炭占比就达44%,同时74%

---

① "Annual Report 2016 – 2017," Ministry of New and Renewable Energy of India, p. 3, https://mnre.gov.in/file-manager/annual-report/2016-2017/EN/pdf/1.pdf.

② "The Energy Policy of India," Wikipedia, https://en.wikipedia.org/wiki/Energy_policy_of_India.

③ "Coal in India," Report of Department of Industry, Innovation and Science, 2019, p. 16.

的电力生产高度依赖煤炭发电。① 据相关数据，2019—2020 财年中，印度共生产煤炭约 6 亿吨；2020—2021 财年中，煤炭产量达到 7 亿吨。② 不过，除东北部阿萨姆邦的资源外，印度大部分煤炭灰分高、低硫（大约 0.5%）、低氯和低痕量元素，并且灰熔点低。由于灰分高，对印度的电力工业来说，灰分排放问题十分突出。对印度的大气污染问题而言，有 40% 的二氧化碳就源自煤炭及煤电生产，同时燃煤还会产生二氧化硫等一系列有害物质，对生态环境和人的身体健康构成严重威胁。在 WHO 公布的全球空气污染最严重的 20 个城市中，印度就有 14 个。

与此同时，在过去十年中，印度的电力生产规模以年均 6% 的速度持续增长。2017 年，印度发电量达 1532 太瓦时，相较 2007 年增加了 86%。③ 其中，燃煤发电满足了至少 80% 的电力生产需求，其比重由 2007 年的 65% 上升至 2017 年的 74%。相较而言，天然气发电比重则由 2007 年的超过 10% 下降到 2017 年的低于 5%；而同期，水力发电比重由 16% 下降至 9%。尤其是，具有现代能源特征的可再生能源（太阳能、风能、生物质能）发电比重只有 8%（如图 2-1 所示）。

根据 BP 发布的《2019 年能源展望》，尽管煤炭在印度一次能源消费中所占比重将由 2017 年的 56% 下降到 2040 年的 48%，但仍然占据整个能源结构的近一半，比重远远高于其他能源。其中，石油是第二大能源，其比重同期将由 29% 下降至 23%，可再生能源的比重将增长 5 倍，达到 16%。同时，印度国家研究院（the NITI Aayog）也指出，到 2040 年，煤炭在印度整个能源结构中的占比仍然很高，至少为 44%。同时，有学者也指出，如果印度的可再生能源发展未取得实质性进展，

---

① "India Energy Policy Review," *Report of the IEA*, 2020, p. 229.
② "India's Coal Production to Clock Record 700 mn Tonnes in FY21：Secy," *The Economic Times*, May 10, 2020, https：//m.economictimes.com/industry/indl-goods/svs/metals-mining/indias-coal-production-to-cl-ock-record-700-mn-tonnes-in-fy21-secy/articleshow/75659088.cms.
③ "India Energy Policy Review," *Report of the IEA*, 2020, p. 153.

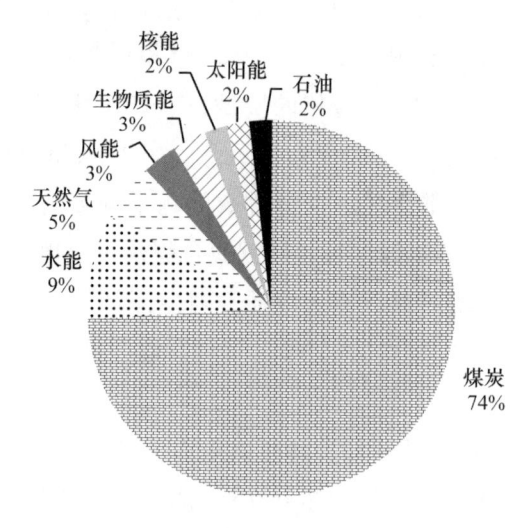

**图 2-1　印度的电力生产格局**

资料来源："World Energy Balance," IEA, 2019, http://www.iea.org/statistics/。

煤炭的份额将不降反升。[1] 此外，印度电力部首席工程师甘希亚姆·普拉沙德（Ghanshyam Prasad）指出，2022 年印度燃煤发电相较当前水平将增长至少 3 倍，达到 238GW。而且，据印度国家电力局 2019 年公布的数据来看，过去十年中印度的电力需求增长了 36%，与此相对应，同期燃煤发电量增长了 74%，达到 194.44GW。[2]

综上所述，能源生产体系尤其是电力生产格局高度依赖煤炭的"单一性"是印度能源结构不合理的又一典型表现。

### （三）以化石能源为主的消费格局

总体上，2019 年印度主要能源消费上涨了 2.3%，成为仅次于中国、美国的第三大能源消费国。据 2018 年的数据，印度主要能源消费

---

[1] G. Seetharaman, "Coal Is Here to Stay Despite India's Ambitious Goals for Renewable Energy," *The Economic Times*, October 15, 2020, https://m.economictimes.com/industry/energy/power/india-will-not-be-able-to-achieve-its-renewable-energy-targets-anytime-soon/articleshow/69286279.cms.

[2] Sudarshan Varadhan, "India Expects Coal-Fired Power Capacity to Grow 22% in 3 Years," Reuters, July 31, 2019, https://news.trust.org/item/20190731133649-zkxm6/.

来自煤炭（452.2百万吨油当量，55.88%）、原油（239.1百万吨油当量，29.55%）、天然气（49.9百万吨油当量，6.17%）、核能（8.8百万吨油当量，1.09%）、水电（31.6百万吨油当量，3.91%）、可再生能源（27.5百万吨油当量，3.4%）。① 需要强调的是，据IEA的预测，2040年，印度将成为全世界最大的石油消费国，石油消费量由2014年的600万桶/日增长到1000万桶/日；而天然气消费量也将增长3倍，达到1750亿立方米。届时，印度的石油进口量将超过欧盟和美国，成为仅次于中国的全球第二大石油进口国，石油进口量将由2014年的370万桶/日增长到720万桶/日，石油进口对外依存度将由2014年的70%上升到90%以上，② 所以能源短缺问题正日益成为印度经济社会发展面临的瓶颈。

具体而言，印度的能源消费结构呈现出三个特点：一是燃料短缺，需求存在巨大缺口，因而严重依赖对外进口；二是能源消费结构不合理，严重依赖化石能源，尤其是居民部门的能源消费过度依赖传统生物质能；三是能源消费水平较低，而人均消费量则更低。

第一，供不应求及能源短缺的形势越来越严峻。近十年来，印度GDP保持着高速增长态势，经济的快速发展，导致印度的能源需求持续攀升，使油气供需的结构性矛盾日益凸显。据2019年BP公布的数据，印度石油消费量为527.1万桶/天（产量为82.6万桶/天）；天然气消费量为597亿立方米（产量为269亿立方米）；煤炭消费量为9.4亿吨（产量为7亿吨）。③ 可见，印度的主要能源消费存在巨大的需求缺口。由此，IEA预测到2040年，印度40%的一次能源将由对外进口满足。届时，印度将成为世界最大的石油消费国，石油消费量增长到980万桶/天，对外依存度将高于90%；天然气消费量也将增长3倍，

---

① "Statistical Review of World Energy," *Report of the BP*, 2019, https://www.bp.com/content/dam/bp/b-business-sites/en/global/corporate/pdfs/energy-economics/statistical-review/bp-stats-review-2019-full-report.pdf.

② "India Energy Outlook," *Report of the IEA*, 2015, p.14.

③ "Statistical Review of World Energy," *Report of the BP*, 2020, pp.21, 36.

达到 1750 亿立方米。①

第二，能源消费结构不合理，能源消费严重依赖化石能源。从一次能源供应和最终能源消费的角度看，印度对煤炭和石油的依赖程度达到 69%，而生物质能只有 21%，且其中绝大部分属于传统生物质能。② 此外，从能源消费部门来看，工业、居民部门和交通运输业分别在最终能源消费中占比 56%、29% 和 17%。③ 需要指出的是，尽管生物质能在印度能源结构中的占比相对不高，却在居民部门的能源消费结构中占主导地位，与印度绝大多数家庭的日常生活息息相关。传统生物质能仍然是印度 75% 的农村家庭和 22% 的城市家庭的主要生活燃料。④ 尤其对广大农村家庭而言，对传统生物质能的依赖程度更是高达 90%，⑤ 其中，薪柴（62.5%）、农作物残余（12.3%）和牛粪（10.9%）位居前三位。⑥ 概言之，居民部门的能源消费过度依赖传统生物质能，或者说仍处于初级能源时代是印度能源结构不合理的一大典型表现。同时，这也是印度"能源贫困"问题最显著的表现。

第三，能源消费水平较低，人均消费量更低。印度是全球第二人口大国，第七大经济体。不过，如此庞大的体量，且能源消费世界排名迅速攀升，印度的人均能源消费却明显低于其他能源消费大国，供给远赶不上需求，其只有全球平均水平的 30%。相较全球人均 1.29 吨油当量和 IEA 提出的人均 2.9 吨油当量的水平，印度人均能源消费只有 0.44

---

① "India Energy Outlook," *Report of the IEA*, 2015, p. 99.

② "Data and Statistics – India," *Report of the IEA*, 2019, https://www.iea.org/data-and-statistics? country = INDIAfuel = Energy% 20supply&indicator = Total% 20primary% 20energy% 20supply% 20（TPES）% 20by% 20source.

③ "India Energy Policy Review," *Report of the IEA*, 2020, pp. 21 – 22.

④ "Access to Modern Energy: Assessment and Outlook for Developing and Emerging Regions," Report of the International Institute for Applied Systems Analysis, 2013, p. 9.

⑤ Anver C. Sadath and Rajesh H. Acharya, "Assessing the Extent and Intensity of Energy Poverty Using Multidimensional Energy Poverty Index: Empirical Evidence from Households in India," *Energy Policy*, Vol. 102, No. 3, 2017, p. 542.

⑥ Punam Singh and Haripriya Gundimeda, "Life Cycle Energy Analysis of Cooking Fuel Sources Used in India Households," *Energy and Environmental Engineering*, Vol. 2, No. 6, 2014, p. 20.

吨油当量,①况且如前文所述印度还有大量人口处于初级能源时代。同时,根据2017年的数据,印度一个国家的缺电人口就高达9900万,还有8100万户家庭没有电力接入,有近8.4亿人的生活严重依赖传统生物质能。②

## 二 能源公平缺失

印度的"能源贫困"也表现为能源公平的缺失。即社会成员不能平均地获取和消费能源资源,彼此之间能源消费差异显著,呈现出不平衡的特点。从这一意义而言,社会成员在获得日常生活重要资源方面的不平等实际上也是印度社会不平等的一种表现。换言之,缺失能源公平是印度社会缺失公平正义在能源问题上的体现。这是印度"能源贫困"问题的另一个显著表现。

总体上,印度城乡居民生活用能差异显著,农村"能源贫困"问题更加突出。就能源消费结构而言,印度的城镇居民生活用能基本上都是商品能源,且以非固体能源为主,例如LPG、电。相较于此,印度农村居民生活用能高度依赖传统生物质能,且商品能源消费以固体能源为主。就能源消费量而言,印度农村人均商品能源消费总量和非固体商品能源消费量均低于城镇。与城市地区相比,传统生物质能仍是农村居民的主要生活能源。

从结果来看,据相关评估,印度"能源贫困"现象主要集中在农村家庭,有57%的农村家庭存在"能源贫困"现象,而城市家庭的规模则为28%。③据此,对印度而言,现代能源的普及、供应和消

---

① "India Energy Policy Review," *Report of the IEA*, 2020, p. 20.
② S. Manju and Netramani Sagar, "Progress towards the Development of Sustainable Energy: A Critical Review on the Current Status, Applications, Developmental Barriers and Prospects of Solar Photovoltaic Systems in India," *Renewable and Sustainable Energy Reviews*, Vol. 70, No. 4, 2017, p. 298.
③ Shahidur R. Khandker, et al., "Are the Energy Poor also Income Poor? Evidence fromIndia," *Energy Policy*, Vol. 47, No. 12, 2012, p. 1.

费存在显著的城乡差异。尤其是鉴于印度拥有大量农村人口，因此可以说，印度的"能源贫困"在很大程度上就是农村的"能源贫困"问题。

其次，从最终能源消费来看，印度居民部门的能源消费呈现出贫富差距、阶层分化。对印度农村家庭而言，LPG 是仅次于传统生物质能的第二选择。但是，LPG 在印度农村地区的覆盖率只有 16%，且每户家庭平均每月消费量只有 1.6 千克，但月均支出却高达 467 卢比；相较于此，LPG 在城市地区的覆盖率为 70%，每户家庭平均每月消耗 9 千克，月均支出 542 卢比。① 同时，印度农村居民或贫困家庭要比城市居民或富裕家庭产生更多的能源消费成本。一方面，如前文所述，传统生物质能是印度至少 90% 的农村家庭的主要生活能源。这在很大程度上也进一步印证城乡能源消费水平的差距。另一方面，从电力消费情况来看，印度农村无电人口的规模要远大于城市地区。印度农村有 7700 万户无电力接入的家庭，而城市家庭规模为 1000 万户。② 而且，城市地区的通电率高达 94%，而农村只有 60%。尤其是对于照明需求而言，还有 91% 的农村家庭依赖于煤油。

这种不平衡的格局也通过城乡居民生活质量的差异体现出来。相较贫困家庭，富裕家庭有能力购买更多高质量的燃料，这些燃料将产生更广泛的用途。例如，对印度的农村家庭而言，电力消费主要满足炊事、照明等基本生存需求，且在整个能源消费结构中只占 4% 左右的比重；相比之下，城市家庭的需求已拓展至各种家用电器、电子产品等生活服务，电力消费占比达到 24%。③ 也就是说，收入水平差异导致不同家庭在能源消费及利用模式方面产生差异（如图 2-2 所示）。

---

① Shahidur R. Khandker, et al., "Are the Energy Poor also Income Poor? Evidence from India," *Energy Policy*, Vol. 47, No. 12, 2012, pp. 3 – 4.

② "Electricity Sector in India," Wikipedia, January 2019, https：//en.wikipedia.org/wiki/Electricity_sect-or_in_India.

③ Shahidur R. Khandker, et al., "Are the Energy Poor also Income Poor? Evidence from India," *Energy Policy*, Vol. 47, No. 12, 2012, p. 3.

图 2-2　收入水平对印度居民部门能源消费的影响

资料来源：笔者根据 "Burning Opportunity: Clean Household Energy for Health, Sustainable Development, and Wellbeing of Women and Children," *Report of the WHO*, 2016, p.27 相关信息制图。

最后，能源公平的缺失与印度社会公平正义问题形成耦合性。一是与印度的性别问题形成关联。由于对传统生物质能存在刚性需求，所以在传统印度家庭中，收集和使用传统生物质能不自觉地成为女性的责任和义务。例如，据相关调查，古吉拉特邦的农村家庭妇女每天至少花费 40% 的时间用于收集薪柴、制作"牛粪饼"；喜马偕尔邦至少 700 户农村家庭中的女性为收集薪柴平均每天至少步行两千米。① 二是与印度的社会阶层分化现象形成关联，尤其是与种姓制度（见表 2-1）。

表 2-1　印度不同种姓阶层的"能源贫困"率

| 种姓与表列部落 | 2004—2005 年（%） | 2011—2012 年（%） |
| --- | --- | --- |
| 婆罗门 | 28.76 | 23.59 |
| 刹帝利 | 31.66 | 24.61 |
| 吠舍 | 42.15 | 37.77 |

① "Burning Opportunity: Clean Household Energy for Health, Sustainable Development, and Wellbeing of Women and Children," *Report of the WHO*, 2016, p.63.

续表

| 种姓与表列部落 | 2004—2005 年（%） | 2011—2012 年（%） |
|---|---|---|
| 首陀罗与达利特人 | 45.91 | 42.83 |
| 阿迪瓦西人（表列部落之一） | 54.33 | 48.56 |

资料来源：笔者根据 Rajesh H. Acharya and Anver C. Sadath, "Energy Poverty and Economic Development: Household-Level Evidence from India," *Energy & Buildings*, Vol. 183, No. 1, 2018, p. 788 相关信息制表。

尽管表2-1中的调查数据比较陈旧，但是仍可以看出印度社会的主要阶层都面临不同程度的"能源贫困"问题这一事实。而且，"能源贫困"率的严重程度也与不同阶层社会地位的高低形成正相关关系。比如，婆罗门种姓的"能源贫困"率最低，达利特人（贱民）与阿迪瓦西人（Adivasi）的"能源贫困"率最高。需指出的是，这两大群体处于印度主流社会之外，是印度宪法规定的两大社会弱势群体。同时，低种姓家庭获得电力服务和清洁能源的比例也明显低于高种姓家庭（低出10%—30%）。[1] 尤其在农村地区，58%的高种姓家庭享有LPG，而只有38%的低种姓家庭在使用LPG。[2] 此外，相对高种姓家庭，低种姓家庭由于经济社会地位落后往往居住在城市地区中的贫困社区和贫民窟当中，而这些社区的能源基础设施覆盖率和能源消费水平普遍偏低，使低种姓家庭在获取现代能源的途径上还存在物理意义上的制约。尤其在印度农村，达利特人家庭往往被隔离在村庄以外的地区，从而也使得能源的供应对这些家庭存在歧视。

## 第二节 用能能力滞后

用能能力包括购买能力、供应能力、承受能力和认知能力四个方

---

[1] Vibhor Saxena and P. C. Bhattacharya, "Inequalities in Accessing LPG and Electricity Consumption in India: The Role of Caste, Tribe, and Religion," in School of Economics and Finance Discussion Papers, Scotland: University of St Andrews, 2017, p. 10.

[2] Sasmita Patnaik, et al., "Roadmap for Access to Clean Cooking Energy in India," Report of the Council on Energy, Environment and Water, 2019, p. 14.

面。立足这一分析指标,印度的"能源贫困"也具体表现在四个方面:一是居民部门"买不起"现代能源,即收入水平低、能源价格高;二是政府和企业等主体向居民部门供应现代能源或进行相关基础设施建设,面临较高的经济和社会成本,由此,呈现出"供不起"的状态;三是"能源贫困"的负面影响体现在多个方面,具有综合性的冲击效应,一些贫困家庭和女性群体对其造成的负面影响的承受能力较弱;四是能源消费观念的滞后,或者说缺乏科学理性的认知既成为印度"能源贫困"问题的成因,也是表现之一。

### 一 购买能力欠缺

居民部门能源消费的"买不起",即对现代能源具有不可负担性是印度"能源贫困"在用能能力方面的首要表现。从 LPG 的消费来看,一户 5—6 人的印度农村家庭,每月至少花 500 卢比用于购买 LPG 作为炊事燃料,但 75% 的印度农村家庭年收入最多只有 5000 卢比。[1] 如果按照"能源贫困线"的标准,生活用能支出占总收入 10% 及以上就属于"能源贫困"的具体表现,那么印度的"能源贫困"毋庸置疑就是其中的典型之一。尤其需要强调的是,相较电力、太阳能等,LPG 并不属于严格意义上的现代能源,其至多属于现代能源中的初级能源。

此外,从电力消费情况来看,总体上,有 80% 的印度家庭因电力价格昂贵而拒绝实现用能电气化。[2] 根据对比哈尔等六个邦中 9000 多户家庭的调查,有 2% 的家庭不接受莫迪政府的"全民全天候电力计划"(24x7 Power for All),其中有 88% 的家庭认为主要原因在于后续消费成本太高;而且,对于那些即便已经获得电力服务的家庭而言,其中

---

[1] Debajit Palit, "Addressing Energy Poverty in India," *The Hindu*, January 15, 2018, https://www.the hindubusinessline.com/opinion/addressing-energy-poverty-in-india/article9301201.ece.

[2] Sasmita Patnaik, et al., "Roadmap for Access to Clean Cooking Energy in India," Report of the Council on Energy, Environment and Water, 2019, p. 53.

也有16%的家庭表示无法承受高昂的用电成本。[1]

与此同时，传统生物质能源被称为"穷人的燃料"。[2] 过度依赖传统生物质能的现状在很大程度上也表明印度大部分家庭用能能力的不可负担性。相较清洁能源，薪柴、禽畜粪便、农作物残余等传统生物质能毕竟更廉价和易得。

需要指出的是，购买能力欠缺这一问题主要体现在面临"能源贫困"的城市家庭之中。其主要原因是，印度城乡家庭"能源贫困"问题的实际情况有所不同。如前文所述，印度农村家庭主要依赖廉价、易得的传统生物质能，因此受收入水平高低的影响相对不明显。但与此相反，印度城市家庭的能源消费主要依赖LPG、电等现代能源，受收入水平高低的影响却十分明显。也就是说，收入水平只是影响印度农村家庭能源消费的必要而非决定性因素。推而言之，如果不改变固有的能源消费习惯、能源消费观念及模式，即便提高农村家庭的收入，最终结果或许也只意味着这些家庭用更多的收入购买了更多的传统生物质能，即传统生物质能消费总量的增加，而现代能源在能源结构中的比重却很难有实质性的提高。相反，印度城市家庭拥有相对现代化的能源消费模式，尤其是对LPG和电力服务的高需求，因而相较农村家庭，印度许多城市家庭对能源价格的涨幅具有敏感性，收入水平对其购买能力发挥着塑造性的影响作用。正如上文提及的基于对印度六个邦9000多户家庭的调查结果也印证了这一规律；同时，通过表2-2的内容也从另一个角度说明了收入水平分别对印度城市和农村家庭购买能力的影响程度不同。

---

[1] "How to Get Rural Indian Households to Pay for Electricity," Report of the Energy Central, October 10, 2019, https://www.energycentral.com/c/ec/how-get-rural-indian-households-pay-electricity.

[2] Lauren C. Culver, "The Stanford Natural Gas Initiative Energy Poverty: What You Measure Matters," Pre-symposium white paper for: Reducing Energy Gas: Changing Political, Business, and Technology Paradigms, February 2017, p. 6.

表2-2　　　　　　　　印度居民部门能源消费格局

| 项目 | 传统燃料 ||||  现代燃料 |||
|---|---|---|---|---|---|---|---|
|  | 薪柴 | 动物粪便 | 农业残余 | 煤炭 | 煤油 | LPG | 电 |
| 农村地区 ||||||||
| 比重（%） | 56.7 | 22.2 | 7.3 | 2.5 | 3.5 | 3.6 | 4.2 |
| 月消费（kg） | 49.3 | 24.4 | 11 | 2.4 | 2.2 | 1.7 | 2.7 |
| 月支出（卢比） | 190.8 | 75.1 | 44 | 7.9 | 39.5 | 35.6 | 73.9 |
| 城市地区 ||||||||
| 比重（%） | 21 | 4.5 | 0.6 | 4.3 | 7.7 | 38.1 | 23.8 |
| 月消费（kg） | 11.7 | 3.1 | 0.5 | 2.7 | 2.1 | 9.2 | 6.8 |
| 月支出（卢比） | 54.8 | 11.1 | 2.1 | 9.9 | 37.5 | 192.5 | 234 |

资料来源：笔者根据 Shahidur R. Khandker, "Are the Energy Poor also Income Poor? Evidence from India," *Energy Policy*, Vol. 47, No. 4, 2012, p. 4 相关信息制表。

如表 2-2 所示，对印度农村家庭而言，每月传统生物质能（薪柴、禽畜粪便、农作物残余）的支出高达 310 卢比，占总支出的约 67%。同时也可以看出，导致这一现象的根本原因在于前三项传统生物质能在印度农村家庭用能结构中占据主导地位（约 90%）。推而言之，如果不从根本上改变这一用能结构，表面上提高农村家庭的收入水平，结果很可能只会进一步提高传统生物质能消费量及其每月的相应支出。不过，在不考虑用能结构的情况下，这种格局在一定程度上的确也说明了印度农村家庭用能能力中的购买能力欠缺。

相较农村家庭，印度城市家庭面临的"能源贫困"实际情况要与理论上的描述基本一致。印度城市地区的"能源贫困"率之所以要比农村低，其主要原因在于 LPG 和电在用能结构中占据很大比例（61%），由此二者每月的支出也高达 427 卢比，占总支出的 79%。因此，收入水平因素对印度城市家庭的现代能源购买能力起着至关重要的作用。

综上所述，收入水平是印度居民部门陷入"能源贫困"的核心问题。毫无疑问，能源消费随着收入的增加而增加，同时也基本上与收入水平形成一致性。对印度而言，10%的富人消费了25%的能源，而穷人则由于收入水平低下以致其能源消费的可负担能力严重受限。与此同时，这种可负担能力的差异也体现为地理和燃料种类的差异。其一，印度城市地区家庭的能源支出几乎是农村的2.5倍。其二，印度城市中最富裕家庭的能源支出是最贫困家庭的8倍多，而农村富裕家庭的能源支出是贫困家庭的4.5倍。① 其三，在印度城市地区，高收入家庭对传统生物物质能和LPG的支出在大幅减少，其85%的支出都源自电费和油费（汽油），而传统生物物质能和LPG占了贫困家庭能源支出的60%；然而，在印度农村地区，收入水平的提高却导致传统生物质能消费的增长（除了20%的高收入家庭），而用电支出至少占比20%（相比之下，城市则为40%），导致这一差距的根源就在于印度农村家庭的能源消费模式和习惯以薪柴的利用为主。②

## 二 供应能力不强

印度政府和企业存在"供不起"的情况，即缺乏提供清洁能源的经济动力与能力。总体看，印度的基础设施赤字非常大。据估计，印度每年需要在基础设施上花费2000亿美元（占GDP的7%—8%），到2030年总共还需投入5万亿美元才能消除基础设施建设赤字。③

对能源部门而言，印度发展可再生能源的前期投资巨大，配套设施要求高，相关企业也面临清洁化改造的高成本问题。例如，为达到2030年全面实现可再生能源发电的目标，印度在2022年前还需额外投资约800亿美元，2023—2030年还需再投资2500亿美元。④ 然而，印

---

① "India Energy Outlook," *Report of the IEA*, 2015, p. 43.
② "India Energy Outlook," *Report of the IEA*, 2015, p. 44.
③ "Energy Policy Review-India," *Report of the IEA*, 2020, p. 31.
④ Sudarshan Varadhan, "India Plans $330 Billion Renewables Push by 2030 without Hurting Coal," Reuters, https://www.reuters.com/article/us-india-renewables-coal/india-plans-330-billion-renewables-push-by-2030-withouthurting-coal-idUSKCN1TZ18G.

度政府财政负担重，预算有限。2019—2020财年，印度财政预算赤字约为GDP的3.8%，而2018—2019财年为3.3%。①印度政府致力于减少长期存在的预算赤字，但可再生能源发展计划规模的扩大使得政府对新能源的补贴增加，加重了财政负担。除此之外，印度现代能源供应能力还存在融资渠道单一、中小企业投资不足的问题，使有关可再生能源项目的融资成本相较于欧美发达国家类似项目高昂，成为普及现代能源的长期制约因素。印度智库（Centre for Financial Accountability，CFA）在其2017年发布的《煤炭和可再生能源投资分析报告》中指出，为煤电项目提供融资服务仍是印度大多数国有银行和金融机构的主要目标，且在这些煤电项目上的投资仍高于太阳能、风能等可再生能源项目。2017年，全印度煤电项目共获得贷款93.5亿美元，而可再生能源项目获得贷款总数仅为35亿美元。②

除此之外，印度缺乏完整的现代工业体系，工业基础落后，可再生能源产业从上游的零配件到后续的组件及配套器材，都尽显印度本土生产能力的薄弱，绝大部分只能依赖于进口。例如，太阳能产业中从上游多晶硅、硅片、电池，再到后续的组件及配套的辅材都依靠进口。另外，从电力供应来看，印度的零售电价由各邦的电力监管委员会制定，往往具有明显的靠炒作电价来赚取选票的指向性。例如，许多地方政府在选举时为取悦选民，往往承诺不涨电价甚至为大量贫困用户免费供电，从而导致终端电价低于发电成本。因此，电力企业普遍亏损，且越生产越亏损，违背供需关系，脱离市场现实。这一恶性循环带来一系列恶果：首先，无力进行正常的设备维护、升级和扩容，高比例的综合输电配电损失情况长期存在。其次，低价供电在某种程度上扩大了无节制的用电浪费现象，电力供应短缺问题更加严重。最后，各邦配电公司面

---

① "Budget 2020：Fiscal Deficit Target Raised to 3.8% from 3.3% for FY20," *The Economic Times*, https：//economictimes.indiatimes.com/news/economy/policy/budget-2020-india-revises-2019-20-fiscal-deficit-target-to-3-8-from-3-3/videoshow/73836779.cms？from=mdr.

② 《印度可再生能源投资仍不及煤电》，人民网，2018年6月25日，http：//paper.people.com.cn/zgnyb/html/2018-06/25/content_1864039.htm。

临严重财务亏损,根本没有满足可再生能源购买义务(Renewable Purchase Obligation,RPO)的动力,也没有购买可再生能源证书(Renewable Energy Certificates,REC)的能力。①

与此同时,可再生能源项目对土地有较高需求。但在印度,土地属于私有财产,政府拥有的土地非常有限,征地是一个非常棘手的问题。以发展太阳能为例,印度政府需要在全国选择多个专门的区域来建设太阳能电站,而且需要选择日照辐射条件较好的地区,同时要避开雾霾严重的地区,因为雾霾会削弱对太阳能的吸收。以2022年太阳能发电装机容量100 GW的目标估算,至少还需要63万英亩的土地,要获得这些土地并非易事。② 同时,基于目前的能源结构和居民消费能力,印度政府和煤电企业也缺乏推动能源清洁化及能源转型的现实利益。

总的来说,彭博新能源财经最新发布的报告显示,2020—2050年,预计全球新增可再生能源发电投资总额约11万亿美元,其中风能5.9万亿美元、太阳能光伏4.2万亿美元。③ 这一投资趋势正好与莫迪政府的目标相一致。彭博能源财经同时估计,2020—2030年,印度的电力需求将增长80%,而同期印度的电力生产将获得6330亿美元的投资机会,其中可再生能源发电将有2820亿美元。④ 如此庞大的行业发展规模,既需要坚定的政治意愿,也需要逐一破除包括上述融资、征地等方面的体制机制障碍。尽管莫迪政府在可再生能源发展方面取得了显著成效,但这并不等于就有承担如此巨大工程的能力。印度发展可再生能源除了受上述融资投资不足、土地征用困难等因素制约外,还受政府行政效率低下、贪腐、工业基础薄弱和生产能力欠缺、相关职能部门多头治

---

① 朱敏:《印度可再生能源配给制的启示》,《中国经济报告》2016年第11期。
② 金莉苹:《印度莫迪政府可再生能源发展计划:动因、成效与制约》,《南亚研究》2018年第3期。
③ "New Energy Outlook 2020," *Report of the Bloomberg New Energy Finance*, October 2020, p. 13.
④ Rohit Gadre, et al., "India's Clean Power Revolution," *Report of the Bloomberg New Energy Finance*, June 26, 2020, pp. 2–3.

理并缺乏协同效应等诸多积弊的影响。这些因素都进一步制约了印度政府和企业向居民部门供应现代能源的能力。

### 三 承受能力较弱

"能源贫困"本身触及能源和贫困两大问题，因而其在演变过程中既涉及现实与战略问题，又是一系列经济社会发展宏观与微观议题的集中呈现。从这一角度而言，"能源贫困"波及印度社会的诸多方面，其负面影响具有全方位和综合性的特点。尤其是，对印度社会弱势和边缘群体的冲击较大，进一步加剧了社会不平等。例如，低种姓、妇女、儿童等印度社会中的弱势群体对"能源贫困"的抗冲击能力较弱，因病致贫现象较为严重，其生存权和发展权受到威胁。

具体而言，这一承受能力较弱又体现在四个层面。第一，经济承受能力较弱。经济承受能力较弱既是印度"能源贫困"的成因，也是其表现（结果）。一方面，对印度而言，能源消费支出是城市与农村家庭的主要生活开支，尤其是印度仍具有相当一部分的贫困人口。这不仅是因为能源是一种刚性需求，也由于几乎所有活动都与能源消费息息相关，或者说是一种间接性的能源消费，例如阅读、食物烹饪都需要电力和相关燃料作为支撑。由此，印度居民部门需要拥有足够的经济能力来维持基本能源消费需求的开支。也就是说，"能源贫困"通过影响能源消费开支对印度居民部门的生活水平造成冲击。即无法负担高额的能源消费支出，或只能依赖于低廉的传统生物质能。另一方面，发展可再生能源是消除"能源贫困"的必由之路。不过，发展可再生能源在很大程度上是发达国家的专利，而印度作为世界上最大的发展中国家之一，以发展可再生能源来消除"能源贫困"将会对经济社会发展造成较大冲击。除上文所述，印度缺乏足够经济能力外，也存在相关体制机制障碍。例如，印度在税收和购买土地方面仍采取十分严格和复杂的政策，一个基础社会项目的建设时间大约为中国的两倍。因此，"能源贫困"问题不仅冲击印度的财政现状，也对其现有相关体制机制造成一定程度冲击。毕竟，"能源贫困"不仅是居民部门面临的问题，也是印度全社会面临的问题，其标本兼治仍需国家力量作为强有力支撑。

第二，身体承受能力较弱。印度"能源贫困"地区人口的用水安全和医疗卫生由于缺乏现代能源而得不到保障，进而危及生命安全。此外，相较现代能源，以传统生物质能为燃料的炊事和照明活动更容易导致烧伤、引发火灾。而且，印度"能源贫困"地区的人口由于受技术和燃料使用的限制，面临的类似风险更高。尤其是使用传统的生物燃料，造成严重的室内空气污染极易引发各种疾病。明火或简易炉灶烹饪在室内释放大量的浓烟，还有可能引起一系列疾病，其中最为严重的是慢性和急性呼吸道疾病如支气管炎和肺炎。[①] 此外，室内空气污染物还会引起低出生体重，增加肺结核与白内障的发病率。同时，不清洁的能源消费模式不仅直接影响印度许多家庭中成员的身体健康，同时生活在相同的大气环境下，空气污染物的区域扩散也同样对许多居民的身体健康构成潜在威胁。

第三，环境承受能力较弱。严重依赖传统生物质能增加了印度的环境成本。它需要采伐林木因而导致森林植被遭到破坏，引起土壤肥力流失和沙漠化；与此同时，秸秆、薪柴、牛粪饼等固体燃料直接燃烧释放出的有害气体加剧气候变化，不利于生物多样性，具有更深远的破坏作用。[②] 印度目前是全球第三大二氧化碳排放国。如前文所述，用能结构的不合理及严重依赖化石能源是印度大量排放二氧化碳的主要原因。对此，印度政府提出到2030年将$CO_2$排放强度从2005年的水平降低33%—35%；实现非化石能源发电约40%的装机容量；到2030年通过增加森林覆盖面积，以此减少2.5亿吨至3亿吨$CO_2$排放量。[③] 诚然，面对由能源问题导致的环境问题，印度的环境承受能力脆弱，从而不得

---

[①] Douglas F. Barnes, et al., "The Development Impact of Energy Access," in Antoine Halff, et al., *Energy Poverty*, London: Oxford University Press, 2014, p.66.

[②] Adrian J. Bradbrook and Judith G. Gardam, "Placing Access to Energy Services within a Human Rights Framwork," *Human Rights Quarterly*, Vol.28, No.2, 2006, p.395.

[③] "Energy Policy Review-India," *Report of the IEA*, 2020, p.34.

不制定出一些应对举措。而且，持续存在的"能源贫困"问题本身也进一步加重了印度的环境压力。

第四，社会承受能力较弱。其一，从国民生活来看，"能源贫困"与印度落后地区、贫困家庭缺少更多、更大的发展机会密切相关。"能源贫困"变相剥夺印度广大农村家庭与贫困家庭享有现代生活方式的机会，削弱了贫困地区农业、商业、交通运输业的发展能力，而这些发展能力的缺失又进一步制约个人生活质量的提高。尤其是，电力服务的缺乏直接加剧、固化贫困，迟滞了大多数的工业活动及其所能带来的就业岗位。[1] 加之由于经济发展相对落后、产业结构失调、政策推动乏力等原因，市场对劳动力的吸纳能力不足，印度的就业形势一直十分严峻。其二，从社会秩序来看，"能源贫困"扭曲了人类基本的价值理念，损害了现有社会秩序。印度的种姓制度根深蒂固，形成一个等级鲜明而又十分稳定的社会结构。一是损害了性别平等的理念和秩序。二是缺乏能源服务将印度贫困人口进一步边缘化，制约生活环境的改善。"这就违背了发展、平等、自由等国际公认的人类社会价值准则，尤其违背其核心准则——人权法则。"[2] 其三，从生态环境来看，印度独立以来，随着人口的快速增长以及工业的发展造成了严重的环境污染，空气、水、土壤都遭到了严重的污染。以空气污染状况为例，2008—2013年，WHO调查了91个国家将近1600个城市的户外空气污染情况，结果显示在全年平均PM2.5浓度最高的20个城市中，印度就占了13个，其中新德里的全年平均PM2.5浓度是153mg/m³，污染程度居全球之首。[3] 据此，印度的环境承受能力本身脆弱；而且结合前文分析，"能源贫困"是印度环境问题的元凶之一，这又进一步加剧了印度本身就脆弱的环境承受能力。

---

[1] "World Energy Outlook," *Report of the IEA*, 2002, p. 365.
[2] 王卓宇：《能源贫困与联合国发展目标》，《现代国际关系》2015年第11期。
[3] 任佳、李丽：《列国志·印度》，社会科学文献出版社2016年版，第272页。

### 四 认知能力滞后

从普遍性的角度而言,相较购买能力欠缺(不可负担性),认知能力滞后只不过是"能源贫困"问题的潜在表现而已。但是,对印度的"能源贫困"而言,认知能力滞后在其中的表现却十分突出。

如前文所述,印度农村和城市的"能源贫困"率分别为 57%、28%。同时,相关研究指出,印度农村和城市的收入贫困率分别为 22%、20%。[1] 可见,对印度而言,收入水平与"能源贫困"之间并不像理论所指出的那样存在强势关联,这一特点在农村地区更明显。造成这种经验事实与理论解释存在差距的原因不仅在于前文分析的用能结构的客观现状和固有能源消费模式,比如农村家庭对传统生物质能的过度依赖且这一程度已远远超出收入水平的限制,同时也是因为受能源消费观念、受教育水平以及社会文化因素的影响。换言之,许多印度民众在能源消费方面存在认知能力滞后的问题,这在很大程度上促成以传统生物质能为主导的能源消费模式和习惯。

大多数印度民众对薪柴、牛粪等传统生物质能的过度依赖一定程度上就取决于自身的饮食文化和宗教信仰,而缺乏科学理性的能源消费观念。也就是说,文化因素影响印度居民部门能源消费的内容和种类,烹饪习惯/饮食文化是其选择何种燃料的决定性因素。例如,煎饼(Roti Canai/Prata)是印度饮食文化的一大主流,其口味的形成就取决于选择何种烤制燃料。绝大多数印度人认为,即便有更便宜、更易获得的替代燃料,但煎饼的烤制也必须采用薪柴或牛粪作为燃料才能保证其口感与味道。[2]

与此同时,印度人的宗教信仰也是生活习惯和饮食文化形成的关键

---

[1] Shahidur R. Khandker, et al., "Are the Energy Poor also Income Poor? Evidence from India," *Energy Policy*, Vol. 47, No. 4, 2012, p. 1.

[2] Bianca van der Kroon, et al., "The Energy Ladder: Theoretical Myth or Empirical Truth? Results from a Meta-Analysis," *Renewable and Sustainable Energy Reviews*, Vol. 20, No. 3, 2013, p. 507.

元素，这又在一定程度上决定了其能源消费习惯。宗教信仰是决定印度绝大多数民众选择素食与非素食，且倾向于何种食材的标准，从而又决定了烹饪燃料的物质形态和炊事特征。例如，对崇尚素食的印度教徒而言，对高能效大火煎炒的需求并不高，而低能效的传统生物质能则成为食物烹饪燃料的首选。此外，大多数印度民众热衷于传统生物质能还具有宗教层面的特殊含义。例如，印度人视牛粪为宝物，认为牛粪的火焰能消除一切污秽。① 印度的传统医学阿育吠陀还认为使用牛粪具有杀菌、养生、除臭、净化等保健效果。而且，在纳迦潘恰米（Naag Panchami）、丰收节（Nuakhai）等印度教传统节日中燃烧牛粪有助于净化空气、提升节日气氛。② 概言之，上述需求的满足以牺牲环境、健康等现实利益为代价。这种不科学的认知态度实际上折射出绝大多数印度民众观念的落后，以及印度社会整体教育水平低下的现状。

## 第三节 用能设备落后

2010 年，IEA 在其年度报告《世界能源展望》中将生活燃料依赖传统生物质能修改为利用传统炊事设备消费生物质能。即"能源贫困"也表现为居民部门的能源消费依赖落后的炊事设备。由此，炊事设备的落后是印度"能源贫困"问题的突出表现之一，这与 IEA 对"能源贫困"问题的理论解释基本上形成一致。不过，将用能设备的落后完全等同于炊事设备的落后则具有局限性和片面性。本书认为，传统炊事设备这一指标主要突出"能源贫困"中依赖传统生物质能这一个方面，忽视了是否获得电力服务的核心内涵，因而依赖何种能源形式的照明设备是电力服务是否短缺的具体呈现。换言之，根据"能源贫困"的定

---

① 在《摩奴法典》的《斋戒和净法的规定》中就明确指出牛粪的净化作用和神圣地位。参见［法］迭朗善译《摩奴法典》，马香雪转译，商务印书馆1982年版，第127—128页。

② "Significance of Cow Dung in Hinduism," *Astro Ved*, June 11, 2015, https://www.astroved.com/articles/significance-of-cow-dung-in-hinduism.

义，从用能设备的角度而言，印度居民部门在能源消费过程中炊事设备和照明设备的落后对于分析其"能源贫困"问题的缺一不可，折射出印度居民部门的能源消费严重依赖传统生物质能及电力服务短缺的客观现实。

## 一 落后的炊事设备

印度居民部门的能源消费在炊事过程中普遍使用查拉炉（chulha），这是印度"能源贫困"问题中的一大特色。查拉炉是一种用黏土制作且能源效率低下的传统炉灶，以薪柴、牛粪、秸秆、煤炭等为主要燃料，在使用过程中还释放出一系列有害物质（如图2-3所示）。

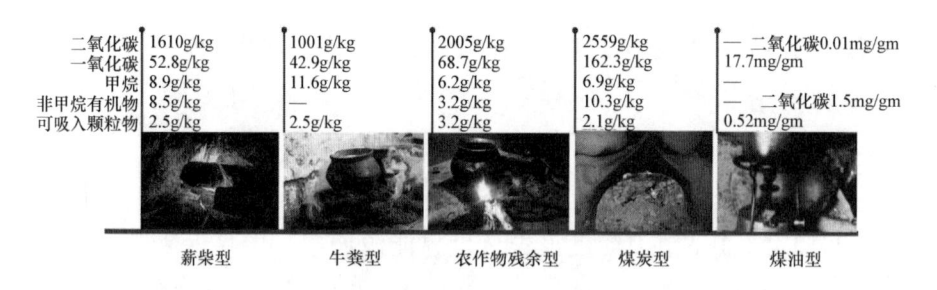

| | 薪柴型 | 牛粪型 | 农作物残余型 | 煤炭型 | 煤油型 |
|---|---|---|---|---|---|
| 二氧化碳 | 1610g/kg | 1001g/kg | 2005g/kg | 2559g/kg | 二氧化碳 0.01mg/gm |
| 一氧化碳 | 52.8g/kg | 42.9g/kg | 68.7g/kg | 162.3g/kg | 17.7mg/gm |
| 甲烷 | 8.9g/kg | 11.6g/kg | 6.2g/kg | 6.9g/kg | |
| 非甲烷有机物 | 8.5g/kg | 3.2g/kg | 3.2g/kg | 10.3g/kg | 二氧化碳 1.5mg/gm |
| 可吸入颗粒物 | 2.5g/kg | 2.5g/kg | 3.2g/kg | 2.1g/kg | 0.52mg/gm |

图2-3 印度查拉炉的类型

资料来源：笔者根据 T. Banerjee, et al., "Airing 'Clean Air' in Clean India Mission," *Environmental Science & Pollution Research*, Vol. 24, No. 6, 2016, p. 6405 相关信息制图。

由于该炉灶主要依赖于传统生物燃料且不具备排烟系统，是印度室内空气污染、诸多健康问题产生的源头。据相关调查，查拉炉每燃烧1千克薪柴将分别释放1610克$CO_2$和52.8克CO，且大气污染源中约25%的有害气体也源自该炉灶的使用。而目前印度还有约7亿人的生活依赖查拉炉。[①] 普遍依赖查拉炉的现状直接反映出印度大多数家庭对薪柴、牛

---

[①] Kirk R. Smith and Ambuj Sagar, "Making the Clean Available: Escaping India's Chulha Trap," *Energy Policy*, Vol. 75, No. 10, 2014, p. 410.

粪饼等传统生物质能严重依赖的基本格局。同时，也间接反映出用能习惯、认知能力及社会文化因素在印度"能源贫困"问题中的重要地位。

有研究指出，许多印度人认为查拉炉具有"美好"的一面，利用其烹饪出来的食物更美好、更健康。[1] 一是查拉炉有利于增强食物的风味。一些印度营养学家认为，传统的用泥锅烹饪的方法很自然地提高了菜肴风味。而且，在泥沙丘上的土锅中煮熟的食物富含营养，因为它有助于保留煮熟食物的水分和香气。二是查拉炉有助于保持食物营养的完整性。利用煤气灶进行烹饪有可能会夺走食物中的某些营养。与此相反，黏土将使烹饪火候恰到好处，因此煮熟的食物不会失去其自然的水分和营养价值。而且，查拉炉的烹饪过程缓慢，有助于食物中的矿物质保持完整。三是使用查拉炉会让食物保持一种独特风味。许多印度人就认为，利用以牛粪饼为燃料的查拉炉进行烹饪会散发出一种烟熏味，最终会改善食物的整体味道，使其更具风味。四是使用查拉炉有助于净化空间，具有精神内涵。尽管查拉炉导致室内空气污染，但是许多印度人相信在空旷的庭院中使用泥浆与牛粪饼一起做饭有助于净化房屋和空气，也有助于免受蚊子和昆虫的侵扰。此外，他们还认为这种烟熏味驱散了房屋的负面能量，有助于迎接神灵的到来。任何处于这些氛围的人都将因此受益。可见，在印度"能源贫困"问题中，炊事设备的落后具有特殊性。依赖查拉炉不仅是物理层面上的落后，更是一种思想观念上的落后。

## 二 落后的照明设备

印度有55.3%的农村家庭的日常照明依靠煤油（灯），煤油在其照明燃料来源中占比43.2%，而大部分家庭还处于无照明状态。[2] 煤油（灯）为电灯普及之前的主要照明工具，以煤油作为燃料。其多为玻璃

---

[1] "Why Traditional Indian Mud Chulha is as Good as It Is Forgotten," Gastroutes, http://gastroutes.com/traditional-indian-mud-chulha/.

[2] Ram Nayan Yadava and Bhaskar Sinha, "Developing Energy Access Index for Measuring Energy Poverty in Forest Fringe Village of Madhya Pradesh, India," *Sustainable Energy Technologies and Assessments*, Vol. 31, December 2018, p. 168.

材质，外形如细腰大肚的葫芦，上半部分则是个形如张嘴蛤蟆的灯头，灯头一侧设有一个可以调制灯芯的旋钮，以控制灯的亮度。

据印度官方的抽样调查，由于电力匮乏或电力供应的不稳定，许多邦的农村和城市家庭的日常照明都不同程度地依赖于煤油（灯）。尤其在经济相对发达、人口较多、印度教徒比较集中的邦，该现象十分突出。据《印度时报》调查，比哈尔邦有73.5%的农村家庭和17.2%的城市家庭仍依赖煤油（灯）；中央邦有58.5%的农村家庭和10.8%的城市家庭仍在使用煤油（灯），此外，还有一些印度北部邦的农村家庭仍然严重依赖煤油（灯）照明；比如，煤油（灯）仍是阿萨姆邦43.3%的农村家庭、贾坎德邦36.8%的农村家庭、奥里萨邦32.3%的农村家庭以及西孟加拉邦29.3%的农村家庭的主要照明设备。[①]

## 第四节　印度"能源贫困"的特征

基于前文分析，无论是在理论维度还是经验事实层面，印度的"能源贫困"问题都与自身经济社会发展及文化背景存在强势互动关系，体现出鲜明的印度特色。具体而言，一是印度的"能源贫困"与自身突出的经济贫困问题构成互为因果关系；二是印度的"能源贫困"与性别问题形成高度耦合性；三是印度的"能源贫困"不自觉地与根深蒂固的种姓制度形成联动关系。下文将对这三组关系的内在机理，即印度"能源贫困"的三大特征作进一步分析。

### 一　与经济贫困的相互交织

（一）"能源贫困"是印度经济贫困的主要根源

从生产方面来看，"能源贫困"使印度劳动力缺乏再生产的物质条

---

① Mahendra K. Singh, "NSSO: 73% of Rural Bihar Use Kerosene for Lighting," *Times of India*, August 3, 2015, https://timesofindia.indiatimes.com/india/NSSO-73-of-rural-Bihar-use-kerosene-for-lighting/articles how/48321836.cms.

件，难以维持自身的简单再生产，生产者只能进行萎缩再生产。例如，电力服务的匮乏制约了印度工业和农业的现代化，导致两大部门的生产力低下，从而无法提供更多的就业岗位，降低居民收入水平，对其正常生活水平构成威胁。

从消费方面来看，"能源贫困"剥夺印度居民部门满足自身基本生活需求的条件与能力。一方面在生存上，安全、可靠、清洁、可负担能源的缺乏不仅无法满足印度许多家庭的基本生存需求，而且进一步导致或加剧其恶劣的生存环境。例如，清洁燃料的匮乏促使印度许多家庭面临严重的室内空气污染问题，出现因病致贫的现象；又如，用能结构严重依赖传统生物质能导致家庭成员陷于燃料的收集、制作和利用的循环中，制约其参与创收活动。另一方面在生活上，"能源贫困"又使印度许多家庭的生活水平低下。诚然，缺乏电气化的生活，意味着远离了电视、冰箱、电灯，从而无法享有现代化的生活。

（二）"能源贫困"是印度经济贫困的外延性表现

广义而言，"能源贫困"人群多聚集在经济贫困的国家和地区。作为最大发展中国家之一，印度正好与这一事实相符合。同时，基于IEA提出的判断是否存在"能源贫困"及其严重程度的标准，即传统生物质能在居民部门生活用能结构中的比重，从印度的实际情况来看，在居民部门的生活能源消费阶梯中，低收入群体的生活能源多为薪柴、畜禽粪便、农作物残余等传统生物质能。也就是说，"能源贫困"率越高的家庭，其收入水平也相应出现低下或缓慢增长的势头。其实，严重的"能源贫困"问题实际上也是印度作为发展中国家之一的典型特征，折射出印度还具有很大规模贫困人口的基本国情。

（三）印度经济贫困与"能源贫困"交互作用

经济贫困是印度消除"能源贫困"的最大障碍。"能源贫困"的核心问题是不可负担性，印度居民部门严重依赖落后且廉价易得的传统生物质能正是这一核心要义的直接呈现。经济贫困仍是当前印度的基本国情，是印度解决"能源贫困"问题的主要障碍。目前，印度还有大约

60%的人口日均生活费不足 3.1 美元，低于世界银行的中位数贫困线，而 21% 的人口日均生活费更是在 2 美元以下。① 除此之外，印度约 80% 的财富集中在 10% 的富人手中，存在严重的贫富差距。② 与此同时，据印度国家统计局 2019 年 11 月公布的数据，印度经济处于历史最低水平，增长率仅为 4.5%，低于同期 2018 年 7% 的增长率；且失业率高达 8.5%，超过 1983 年至 2019 年的平均水平（5.16%）。③ 因此，不提高居民部门的收入水平就难以实现"能源贫困"问题的标本兼治。例如，相关研究表明，如果印度将居民部门的收入水平提高 10%，农村和城市"能源贫困"率将下降 6%。④ 可见，这至少表明收入水平是从整体上消除"能源贫困"的必要条件。毕竟，"能源贫困"强调电力、可再生能源及现代用能设备的缺失，而成本高又是这些形式的共同特点。故此，印度不解决经济贫困问题则无法实现"能源贫困"的根本治理。

另外，"能源贫困"又为印度经济贫困治理提供新的路径选择。莫迪在 2018 年第 16 届国际能源论坛部长级会议上就指出，印度目前还拥有世界上最大规模的缺电人口，强调印度政府特别重视"能源贫困"问题且解决该问题是当前印度政府的优先议程。⑤ 同时，将确保国民享有电力服务及获得清洁能源视为印度能源政策的首要目标，⑥ 也就是要消除"能源贫困"。此外，解决该问题所取得的成效将进一步推动印度

---

① "Seeing the New India through the Eyes of An Invisible Woman," CNN, October 20, 2017, https://edition.cnn.com/interactive/2017/10/world/i-on-india-income-gap/.

② "Richest 10% of Indians Own over 3/4th of Wealth in India," Livemint, October 23, 2018, https://www.livemint.com/Money/iH2aBEUDpG06hM78diSSEJ/Richest-10-of-Indians-own-over-34th-of-wealth-in-India.htm-l.

③ "Q2 GDP Growth Dips Further to 4.5% from Six-year Low of 5% in June Quarter," *Times of India*, November 29, 2019, https://timesofindia.indiatimes.com/business/india-business/q2-gdp-growth-dips-further-to-4-5-fr-om-six-year-low-of-5-in-june-quarter/articleshow/72294355.cms.

④ Shahidur R. Khandker, et al., "Are the Energy Poor also Income Poor? Evidence from India," *Energy Policy*, Vol.42, No.12, 2012, p.9.

⑤ Grace Guo, "What Modi Didn't Say about India Energy Challenges," *The Diplomat*, April 12, 2018, https://thediplomat.com/2018/04/what-modi-didnt-say-about-india-energy-challenges/.

⑥ "India 2020 Energy Review," *Report of the IEA*, 2020, p.13.

的减贫进程，也就是说，消除"能源贫困"为莫迪政府实现反贫困战略创新升级提供了有利切入点。除上文的相关分析外，消除"能源贫困"对印度贫困治理产生的作用还体现在电力的减贫效应方面，包括电力价格形成的调控机制以及经济发展对电力的刚性需求。例如，据相关调查，印度电力普及率提高10%，"能源贫困"率将下降3.6%；同时，供电时间增加1小时，印度的"能源贫困"率将下降0.4%；尤其对印度广大农村地区而言，电价降低1卢比，"能源贫困"率将下降6.7%。[①]

## 二 与性别问题的内在联系

（一）"能源贫困"成为滋生印度性别问题的土壤

传统的能源消费模式加剧了印度的性别不平等问题。拾柴、取水、做饭等家务劳动成为印度女性天经地义的责任，这种传统的能源消费模式和劳动分工显然加重了男女不平等，剥夺了女性在教育、经济和社会发展等方面应当享有的权利，固化了女性作为印度社会边缘群体的地位。相较于男性，印度的妇女则要投入更多时间用于维持全家基本生活需求（见表2-3）。

表2-3　　　　　印度家庭中不同成员收集燃料的频率

| 时间 | 成年女性 | 成年男性 | 15岁以下的女孩 | 15岁以下的男孩 |
| --- | --- | --- | --- | --- |
| 每天 | 2724 | 843 | 353 | 279 |
| 每周 | 6825 | 3967 | 760 | 563 |
| 每月 | 1728 | 1624 | 347 | 258 |
| 每季度 | 584 | 514 | 121 | 90 |
| 半年 | 326 | 282 | 73 | 73 |

---

[①] Shahidur R. Khandker, et al., "Are the Energy Poor also Income Poor? Evidence from India," *Energy Policy*, Vol. 47, No. 12, 2012, p. 10.

续表

| 时间 | 成年女性 | 成年男性 | 15岁以下的女孩 | 15岁以下的男孩 |
|---|---|---|---|---|
| 一年 | 365 | 322 | 50 | 52 |
| 合计 | 12552 | 7552 | 1704 | 1315 |

资料来源：Anver C. Sadath and Rajesh H. Acharya, "Assessing the Extent and Intensity of Energy Poverty Using Multidimensional Energy Poverty Index: Empirical Evidence from Households in India," *Energy Policy*, Vol. 102, No. 3, 2017, p. 547。

通过表2-3可以看出，无论从总量上还是具体时间段来看，印度女性都要比男性承担更多次数的燃料收集。换言之，女性在印度居民部门的能源消费中扮演至关重要的角色。尤其在农村地区印度女孩从小就被教育成男人的附属品，加之烹饪、照明等日常生活用能对初级能源是刚性需求，因而能源问题占据和消耗农村妇女更多的时间和劳动力，进一步加重其负担。从这一意义而言，"能源贫困"也就成为印度性别不平等问题的一个重要原因和具体表现。

（二）性别问题的存在强化了印度"能源贫困"的性别维度

妇女社会地位低下是印度的一个普遍社会现象。这不仅是一种根深蒂固的历史与文化传统，也在于宗教层面上的"制度"枷锁。"印度传统陋习，一直延续到现代，童婚、寡妇不得再婚、妇女外出工作与接受教育受限，甚至不能运用与接触现代通信工具，等等。这些情况表明，印度妇女深受歧视。"[1] 在印度史诗《罗摩衍那》中，魔王罗波那劫走罗摩的妻子悉多后，悉多为表示自己的忠贞，甘愿蹈火自焚。[2] 印度另一大史诗《摩诃婆罗多》则将女人描述为"罪恶的渊薮"，称大梵天创造女人是为了"扰乱世人的理智"。[3] 此外，从制度和规范层面来看，

---

[1] 肖光辉：《印度"性侵"泛滥的内在根源及其出路》，《南亚研究季刊》2017年第4期。
[2] 转引自《季羡林文集》第二十三卷《罗摩衍那》，江西教育出版社1996年版，第869页。
[3] [印] 毗耶娑：《摩诃婆罗多》（六），黄宝生等译，中国社会科学出版社2005年版，第144、146页。

长期以来印度寡妇殉夫（萨提制度）盛行，同时《摩奴法典》还对女性的地位和职责作出了规定。比如，"妇女决不要寻求脱离父亲、丈夫和儿子；妇女应该经常快活，巧妙地处理家务，特别注意家具，节约支出"。① 由此可见，印度的性别问题根深蒂固，是一系列经济社会发展无法回避的现实问题，对"能源贫困"问题而言也不例外。

性别（gender）是指女性和男性所扮演的不同社会角色以及二者之间的权利关系。② 性别关系不仅影响家庭关系、决策方式，同时，根据印度"能源贫困"的表现来判断，性别关系也影响资源的利用方式。例如，当一个印度家庭的燃料变得越来越少时，为满足基本生活能源需求，女孩比男孩更容易辍学且女性、传统生物质能、家务三者之间不自觉地形成了一种内在联系。

抽象来看，能源体系的建构，包括能源的生产、消费等在理论上并不以性别为依据。故此，能源政策假定男女平等；况且在能源政策制定与执行的过程中，也并没有意识到能源服务中存在性别需求，更不用说性别关系会对能源获得产生何种影响。但是，印度"能源贫困"问题的经验事实表明，性别问题实际上是能源问题中不可忽视的一面，能源的获取和利用存在明显的性别盲区（gender-blind）。也就是说，"能源贫困"问题具有突出的性别属性，而印度根深蒂固的性别问题又强化了这一色彩。

宏观上，对印度而言，获得现代能源的机会不仅取决于能源的实际供应情况，也取决于包括性别关系在内的社会结构权力关系。中观上，在印度贫困家庭看来，"能源贫困"就是"我们缺少或没有能源"，在此基础上，贫困又与性别问题形成耦合性，以致印度出现"能源贫困女性化"（feminization of energy poverty）的现象。微观上，在印度性别正义缺失的特定社会结构中，男女在能源消费模式中扮演不同角色，有

---

① [法] 迭朗善译：《摩奴法典》，马香雪转译，商务印书馆1982年版，第130页。
② Pius Fatona, et al. , "Viewing Energy, Poverty and Sustainability in Developing Countries through a Gender Lens," *New Developments in Renewable Energy*, Croatia: InTech, 2013, p. 89.

着不同的需求和渴望。其中，女性的能源需求在能源政策中往往被边缘化。从生产的角度而言，妇女参与能源部门的活动主要限制于农村地区及对传统生物质能的寻找和利用。同时，在城市地区，妇女仍然是化石能源及环境污染的受害者。尽管少数印度女性也参与了能源政策的制定，或对其发挥重要影响力，比如印度女性在"免费煤气罐计划"中扮演的角色和作用；但是，能源政策中的决策权仍然是男性的专利。正如有研究指出，由于女性的社会地位低下，以致能源政策往往忽视女性的社会地位，相关能源政策的制定与决策权主要由男性把持，这是能源政策之所以存在性别歧视的重要原因。[①] 归根结底，印度"能源贫困"体现出来的性别公平正义缺失是印度社会结构中性别问题在能源问题上的一个具体呈现。因此，性别不平等进一步突出了印度"能源贫困"的性别维度。

（三）消除"能源贫困"助力印度性别问题的解决

尼赫鲁认为，社会革命、经济革命、政治革命同等重要。只有这三条战线都取得胜利而合成一个整体，印度人民才能真正进步。[②] "能源贫困"触及能源、贫困以及性别三大问题，因而消除"能源贫困"在理论上有助于推动社会、经济和政治革命。不过，印度诸多社会经济问题根深蒂固，不可能仅仅通过消除"能源贫困"就予以解决。例如，即便在相对富裕的家庭中，文化因素或宗教信仰也会让家庭妇女维持以薪柴支撑下的生活方式。[③] 消除"能源贫困"至多从物质层面为印度性别问题的解决提供有利条件。

第一，为印度女性生存环境的改善提供有利条件。提高电力普及率、实现家庭用能电气化、以可再生能源替代传统生物质燃料，将有效

---

① Joy Clancy, et al., "Appropriate-Analysis Tools for Unpacking the Gender-Energy-Poverty Nexus," *Gender & Development*, Vol. 15, No. 2, 2007, p. 243.
② 林承节：《印度史》，人民出版社2014年版，第372页。
③ Lukshman Guruswamy, "International Energy and Poverty: The Emerging Contours," *Energy Security, Poverty, and Sovereignty: Complex Interlinkages and Compelling Implications*, London: Routledge, 2016, p. 105.

解决印度严重的室内空气污染问题,从而避免由此引起的一系列疾病及其对妇女身体健康构成的威胁,降低早产死亡率、孕妇死亡率。同时,也有助于确保广大农村地区的妇女拥有舒适和安全的居住条件,特别是在住房、卫生、电力和用水、交通与通信方面。

第二,为印度女性获得更多、更大发展机会奠定基础。通过接入现代能源以替代传统生物质能,有利于避免因收集质量低下的燃料如薪柴、农作物残余等使妇女时间被占用、健康受损害并陷入繁重劳力的现象发生,从而提高妇女参与其他有利于自主的创造性活动,与经济社会的进步实现同步发展。

第三,有助于促进印度女性的"觉醒"。电力服务的普及最终以电气化的生活体现出来。其中,在发展中国家,电视被认为是普及现代信息的主要媒介。通过看电视获得外界信息后,人们有可能会改变生活方式、消费模式等,比如在印度农村地区,通过看电视就大大提高了妇女对一系列疾病的认识。[①] 同时,通过电视向广大妇女传播现代信息、科学知识,也有利于使印度许多妇女尤其是农村妇女摆脱愚昧、落后的思想,从宗教和传统文化的束缚中解放出来,为争取平等的社会地位乃至政治参与而奋斗。

### 三 与种姓制度的互动关系

"能源贫困"与印度以种姓为特征的社会结构形成内在联系,种姓制度使"能源贫困"的存在具有一定"合法性"。

(一)"能源贫困"与印度种姓制度的联动关系

根据基于"多维能源贫困指数"对印度不同阶层家庭"能源贫困"严重程度的评估结果发现,在贫困程度相同的情况下,不同种姓阶层或表列部落都面临着不同程度的"能源贫困"问题(见表2-4)。对比

---

[①] Hsin-lan Ting, et al., "Television on Women's Empowerment in India," *The Journal of Development Studies*, Vol. 50, No. 11, 2014, p. 1525.

不同种姓阶层或表列部落之间的"能源贫困"程度，该问题与其种姓排序或社会地位基本一致。例如，在贫困程度同时为 5 的情况下，婆罗门阶层的"能源贫困"率为 27.13%，而首陀罗和贱民阶层的"能源贫困"则高达 52.02%。

表 2-4　贫困程度相同下各种姓陷入"能源贫困"的可能性　　单位:%

|  | 1 | 2 | 3 | 4 | 5 | 6 | 7 | 8 | 9 | 10 |
|---|---|---|---|---|---|---|---|---|---|---|
| 婆罗门 | 100 | 53.3 | 45.87 | 38.35 | 27.13 | 19.01 | 11.49 | 5.49 | 4.43 | 1.66 |
| 刹帝利和吠舍 | 100 | 59.34 | 48.53 | 40.42 | 29.58 | 17.58 | 9.46 | 4.52 | 4.14 | 1.55 |
| 首陀罗 | 100 | 76.92 | 67.94 | 63.53 | 52.02 | 35.22 | 21.24 | 12.34 | 10.65 | 4.2 |
| 贱民 | 100 | 82.82 | 77.06 | 72.93 | 62.72 | 38.87 | 24.46 | 14.94 | 13.57 | 5.17 |
| 阿迪瓦西人 | 100 | 88.62 | 84.33 | 81.75 | 73.8 | 48.57 | 31.27 | 20.96 | 19.63 | 2.63 |

注：序号 1 到 10 代表贫困程度由此递减。

资料来源：笔者根据 Anver C. Sadath and Rajesh H. Acharya, "Assessing the Extent and Intensity of Energy Poverty Using Multidimensional Energy Poverty Index: Empirical Evidence from Households in India," *Energy Policy*, Vol. 102, No. 3, 2017 相关信息制表。

据上述现象进一步分析，印度的种姓社会呈现出等级金字塔特点，婆罗门、刹帝利和吠舍共占人口的 11%，而低种姓群体的规模最庞大，其中首陀罗和贱民共占印度人口的 63% 左右。[①] 与此同时，印度目前仍然拥有全球最大规模缺乏能源的人口，该现象尤其集中于社会边缘群体，是否能获得现代能源又取决于种姓的高低。[②]

首先，从"能源贫困"的生成来看，低种姓家庭的不可负担性使"能源贫困"在印度的出现具有必然性和普遍性。据相关统计，印度高种姓家庭的收入比低种姓家庭高出 59%，比表列种姓家庭高出 68%，

---

[①] 尚会鹏：《种姓与印度教社会》，北京大学出版社 2016 年版，第 28 页。
[②] Vibhor Saxena, "In India, Even Access to Cooking Fuel and Electricity Depends on One's Caste," July 3, 2017, https://www.google.com/amp/s/qz.com/india/1020205/in-india-even-access-to-cooking-fuel-and-elect-ricity-depends-on-ones-caste/amp/.

且占人口少数的高种姓家庭还垄断了印度60%的社会财富。[1] 据此，占人口多数且收入水平低下的低种姓家庭成为滋生"能源贫困"问题的土壤。

其次，从"能源贫困"的演变过程来看，种姓歧视使能源公平的缺失成为突出问题。低种姓群体往往被剥夺获取公共产品的权利。例如，印度主要电力计划的初衷是实现每个家庭无差别地电力接入，但由于存在种姓歧视，最终结果往往使高种姓家庭获益。同时，在印度农村地区，由于种姓制度导致物理意义上的隔离，低种姓家庭通常群居于固定区域或远离村庄，使许多能源企业刻意采取歧视性的供应政策。此外，在经济社会地位相对一致的情况下，低种姓家庭仍然比高种姓家庭获得更少的现代能源，这只能归咎于种姓歧视。[2]

最后，从"能源贫困"的影响来看，"能源贫困"与种姓制度有机统一，共同制约低种姓家庭的向上流动。一方面，种姓制度本身就使低种姓群体比较缺乏向上流动的机会，始终属于社会边缘群体；另一方面，如前文所述，"能源贫困"导致许多人的非正常死亡，剥夺弱势群体的生存权。而且，传统生物质能使用成本高昂、能效低下，减少了有关人口的发展机会。同时，现代能源的缺失又无法为有关地区的居民创造更多就业机会，使其平等发展权受到限制。[3] 也就是说，"能源贫困"与种姓制度实际上是印度社会缺乏公平正义的一体两面。

（二）"能源贫困"与印度种姓制度形成联动的根本原理

通过对印度"能源贫困"的表现分析可以看出，许多家庭以牛粪

---

[1] Shreehari Paliath, "Income Inequality in India: Top 10% Upper Caste Households Own 60% Wealth," January 14, 2019, https://www.google.com/amp/s/wap.business-standard.com/article-amp/current-affairs/inc-ome-inequality-in-india-top-10-upper-caste-households-own-60-wealth-119011400105_1.html.

[2] Vibhor Saxena, "India's Caste System Extends to Uneven Access to Cooking Fuel and Electricity," July 2, 2017, https://www.google.com/amp/s/theconversation.com/amp/indias-caste-system-extends-to-uneven-access-to-cooking-f-uel-and-electricity-78309.

[3] Adrian J. Bradbrook and Judith G. Gardam, "Placing Access to Energy Services within a Human Rights Framework," *Human Rights Quarterly*, Vol. 28, No. 2, 2006, pp. 405, 406.

为燃料是印度"能源贫困"的核心内容之一及主要特征。同时，结合上述联动关系的表现进一步推论，"能源贫困"之所以与种姓制度形成联动的根本原理在于，触及印度教教义和文化。

第一，从印度教教义来看，"能源贫困"触及"洁净"观念。"尚无哪一种宗教，其洁净与污秽观念如印度教之发达。印度教倾向于把宇宙万物视为一个有差别的序列，而在这个序列中，自然界、超自然界以及人类社会，皆依洁净与污秽而分类定位。"[①] 比如，在动物界，瘤牛被认为是洁净的，鱼类属一般，猪、鸡、狗的洁净度较低；而在同一类中被认为最洁净者，通常具有神的资格，如瘤牛。

毫无疑问，牛粪的燃烧会导致环境的"肮脏"（污染）以及许多健康风险。但是，对许多印度家庭而言，尤其是在印度教徒看来，牛粪是纯净之物，使用牛粪是一种"光荣"和非常正常的现象。归根结底，这实际上是上述"洁净"观的体现。换言之，在印度教徒看来，对事物的评价标准基于文化上的道德观念、权威、等级和身份。在这种价值观的驱使下，事物的肮脏与否完全取决于其宗教位置，与真实的卫生情况并无直接关联。所以，印度的"能源贫困"中便出现了这样一种难以理解的特殊现象：用牛粪点燃的火焰可以烹饪出最好的食物；牛粪烧成的灰烬被称为"圣灰"，在宗教仪式上被大量利用，也能用于驱散污秽。

第二，"能源贫困"与"牛"在印度传统文化中的地位有关，这是该问题与种姓制度之所以形成关联的关键一环。印度很多地区文化对牛粪的执着，源自对牛及其副产品的神圣性的推崇，以"实用性"为神圣性。牛粪之所以成为圣物，归根结底是由于印度的牛在宗教和文化上被赋予了神圣性。其一，牛毋庸置疑是农耕社会中的重要生产资料，这对于古代印度乃至现代印度农村的农业生产也不例外；其二，种姓制度规定了古代印度的土地由王权支配，婆罗门的土地权利则源自王权的馈

---

[①] 尚会鹏：《种姓与印度教社会》，北京大学出版社 2016 年版，第 43 页。

赠；其三，劳动力由整个村社来分配，无法专属个人，如"贾吉曼尼制度"（Jajmani System）①。因此，对婆罗门阶层而言，能够牢牢掌握在手的生产资料就只有牛。也之所以如此，在印度教宗教经典和史诗中牛始终具有十分重要的地位。例如，《水止法经》《乔达摩法经》《摩诃婆罗多》《摩奴法典》中都论述了牛的地位与太阳、火焰和婆罗门相同。从这个意义来看，许多印度家庭依赖牛粪为燃料成为印度"能源贫困"问题的特色也就不足为奇了，且"能源贫困"与种姓制度形成关联也找到了"依据"。

综上所述，种姓制度为"能源贫困"的形成与发展奠定了基础，"能源贫困"实际上是低种姓群体在经济、教育和社会地位等方面的量和质远低于高级种姓群体的又一具体呈现。同时，"能源贫困"与印度种姓制度的内在机理，其核心内涵或根本原理是居民部门的能源消费模式与印度教教义和文化不自觉地形成了一种特殊的内在关联。

## 本章小结

根据本研究第一章构建的分析框架——用能三指标，本章对印度"能源贫困"问题的具体表现和热点进行了详细考察。

从用能结构来看，印度的"能源贫困"表现在能源结构不合理、能源公平缺失两个方面。其中，能源结构严重依赖化石能源使"能源贫困"在印度的形成带有一定先天性的条件，且农村家庭高度依赖薪柴、牛粪、农作物残余等传统生物质能是印度"能源贫困"问题的突出表现。

从用能能力来看，印度的"能源贫困"表现在购买能力欠缺、供应能力不强、承受能力较弱和认知能力滞后四个方面。其中，印度居民

---

① 劳动分工与种姓制度的结合。即出身于某一种姓的人只能世世代代为某一特定雇主服务，属于一个村子的人不能自由地为邻村的雇主工作。参见尚会鹏《种姓与印度教社会》，北京大学出版社2016年版，第39页。

部门对现代能源的不可负担性，或者说只能负担传统生物质能，是"能源贫困"普遍性的呈现。同时，对于印度的"能源贫困"而言，认知能力滞后是其特殊表现。具体而言，印度居民部门能源消费习惯、观念、模式的形成深受社会文化背景，甚至是宗教信仰的影响。毕竟，对于印度而言，宗教、文化因素扎根于经济发展、社会生活等方方面面。

从用能设备来看，印度的"能源贫困"表现在烹饪设备和照明设备的落后两个方面。日常炊事活动普遍依赖查拉炉是印度"能源贫困"问题的显著特点之一。同时，由于电力服务的匮乏，家庭日常照明依赖煤油（灯）也是印度"能源贫困"的突出表现。

综上所述，"能源贫困"问题对印度造成的影响兼具普遍性和特殊性。其不仅从生态环境、就业与减贫、健康与福利、教育与性别平等这几个方面对印度经济社会发展造成许多负面影响，同时也与印度的社会文化结构及特点形成互动关系，造成一些具有印度特色的现象。尤其是，该问题与印度的经济贫困、性别问题、种姓制度三大典型问题存在许多直接或间接的内在联系。简言之，印度的"能源贫困"具有鲜明的印度特色。

# 第三章

# "能源贫困"对印度经济社会发展的影响

根据"能源贫困"影响的分析框架——"能源贫困"恶性循环,能源与贫困之间形成恶性循环关系;而且,这一关系的形成并不是能源与贫困之间的简单循环,而是通过作用于一系列中介变量来完成。其内在的基本逻辑是缺乏现代能源和现代能源服务及其对构建现代能源体系、实现经济社会可持续发展所造成的负面影响是导致贫困的主要原因之一,而贫困反过来又导致人们无法获取能源(不可负担性和不可获得性),因此形成了一种意涵丰富的"贫困—能源—贫困"的恶性循环。

## 第一节 "能源贫困"制约印度现代能源体系的构建

### 一 影响多元能源结构的塑造

塑造多元能源结构的目的是在能源的增量上优先利用可再生能源、使清洁的气体能源作为强有力支撑、能源生产和消费体系要体现出因地制宜的特点。由此,"能源贫困"的持续存在并不利于印度打造多元化的能源结构。

从宏观层面而言,尽管当前印度莫迪政府将可再生能源发展置于能源政策的优先位置，但能源结构仍以煤炭为主，且居民部门的能源消费还大规模地依赖传统生物质能，仍是印度当前及今后很长一段时期内能源问题面临的客观实际。要在增量上实现可再生能源的实质性变化，就必须解决突出的"能源贫困"问题。换言之，印度持续存在的"能源贫困"意味着可再生能源在其能源结构中占比仍然较小，尤其是以煤电为主的能源生产和消费格局严重制约着能源结构的多元化进程。

从微观层面而言，印度居民部门的生活用能以及广大农村地区家庭的生活燃料几乎都以薪柴、禽畜粪便、农作物残余物等固体传统生物质能为主，天然气等清洁气体能源对其而言几乎处于缺位状态。另外，尽管以传统生物质能消费为主的格局一定程度上符合因地制宜的要求，但是这一模式并不具有环境友好、可持续发展的效能，不符合塑造多元能源结构的根本要求，因而带有"能源贫困"特征的因地制宜至多是一种恶性循环。毕竟，多元化的能源结构坚持清洁、安全、高效、可持续的价值导向，这也是消除"能源贫困"的内在要求。

## 二 制约可靠供应模式的构建

构建可靠供应模式指建立分布式为主、集中式为辅，相互协同的能源供应格局。尤其是，实现可再生能源的就近利用、就近分配，且气体能源可以根据需要分布式或集中式利用，既可以作为分布式可再生能源的调峰支持，也可以是分布式供应不足时的补充。

印度城乡生活用能差异显著，农村"能源贫困"问题更加突出，难以实现可再生能源的广泛普及。对印度城镇家庭而言，如何实现电力服务的可持续获得是生活用能的核心议题；相较于此，实现烹饪、照明等基本生存持续获得传统生物质能则是印度农村家庭生活用能的核心问题。因此，对印度而言，持续存在的"能源贫困"意味着当务之急是如何推动煤电产业的可持续发展，如何保证农村家庭持续稳定获得传统生物质能。相反，如何普及可再生能源，建立一个成熟的可再生能源生产和供应体系并非当前印度维护能源安全的首要目标。

同时，印度农村生活用能水平差异显著，且用能设施落后低效，尤其缺乏清洁烹饪设备。一定程度而言，印度的农村仍处于初级能源时代，因而建立分布式为主、集中式为辅，相互协同的能源供应模式对当前印度而言或许不切实际。如前文分析，印度农村家庭的生活用能同样也呈现出多元化的特征。对收入相对高的农村家庭而言，LPG在其日常生活用能结构中占比较高，而牛粪、薪柴则是大部分低收入农村家庭的主要生活用能来源。与此同时，由于"能源贫困"和种姓制度产生的互动关系，使许多低种姓家庭难以公平享有现代能源服务，即便建立起可靠的供应模式也很难持续及稳定地惠及低种姓家庭。此外，如不实现查拉炉的淘汰或革新，即便通过可靠供应模式使印度广大农村家庭接入可再生能源，也是一种治标不治本的办法。

### 三 阻碍平衡用能方式的形成

形成平衡用能方式旨在实现能源体系的供需互动、有序配置和节约高效。印度持续存在的"能源贫困"阻碍这一用能方式的形成。

首先，对现代能源的不可负担性是印度"能源贫困"的核心问题和主要成因。换言之，"买不起"首先就导致了在供需互动中能源消费方的缺位。与此同时，如前文所述，印度政府和企业存在"供不起"的情况，即缺乏提供清洁能源的经济动力和能力，使供需互动中能源供应方同样的缺位。因此，"能源贫困"首先促成难以实现平衡用能方式中的供需互动。

其次，为消除"能源贫困"，印度采取了一系列以发展可再生能源为主的政策举措，但由于"能源贫困"导致许多印度家庭严重依赖传统生物质能，以致需求侧未能及时响应供应侧，从而使可再生能源未得到有效和优先配置。一方面，印度的"能源贫困"问题之所以严重，主要原因是居民部门收入水平低下，不可负担性突出。也就是说，不消除印度居民部门贫穷的"病灶"，简单地追求可再生能源的增量及技术进步，就无法获得需求侧的积极响应。另一方面，印度的"能源贫困"

具有印度特色，受社会、文化和宗教因素的影响明显。因此，即便实现收入水平的提高，而印度"能源贫困"中的社会文化因素也同样会使需求侧缺乏积极响应。

最后，供需两侧缺少可调控资源，难以达到平衡用能、节约用能的水平。从供应方来看，煤炭是印度基本上可供调控的资源，而石油、天然气则主要依赖对外进口。即便从条件好、潜力大的可再生能源看，也主要是太阳能和风能，况且如前文分析印度对二者的开发和利用仍具有许多制约因素。另外，从需求方来看，在资源方面集中于传统生物质能，而在用能设施方面则主要依赖查拉炉。因此，供需两侧可调控资源匮乏，用能结构出现不对称性，难以达到节约用能的目的。

## 第二节　"能源贫困"加大印度贫困治理的难度

### 一　诱发环境和健康问题

用能结构不合理，尤其是以化石能源为主导的能源消费格局成为印度许多环境问题的元凶。其中，煤炭消费构成印度70%的$CO_2$排放，成为最主要的温室气体排放源头。[1] 同时据相关调查，在全球20个空气污染最严重的城市中，印度就有13个，且6.6亿人生活在不符合印度政府所制定的空气质量标准的环境中。[2]

具体看，"能源贫困"对印度生态环境造成的冲击主要体现为严峻的室内空气污染问题（Indoor Air Pollution，IAP）。对于印度的空气污染问题而言，IAP在其中占据22%—52%的比重，且该问题已对至少1.45亿农村贫困家庭的生存环境构成严重威胁。[3] 薪柴、禽畜粪便等传

---

[1] "India Energy Outlook," *Report of the IEA*, 2015, p.101.

[2] "India Energy Outlook," *Report of the IEA*, 2015, p.101.

[3] "Energy Poverty in India," *Encyclopedia of Social Work*, September 2019, https://oxfordre.com/socialwork/view/10.1093/acrefore/9780199975839.001.0001/acrefore-9780199975839-e-1298; "Indoor Pollution in India Contributes Up to 52% Air Pollution, says UN," *The Hindustan Times*, November 1, 2018, https://www.hindust-antimes.com/fitness/indoor-pollution-in-india-contributes-up-to-52-air-pollution-says-un/story-A08dySO5fQNWeeTTtz6qeO.html.

统生物质能本身就含有不同污染物，如煤（灰分、硫、砷、汞）、煤油（硫）、生物质能（氮、灰分、氯）；而且在大多数情况下，这些传统生物质能因含有水分，以致在燃烧的过程中会释放出大量未充分燃烧的碳氢化合物，而其中大部分是致癌物质。因此，对于一户严重依赖传统生物质能的家庭而言，其在使用能源的过程中，几乎整个室内都弥漫着可吸入颗粒物（PM）、一氧化碳（CO）、氮氧化物（$NO_x$）、硫氧化物（$SO_x$）、二氧化碳（$CO_2$）以及未充分燃烧的碳氢化合物等。

此外，据 WHO 对印度不同类型查拉炉的考察，以薪柴为燃料的查拉炉每燃烧 1 千克薪柴将释放 1610 克 $CO_2$、52.8 克 CO、8.9 克甲烷（$CH_4$）、8.5 克非甲烷有机物（TNMOC）、2.5 克可吸入颗粒物（PM）；以牛粪饼为燃料的查拉炉每燃烧 1 千克牛粪饼将释放 1001 克 $CO_2$、42.9 克 CO、11.6 克 $CH_4$、2.5 克 PM；以农作物残余为燃料的查拉炉每燃烧 1 千克相关农作物残余将释放 2005 克 $CO_2$、68.7 克 CO、6.2 克 $CH_4$、3.2 克 TNMOC、3.2 克 PM；以煤炭为燃料的查拉炉每燃烧 1 千克煤炭将释放 2559 克 $CO_2$、162.3 克 CO、6.9 克 $CH_4$、10.3 克 TNMOC、2.1 克 PM；以煤油为燃料的查拉炉每燃烧 1 克煤油将释放 17.7 毫克 CO、0.52 毫克 PM、1.5 毫克二氧化氮（$NO_2$）、0.01 毫克二氧化硫（$SO_2$）。[①]

WHO 强调室内空气污染是全球面临的一大健康风险。从全球范围来看，每年因 IAP 死亡的人数仅次于艾滋病的死亡人数，且高于肺结核与疟疾导致死亡的人数。[②] 而 IAP 的源头来自传统生物质能的使用，该问题是导致每年 430 万人过早死亡的重要原因，其中有 25% 的过早死亡归咎于由传统生物质能导致的室内空气污染问题；15% 的人死于缺血性心脏病、17% 的人死于肺癌、33% 的人死于慢阻肺。同时，妇女和儿

---

[①] T. Banerjee, et al., "Airing 'Clean Air' in Clean India Mission," *Environmental Science & Pollution Research*, Vol. 24, No. 6, 2016, p. 6405.

[②] Bilegsaikhan Sumiya, "Energy Poverty in Context of Climate Change: What Are the Possible Impacts of Improved Modern Energy Access on Adaption Capacity of Communities," *International Journal of Environmental Science and Development*, Vol. 7, No. 1, 2016, p. 74.

童由于接触到 IAP 而患疾病的风险特别高；在因 IAP 过早死亡的人数中，妇女与儿童就占比 60%。而且，全球至少 50% 因肺病死亡的病例是因为 IAP。① 此外有研究表明，受"能源贫困"影响的居民，其主观幸福感较低。②

就"能源贫困"对印度居民部门的健康与福利的影响来看，印度每年有超过 100 万人因使用传统生物质能导致的 IAP 而过早死亡。③ 在印度所有 5 岁以下因肺炎而死亡的儿童中，近一半是由 IAP 所致。④ 与此同时，IAP 波及印度 1.45 亿个农村贫困家庭，是造成每年约 90 万农村人口死亡的重要原因。⑤ 印度专家也指出，在厨房使用薪柴一小时如同吸烟 400 支。⑥ 此外，使用煤油（灯）极易发生事故、烧伤甚至死亡；印度每年就有 250 万人因使用煤油（灯）不慎而遭受严重烧伤。⑦

如表 3-1 所示，对印度许多家庭而言，"能源贫困"程度越严重，患肺结核的家庭成员就会增加，尤其是当"能源贫困"率大于或等于 50% 时，患肺结核的家庭成员数量更是在显著地增加。不过，患高血压和心脏病的家庭成员数量却与"能源贫困"率形成反比关系。其主要原因在于"能源贫困"严重程度越高，意味着生活燃料越匮乏，尤其是对传统生物质能的依赖程度在不断上升。因此，家庭成员要付出更多时间

---

① "Burning Opportunity: Clean Household Energy for Health, Sustainable Development, and Wellbeing of Women and Children," *Report of the WHO*, 2016, p. IX.

② 刘自敏等：《能源贫困对居民福利的影响及其机制：基于 CGSS 数据的分析》，《中国软科学》2020 年第 8 期。

③ Kirk R. Smith and Ambuj Sagar, "Making the Clean Available: Escaping India's Chulha Trap," *Energy Policy*, Vol. 75, No. 10, 2014, p. 411.

④ Praveen Kumar, et al., "Energy Poverty in India," *The Encyclopedia of Social Work*, September 2019, p. 5.

⑤ Michael Brauer, et al., "Ambient Air Pollution Exposure Estimate for the Global Burden of Disease 2013," *Environmental Science & Technology*, Vol. 50, No. 1, 2016, p. 80.

⑥ "The Ujjwala Saga-Unending Happiness & Health," Report of Ministry of Petroleum and Natural Gas, Government of India, p. 2.

⑦ Elizabeth Tedsen, "Black Carbon Emissions from Kerosene Lamps: Potential for a New CCAC Initiative Prepared for the Clean Air Task Force," Report of the German Ecologic Institute, November 2013, p. 3.

和体力去收集、利用燃料以维持家庭生活的正常运转，以至于患这两种疾病的概率要低。不过，这也正好从另一个角度印证"能源贫困"与印度许多家庭成员患有不同类型、不同程度的疾病之间存在必然联系。

表3-1　　　　　"能源贫困"与印度家庭成员的健康问题

| "能源贫困"率 | 患肺结核人数比例（%） | 患高血压人数比例（%） | 患心脏病人数比例（%） | 患癌症人数比例（%） | 患哮喘人数比例（%） | 患心理疾病人数比例（%） |
| --- | --- | --- | --- | --- | --- | --- |
| 1 | 1.17 | 22.39 | 5.52 | 0.39 | 3.22 | 1.1 |
| 2 | 0.87 | 22.66 | 6.35 | 0.65 | 4.56 | 1.58 |
| 3 | 2.13 | 22.54 | 6.07 | 0.23 | 5.33 | 1.39 |
| 4 | 1.6 | 17.32 | 4.58 | 0.66 | 4.82 | 2.04 |
| 5 | 1.75 | 9.89 | 2.66 | 0.22 | 4.26 | 1.39 |
| 6 | 2.14 | 7.94 | 2.59 | 0.19 | 4.96 | 1.74 |
| 7 | 2.93 | 7.82 | 2.42 | 0.21 | 6.04 | 2.21 |
| 8 | 3.68 | 5.43 | 2.14 | 0.58 | 5.03 | 1.75 |
| 9 | 2.74 | 5.64 | 1.14 | 0.27 | 4.6 | 1.7 |
| 10 | 4.17 | 3.98 | 1.93 | 0.2 | 7.39 | 1.86 |

注：1表示该家庭的"能源贫困"率小于等于10%；10代表该家庭的"能源贫困"率大于等于90%。

资料来源：Anver C. Sadath and Rajesh H. Acharya, "Assessing the Extent and Intensity of Energy Poverty Using Multidimensional Energy Poverty Index: Empirical Evidence from Households in India," *Energy Policy*, Vol. 102, No. 3, 2017, p. 548.

## 二　制约收入和就业水平提高

电力的缺乏直接加剧并固化了印度的贫困问题，迟滞了大多数工业活动及其所能带来的就业岗位。[①] 第一，电力是传统农业向现代能源过渡的重要基础，而且获得电力是利用先进的科学技术以实现农业生产机械化、电气化和生物化的前提条件。而现代农业可提高综合生产力、释

---

① "World Energy Outlook," *Report of the IEA*, 2002, p. 365.

放一部分劳动力、创造客观的经济收益。因此，缺失电力服务将限制印度的产业转型，以致将一些地区的经济禁锢在以传统农业为主的落后发展模式中，减少发展现代经济的机会，剥夺了劳动力创造和利用财富的机会，从而增加了印度消除经济贫困的难度。[①] 同时，电力供应的短缺也减少了印度一些地区发展现代经济的机会，缩短其劳动力创造收入的时间，且依靠传统生物质能的经济发展方式也难以维持经济收入的可持续性。

第二，现代能源的匮乏制约劳动力的发展。现代能源有助于安全和高效地满足居民部门的用能需求。反之，印度广大农村地区居民由于消费的传统生物质能以薪柴、秸秆为主，而这些传统生物质能多采用砍伐和拾取的方式获得，以致这种获得过程加大了包括妇女、儿童等劳动力的体力消耗，缩短和减少了这些群体创造财富，实现个性化发展的时间和机会。

第三，"能源贫困"的核心问题是不可负担性，也就是说高昂的能源消费成本进一步加大了印度贫困家庭的脱贫难度。对于印度"能源贫困"率高的地区，经济贫困的人群不得不支付过高的经济成本以购买满足生存需求的能源。或者说，只能消费和获得免费但低质量的传统生物质能，潜在地造成更多健康、环境成本，从而以另一种形式加重经济贫困人群的贫困程度。概言之，相较高收入群体，印度的低收入群体为满足家庭生存需求而支付的生活能源成本要更高，其家庭经济收支更易陷入恶性循环，从而难以摆脱经济贫困。[②]

## 三 对民生改善和社会公平正义构成潜在威胁

首先，现代能源的匮乏，尤其是高碳的能源结构进一步加剧了印度

---

[①] Marcio Giannini Pereira, "The Challenge of Energy Poverty: Brazilian Case Study," *Energy Policy*, Vol. 39, Issue 1, 2011, p. 168.

[②] Christine Liddell and Chris Morris, "Fuel Poverty and Human Health: A Review of Recent Evidence," *Energy Policy*, Vol. 38, Issue 6, 2010, p. 2987.

的气候变化问题，从而对民生造成严重负面影响。有研究表明，气候变化将导致印度近11%的可耕地流失，粮食产量将大幅度减少。① 而且，持续依赖薪柴为烹饪和取暖燃料使印度贫困人口的健康状况和生活环境的质量下降，从而降低人与自然的生产能力。人的生产力下降，加上环境恶化，又进一步加重了印度存在"能源贫困"问题的家庭的负担。在印度，保障家庭用能的持续稳定是妇女的首要责任，而从户外收集传统生物质能需每天花费3—5小时，同时利用低效炉灶进行烹饪又进一步占据了家庭妇女的时间。由此，用于生存上的时间越多，贫困人口（尤其是妇女）就难以拥有更多用于创收活动的时间。

其次，由于能源基础设施不完善，比如电力供应设施的不健全，以及居民部门受到支付能力和能源可获得性的限制，以致印度许多家庭无法获取清洁、高效的能源来满足基本生活需求，从而不得不依靠传统生物质能进行炊事、照明和取暖等。但是，低效的利用方式，比如使用查拉炉，会降低能源使用效率并且导致IAP问题，严重损害了居民的身体健康，进而降低其工作或生产效率。同时，如上文所述，这也导致家庭成员投入大量时间用于寻找生活必需的燃料，特别是对农村地区的妇女和儿童而言更是如此。这便使其休闲、学习和进行其他娱乐活动的时间减少，导致社会地位降低、家庭福利受损和幸福感降低。

再次，由于对依赖传统生物质能存在刚性需求，所以在传统印度家庭中，收集和使用传统生物质能不自觉地成为女性的责任和义务，从而剥夺其生存权和平等发展权。例如，据相关调查，古吉拉特邦的农村家庭妇女每天至少花费40%的时间用于收集薪柴、制作"牛粪饼"；喜马偕尔邦至少700户农村家庭中的女性为收集薪柴平均每天至少步行2千米。② 同时，由传统生物质能导致的室内空气污染问题还严重威胁印度

---

① Rosmarie Sommer, "Sustainable Energy-Rural Poverty Alleviation," *Report of Inforesources*, 2006, p. 4.

② "Burning Opportunity: Clean Household Energy for Health, Sustainable Development, and Wellbeing of Women and Children," *Report of the WHO*, 2016, p. 63.

女性的身心健康。也就是说，一定程度而言，"能源贫困"成为印度妇女解放、捍卫性别平等的物质枷锁。具体而言，由于"能源贫困"问题的持续存在，以致在许多印度家庭中，能源的收集和利用工作主要由妇女承担。但是，因为这些工作是无偿的，也未对经济社会发展作出实质性贡献，从而导致妇女完成此类任务往往得不到印度社会的认可。[1]由此，也进一步加剧了印度的性别不平等问题。据印度能源部门的相关调查，受"能源贫困"的影响，许多家庭中女性厨师吸入有害气体的强度（450克/立方米）是男性厨师的（230克/立方米）近两倍；同时，从年龄段来看，位于16—60岁阶段的印度女性受"能源贫困"的冲击最大，而同年龄段的男性由于几乎不承担家务活而成为受冲击最小的群体。[2]此外，由于每月需投入大量时间用于传统生物质能的收集，以致大量宝贵时间被浪费在低质量的燃料上，降低了印度许多女性参与改善生计所需经济社会活动的效率和能力，包括获得接受教育的机会。

最后，受"能源贫困"的影响，印度农村和城市地区学龄儿童的入学率还呈现出显著的性别差距。有研究表明，由于印度农村的绝大多数家庭高度依赖传统生物质能，以致女性（包括儿童）不得不为了收集和利用薪柴、牛粪等燃料花费大量时间，从而剥夺其受教育的权利，使性别不平等与入学率呈现正相关关系。[3]例如，对于印度农村6—10岁年龄段的儿童，男女入学率分别为84%和79%，且这一差距随年龄的增长而拉大。在15—17岁的年龄段中，只有28%的女孩上学，男孩的比例则有47%。相较于此，由于印度城市地区电力普及率、现代能源获得率要高于农村，因而每个年龄段的男女入学率则大致相等。

---

[1] Garima Jain, "Alleviating Energy Poverty: Indian Experience," Report of the Energy and Resources Institute in India, 2011, p. 8.

[2] Garima Jain, "Alleviating Energy Poverty: Indian Experience," Report of the Energy and Resources Institute in India, 2011, p. 8.

[3] Garima Jain, "Alleviating Energy Poverty: Indian Experience," Report of the Energy and Resources Institute in India, 2011, p. 9.

综上所述,"能源贫困"引发的一系列问题限制印度经济和社会的发展(如图3-1所示)。

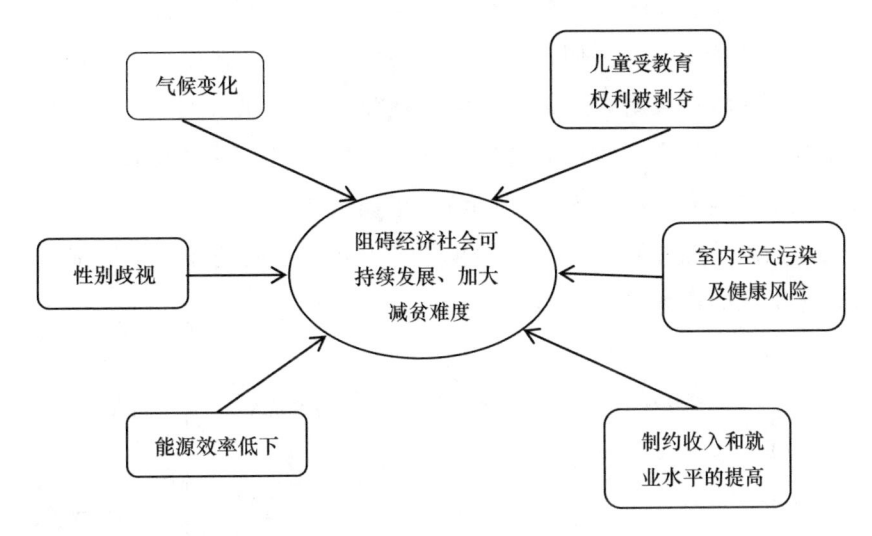

图3-1 "能源贫困"引发的问题限制印度经济社会发展

注:笔者自制。

## 第三节 "能源贫困"恶性循环及"贫困陷阱"的形成

### 一 各影响因素限制印度居民部门生活用能水平提高

根据"能源贫困"的生成机制,其成因错综复杂,表现形式多样。从印度"能源贫困"的表现和特点来看,这既是一个经济问题,又是一个社会问题,甚至还属于一个文化和历史问题。不过,从微观层面判断,印度"能源贫困"的主要特征表现为由于难以支付(不可负担性)、难以获得(不可获得性),无法获取电力或其他现代化的清洁能源服务,从而导致居民部门的生活用能严重依赖传统生物质能及固体燃料。也就是说,居民部门生活用能水平是判断和体现"能源贫困"对印度产生哪些影响的切入点。由此,结合印度"能源贫困"的表现和特征,制约印度居民部门用能水平提高的因素可以归纳为三个方面，包括主观层面的社会经济因素、行为文化因素，以及客观层面的能源政策。

首先，社会经济因素是制约印度居民部门用能水平提高的根本原因。根据"能源阶梯"假说，随着经济发展水平提高和收入增加，家庭生活用能将逐步朝着清洁、高效的现代化能源过渡，因而主要以收入水平为代表的社会经济因素是影响印度居民部门生活用能水平的最直接、最重要因素（如图3-2所示）。正如第二章第一节所述，供需双方对清洁高效能源的"买不起"和"供不起"是制约印度居民部门用能水平提高的根本原因。

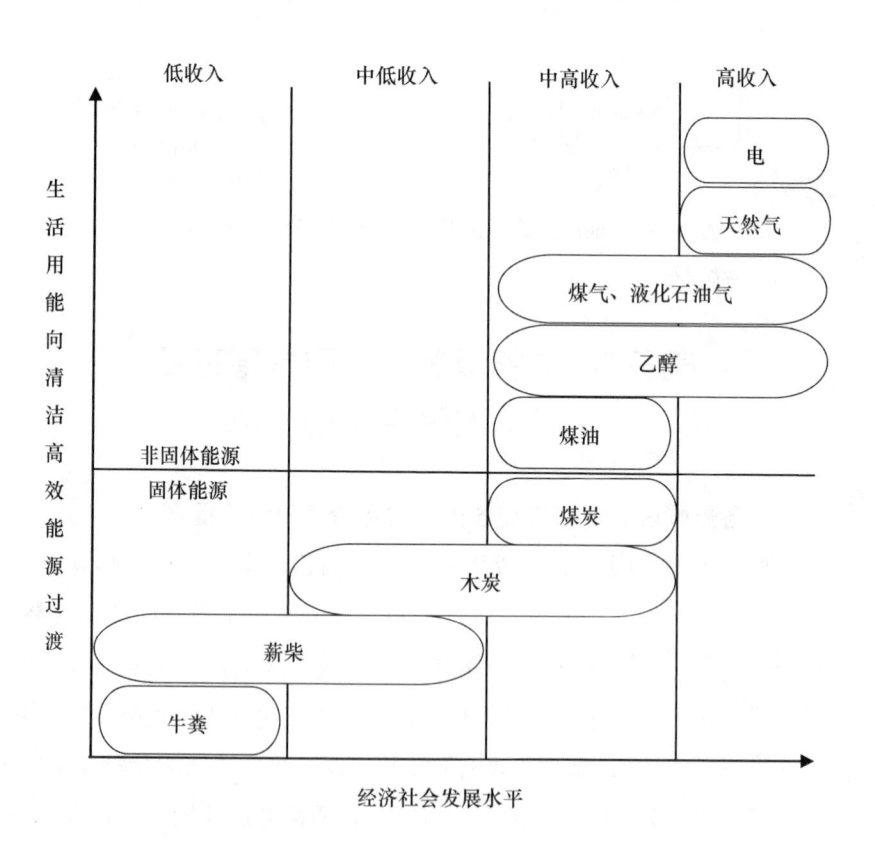

图3-2 收入水平对印度居民部门用能水平的影响

注：笔者自制。

其次，受社会文化因素影响，传统的炊事习惯和生活方式也是影响印度居民部门生活用能选择的重要因素。换言之，即使获得了现代能源服务的绝对支付能力，对印度很多家庭而言仍会选择使用传统生物质能。归根结底，对印度教社会而言，在生活用能中选取何种形式的燃料，饮食文化、烹饪习惯在很大程度上起到了决定性作用，而这又取决于印度教的文化和宗教信仰。毕竟，印度教对印度社会的方方面面都产生了极为深远的影响，在其教义的长期教化和熏染下，印度人自觉或不自觉地培养出一种重精神、轻物质的价值观念和生活方式。[①]

最后，印度政府的能源政策对居民部门用能水平提高具有不可忽视的影响。长期以来，印度的能源结构呈现出二元性特征。国家的经济社会发展主要依靠煤炭，尤其是煤电产业的支撑作用，而广大居民部门则高度依赖传统生物质能，几乎还处于初级能源时代。因此，如何确保煤电产业的可持续发展，以及煤炭生产和供应的持续性和稳定性是印度政府能源政策的核心议题。也就是说，如何提高居民部门的生活用能水平在很大程度上在能源政策中处于次要地位。与此同时，尽管当前莫迪政府的能源政策已经开始重视居民部门用能水平的改善，明确提出了通过发展可再生能源提高居民部门对现代能源的可获得性。然而，从相关政策的具体执行来看，其更多是莫迪政府选举政治的需要，其政治意涵要大于改善居民部门用能水平本身。当然，莫迪政府的能源政策之所以更体现出权宜之计的一面，归根结底仍取决于印度能源问题的客观实际。

综上所述，在社会经济因素、行为文化因素、能源政策因素的共同驱使下，使"能源贫困"现象在印度的出现具有一定的必然性、长期性和复杂性。对印度居民部门而言，其又具体表现为传统生物质能和查拉炉的广泛使用，以及电力普及的限制。需要强调的是，在"能源贫困"视角下，这三个方面的因素并非孤立存在，而是一种互为联动的关系。其中，社会经济因素对行为文化的塑造具有决定性作用，而行为

---

① 朱明忠：《综论印度文化的特点》，《南亚东南亚研究》2020年第1期。

文化因素对社会经济的发展在一定程度上起到限制作用，二者正如物质贫困和文化贫困的辩证统一关系；同时，能源政策为社会经济因素和行为文化因素的形成填充了底色，以煤炭为主要内容的能源政策在很大程度上延缓了可再生能源的发展和居民部门生活用能水平的提高。概言之，在这三方面因素的作用下，印度"能源贫困"出现恶性循环具备了前提条件，其也构成恶性循环的第一阶段。

## 二 缺失现代能源服务对印度经济社会的负面影响

如上文分析，"能源贫困"对印度的负面影响由能源问题向经济社会发展问题外溢，概括而言体现在上述三个方面；具体而言，"能源贫困"对能源效率、生态环境、健康与经济福利、教育与性别平等、就业与减贫五个领域产生了负面影响，而在"能源贫困"视角下这五个领域又具有一定内在联系。

依赖传统生物质能及电力普及的限制，首先通过能源利用效率低下表现出来，即能源质量的缺乏。高污染、高碳排等不可持续性和不具环保性的特点是能源利用效率低下的集中体现，也是传统生物质能利用模式的主要表现。由此，能源利用效率低下直接对生态环境产生负面影响，尤其是严重的室内空气污染问题。同时，一系列环境问题又对印度广大居民的身体健康构成潜在威胁，是诸多疾病的始作俑者。其中，广大妇女、儿童等弱势群体又成为环境和健康问题的最直接和最严重的受害者，许多印度家庭中的妇女、儿童为了生计将承担更多繁重家务活，身体健康面临一系列潜在威胁，被剥夺了受教育权利和平等发展权利。这一线性演进过程，其最终结果又加重了印度贫困问题的程度和贫困治理的难度。由此，印度"能源贫困"的恶性循环具备了基本内容，其负面影响也有了具体呈现。与此同时，这一恶性循环关系也具备了进行新一轮循环的新条件（如图3-3所示）。

## 三 "贫困陷阱"的形成

从"能源贫困"的生成机制出发，"能源贫困"与印度的经济贫困

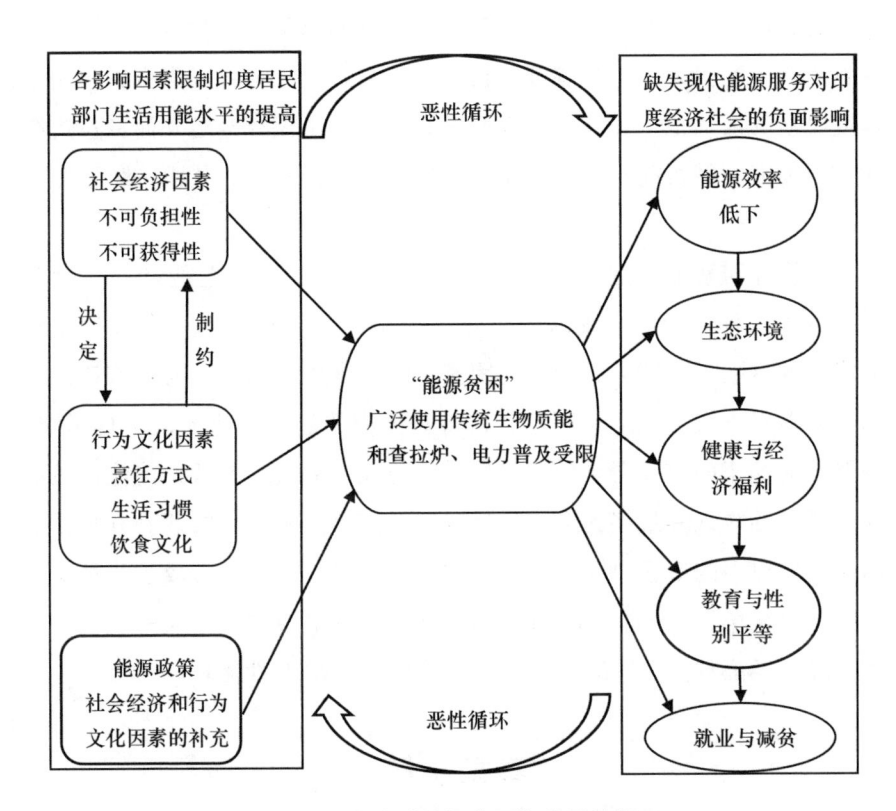

图 3-3 印度"能源贫困"的恶性循环

注：笔者自制。

具有不可分割的联系，印度持续存在的经济贫困（主要是收入因素，即不可负担性）是导致"能源贫困"的主要原因，而如上文分析，"能源贫困"又进一步加剧了印度的经济贫困。由此，处于"能源贫困"的印度家庭很可能会陷入"贫困陷阱"之中。①"贫困陷阱"（Poverty Trap）是一种迫使人们持续处于贫困之中的循环机制。根据"贫困陷阱"的理论，印度之所以穷是因为穷。② 具体而言，因为穷，所以印度

---

① 丁士军、陈传波：《贫困农户的能源使用及其对缓解贫困的影响》，《中国农村经济》2002 年第 12 期。

② ［美］讷克斯：《不发达国家的资本形成问题》，谨斋译，商务印书馆 1966 年版，第 6 页。

国民就无法享受良好的教育，引起人力资本的退化；因为穷，印度就缺少物质资本的投入，许多赚钱的机会因而与民众无缘；因为穷，限制了印度民众的活动范围和自由，因而使其游离于主流社会之外而日益边缘化；因为穷，就可能影响印度民众的情绪和精神状态，从而一蹶不振而荒度人生。

将能源因素植入这一原理中，"能源贫困"实际上就是"贫困陷阱"的另一种表现形式或内涵和外延的拓展与延伸。由于对现代化清洁能源的有限支付能力，印度贫困家庭的日常生活用能不得不依赖传统的固体燃料进行，如上文所述，这将对他们的健康造成极大不良影响。而严重的健康问题又会导致这些群体的劳动效率极大降低，使他们只能获得微薄的收入，最终无力支付昂贵的医疗服务和优质的营养食物，从而又造成更多的健康风险，因病致贫现象频发。由此，形成了一种新形式的"贫困陷阱"，即"使用传统生物质能—室内空气污染—疾病—能力下降—经济贫困—继续使用传统生物质能"的恶性循环。

## 本章小结

运用分析框架——"能源贫困"恶性循环，本章剖析了"能源贫困"对印度经济社会发展产生的负面影响。这一"恶性循环"的表观特征是"能源贫困"的影响通过作用于经济社会发展的多个领域，促成或加剧了贫困问题，而贫困反过来又成为"能源贫困"的主要成因。其本质是"贫困陷阱"的一种新的表现形式，即"贫困—能源—贫困"之间的恶性循环，具体上又表现为"使用传统生物质能—室内空气污染—疾病—能力下降—经济贫困—继续使用传统生物质能"的复杂恶性循环。按照这一逻辑演变线索，"能源贫困"是制约印度经济社会可持续发展的重要因素。

"能源贫困"首先作用于印度的能源问题，其从制约打造多元能源结构、构建可靠稳定供应模式和平衡用能方式三个方面对印度现代能源体系的构建产生负面影响。其核心问题是，煤炭在宏观能源结构中保持主导地位，限制了可再生能源的发展；而在微观上，不可负担性及居民部门固有的用能习惯和模式又进一步制约了可再生能源的普及。

其次，"能源贫困"的负面影响逐渐从能源领域向印度的经济社会领域外溢。其一，以传统生物质能为主的能源消费格局促成了诸多环境和健康问题；其二，环境和健康风险又制约了收入和就业水平的提高，例如因病致贫现象的普遍性；其三，使妇女、儿童等弱势群体成为"能源贫困"的最严重受害者，"能源贫困"成为社会公平正义的潜在威胁。

最后，"能源贫困"对印度能源和经济社会领域产生的负面影响也为恶性循环的最终形成提供了基本条件。概括而言，社会经济因素、行为文化因素和能源政策成为恶性循环的第一要素，其通过制约印度居民部门用能水平提高的形式影响印度经济社会发展，构成恶性循环的第二要素；此外，经济社会发展中出现的问题又回流成为推动第一要素形成的主要原因。因此，"能源贫困"恶性循环也成为印度"贫困陷阱"的一种新的表现形式。

# 第四章

# 印度对"能源贫困"的治理

尽管2002年UNDP才正式提出"能源贫困"的概念，但是从经验事实来看，"能源贫困"问题长期以来就是印度经济社会发展治理政策中的重要内容。印度对"能源贫困"的治理政策主要体现在"五年计划"之中。鉴于此，本书按照印度"五年计划"的演进脉络，将印度对"能源贫困"的治理划分为起步（1947—1965年）、发展（1966—2003年）、攻坚（2004—2013年）和决胜（2014年至今）四个阶段。同时，根据分析框架——"能源贫困"治理三要素，印度对"能源贫困"的治理体现在政府、能源政策与民众三者之间的互动关系之中。

需要强调的是，"能源贫困"问题的治理归根结底是如何实现电力生产和供应清洁化、如何提高电力普及率、如何实现居民部门生活用能电气化的问题。毕竟，利用太阳能、风能等现代能源替代薪柴、禽畜粪便等传统生物质能仅仅是一次能源之间的更替，而对于满足居民部门基本需求或提高其生活质量而言，关键在于二次能源及其现代化，即最终通过提供电力服务来实现。不过从这一意义而言，解决石油、天然气等化石能源问题也可以被视为对"能源贫困"问题治理的一种有力补充。

## 第一节 独立后印度历届政府"能源贫困"治理的政策和实践

根据印度"五年计划"的演进,印度对"能源贫困"的治理大致分为四个阶段。同时,由于历届印度政府对解决"能源贫困"问题具有不同程度的政治意愿,以至于采取了不同的治理政策,加之不同时期内民众的参与程度不一,因此在这四个时期内印度对"能源贫困"治理也分别取得了不同的治理成效。

在此过程中,印度"能源贫困"的治理以解决用电问题为核心议题。相反,70多年来,印度政府似乎对普及清洁烹饪燃料和现代化的烹饪设备这一议题并不感兴趣。[①] 其原因除上述因素外,对许多印度家庭而言,特殊的社会和文化因素或许使得使用传统生物质能是一种十分正常的现象。同时,从经验事实来看,印度从国家层面涉及解决家庭烹饪用能问题的政策举措是1985年提出的"全国查拉炉改进计划"(the National Programme on Improved Chulhas,NPIC),但是该计划并未取得实质性的进展,因而印度政府在2002年终止了该计划的执行。总之,印度对"能源贫困"问题治理的核心议题是如何解决居民部门的用电问题。当然,基于能源问题的现状,持续和稳定获得石油、天然气等化石能源也被印度政府视作"能源贫困"治理的一种有力补充。

### 一 起步阶段(1947—1965年)

1947年独立后,印度政府开始致力于发展经济,制定和提出了一系列发展战略、政策和措施,解决用电问题便是其中的一项重要内容。

独立初期,尼赫鲁政府主要关注工业部门的用电需求。相反,居民部

---

[①] Michael Aklin, et al., *Escaping the Energy Poverty Trap: When and How Governments Power the Lives of the Poor*, Massachusetts: MIT Press, 2018, p. 150.

门的电力普及率却十分低下，尤其是在农村地区。尽管尼赫鲁政府也曾试图扩大农村地区的电网建设，但是相关设想或举措主要针对整个村庄并非每一户家庭。1948年印度政府推出《电力供应法案》(*The Electricity Act*)，各邦还创建了负责本地区电力生产、传输、分配的机构——"电力委员会"(the State Electricity Boards, SEBs)。不过，这两项举措并不属于针对居民部门用电问题的专项行动，而主要是为了发展重工业、提高人均收入，属于"尼赫鲁—马哈拉诺比斯战略"(Nehru-Mahalanobis Strategy)[1]的一部分。也就是说，在印度"一五"计划提出前，电力政策的重点是发展重工业，而非解决居民部门的用电问题。

印度"一五"计划期间（1951—1956年），尼赫鲁政府经济发展政策的主要目标是实现由农业向工业转型，电力生产要服务于工业需求，因而解决居民部门的用电问题仍处于次要地位。尽管此时提高农村电力普及率被视为加快城市化进程的重要抓手，但其主要目标仅仅针对城乡接合部（郊区）而非广大农村地区。不过，经过"一五"计划，到20世纪50年代中期，印度5万人以上的所有城市已基本实现通电；但对于所有5000人以下的农村地区，其中只有1%实现通电。[2] 同时，印度"一五"计划中电力政策的目的也是摆脱英国殖民统治时期形成的相关治理模式，建立起印度独立自主的电力生产和供应模式。因此，在印度"一五"计划结束时，除工业部门以外，印度基本上形成了以满足公共用电需求为主的电力生产和供应格局。

印度"二五"计划时期（1956—1961年），尼赫鲁政府提出了电

---

[1] 也称马哈拉诺比斯模式，印度第二个"五年计划"的理论基础。由加尔各答统计学院院长、尼赫鲁的首席经济顾问 P. C. 马哈拉诺比斯提出。该模式把国民经济分为资本货物生产和消费品生产两大部门，并认为重工业、基础工业和基本原料工业对经济发展起着支配作用。因此，主张在一定时期内，为了最大限度地增加国民收入，在自力更生和公营经济占主导地位的前提下，实行优先发展重工业的工业化计划，把投资重点放在资本货物工业上。认为对资本货物部门投资率越高，在短期内可用于消费的产品数量虽然较少，但经过较长一段时期后，就会获得较高的消费增长率（参见黄心川《南亚大辞典》，四川人民出版社1998年版，第243页）。

[2] B. B. Samanta and A. K. Sundaram, "Socioeconomic Impact of Rural Electrification in India," Discussion Paper D-730, Resources for the future, Washington: D. C., 1983, p. 31.

力政策的三大设想。一是实现全国人口规模 1 万人以上的所有城镇通电；二是实现全国 85% 的人口规模为 5000—10000 人的城镇通电；三是实现 8600 个居民低于 5000 人的村庄通电。[1] 这三大设想对于提高印度居民部门的电力普及率具有重大意义，但是从实践来看仍未取得任何实质性的效果。归根结底，这些设想或计划的提出仍然以满足工业部门需求为导向。比如，20 世纪 50 年代中期，印度工业部门的电力消费需求已超过 60%，印度"二五"结束时已超过 70%；而同期农业部门电力消费需求只有 4%。[2] 由此可见，此时印度居民部门获得的电力服务相当匮乏。

印度"三五"计划时期（1961—1966 年），印度政府提出电力生产为全国农村地区的农业灌溉服务的目标，但结果只满足了部分地区的小型灌溉需求。尽管如此，这一时期印度的电力普及率还是有所提高。例如，根据印度"三五"计划，该时期要让 21000 个村庄实现通电，到 1966 年时该目标得到超额完成，通电村庄达到 45000 个左右。[3] 需要指出的是，尽管为农村地区提供电力服务已成为国家层面经济社会发展规划的重要一环，但是由于缺乏更多的资本以致电力服务未能进一步普及到更多的农村地区。不过，客观而言，印度政府的确重视农村地区的用电问题，期望逐步提高农村用电需求在全国电力分配格局中的比重。此外，尼赫鲁政府也试图通过提高农村电力普及率来减少对 SEBs 的依赖，尤其是摆脱该机构在各邦所制定的一系列价格机制的束缚。具体而言，这一时期印度的电力服务主要满足于工业化及工业部门的需求，以致 SEBs 推出的相关政策主要为工业部门服务，而较少考虑农业和居民部门的利益，从而使 SEBs 难以扩大电力生产、传输和分配的能力，陷

---

[1] Michael Aklin, et al., *Escaping the Energy Poverty Trap: When and How Governments Power the Lives of the Poor*, Massachusetts: MIT Press, 2018, p. 119.
[2] B. B. Samanta and A. K. Sundaram, "Socioeconomic Impact of Rural Electrification in India," Discussion Paper D-730, Resources for the future, Washington: D. C., 1983, p. 24.
[3] Michael Aklin, et al., *Escaping the Energy Poverty Trap: When and How Governments Power the Lives of the Poor*, Massachusetts: MIT Press, 2018, p. 119.

入了财政困境。

## 二 发展阶段（1966—2003 年）

20 世纪 60 年代的粮食短缺促使印度政府更加重视农业，由此发起了"绿色革命"。因而 1966—1969 年，印度政府没有提出新的"五年计划"，而是推出了重点关注小规模农业灌溉的"三年计划"，电力的发展逐渐由工业需求向以满足农业生产需求为导向转变，尤其是作为农业灌溉的重要保障。这有力地促进了印度农业生产的电气化，也表明农村的电力普及率有所提高。例如，印度电气化的泵唧装置由 1966 年的 100 万个左右增长到 1980 年的 730 万个左右。[①] 同时，印度政府还设立了旨在为农业部门提供贷款的"农村信贷评估委员会"（the Rural Credit Review Committee），以此大规模普及电气化泵唧装置，促进小规模灌溉的发展。尤其是在 1969 年，印度政府还成立了"农村电力公司"（the Rural Electrification Corporation），其首要目标旨在为农村地区的电气化注资。这一融资机制主要通过农村电气合作社发放债券的形式，并由中央政府来监管资金的使用。通过这一系列的政策举措，印度一半以上的泵唧装置和近 3 万个村庄实现了电气化，对印度此后近 20 年的经济发展产生了积极效应。不过，每户家庭的电力服务仍然十分匮乏，其电气化水平仍然进展缓慢。

1969 年，印度又重新推出"四五"计划（1969—1974 年）。促进电力行业的发展，尤其是电力为农业服务成为印度"四五"时期的核心议题。对此，印度政府成立了旨在促进农村经济电气化发展的"国家农业委员会"（the National Commission on Agriculture）。不过，这一举措的结果仍然是提高了电气化泵唧装置和通电村庄的数量，家庭的电气化率仍然十分低下。在印度"五五"计划时期（1974—1978 年），实现居民部

---

[①] Michael Aklin, et al., *Escaping the Energy Poverty Trap: When and How Governments Power the Lives of the Poor*, Massachusetts: MIT Press, 2018, p.123.

门用能电气化被纳入"国家最低需求计划"（the Minimum Needs Programme，MNP）之中，该计划强调改善贫困人口的生活条件，尤其是广大农村地区的贫困人口；因此，实现贫困人口用能电气化成为摆脱贫困、改善生活质量的重要途径。尽管 MNP 并未明确提到"能源贫困"问题，且也并不意味着解决居民部门用能问题成为政府的优先议程。但从实践来看，利用能源来解决贫困问题这一思路的提出在事实上可以被称为印度"能源贫困"治理的里程碑。四十多年后的莫迪政府之所以能够在"能源贫困"的治理上取得显著成效，也正是沿用了这一治理思路。

1978 年，印度成立了"国家电力委员会"（the Committee on Power）。在该机构的主持下，印度系统总结 SEBs 及相关电力部门的工作和现有相关电力发展计划的基础上，提出了主要目标旨在改善农村家庭室内照明条件，并为户外公共场所提供照明的"农村电力发展计划"（the Rural Electrification Programme）。1980 年印度政府推出"六五计划"（1980—1984 年），此时农村电力政策和 MNP 实现了更好的融合发展以进一步促进农村经济发展。印度的许多地方，包括北方邦、比哈尔邦、西孟加拉邦、奥利萨邦和中央邦都从中受益。由此，也助长了印度政府解决农村用电问题的"兴趣"。不过，这一系列政策举措仍未直接触及如何实现家庭层面用能电气化的问题。

20 世纪 80 年代末，为大力发展农村经济，印度政府进一步扩大了农村地区的电网接入率。但是，农村的电力普及率仍然十分滞后。1987 年，全印度只有 31% 的农村人口获得电力服务，且前期工农业发展对电力发展的刺激并未惠及广大农村地区。此外，各邦 SEBs 深陷财政困境。其原因在于政府为支持农业发展推出了一系列农业补贴政策，以至于农民能够以低于市场价格的标准获得电力服务，使 SEB 无力投入更多的资金用于扩大电网规模。这些状况使印度政府又不得不引入私人资本进入电力行业，其修改了 1948 年的《供电法》（*The Electricity Supply Act*）以及 1910 年的《印度电力法》（*The Indian Electricity Act*），以此作为私人资本参与电力行业的制度保障。但是，电力生产和供应体系仍然由各邦 SEB 掌握，使得一些私人公司本质上还是把电卖给 SEB，并由其调配给终端用户。而且，如前文所述，由于 SEB 存在财政困境，引入私人资本这一举措实际上并未对这一时期印度"能源贫困"的治理产生实质效应。此外，一些参与印度电力行业的国际资本，如世界银行也频频向印度政府施压，要求其加快电力行业向非政府资本开放的步伐。鉴于此，20 世纪 90 年代，奥利萨邦成为第一个实行电力体制改革的地区，将本邦 SEB 的权利拆分为两家电力生产公司、一家电力传输公司和三家供电公司，并成立了邦一级的电力监管委员会。此举得到其他一些邦的效仿，从而推动了印度电力行业的进一步开放。另外，从国家层面来看，印度政府也进行了一系列电力体制改革，因而提高了电力行业的透明度。例如，1998 年推出了涉及电力行业改革与发展的《电力监管法》（The Electricity Regulatory Commissions Act）、《关税法》（The Availability Based Tariff）、《印度电网法》（The Indian Electricity Grid Code）。通过这一系列政策举措，到 21 世纪初期印度农村和城市地区的电力普及率已分别达到 50% 和 60% 左右。①

### 三 攻坚阶段（2004—2013 年）

自 2003 年以来，印度"能源贫困"治理进入了攻坚阶段。其标志性事件是印度政府开始优化整合制度资源，推出《电力法》（The Electricity Act），以此取代了 1910 年的《印度电力法》、1948 年的《供电法》和 1998 年的《电力监管法》，从而作为电力市场私有化改革的法律保障。例如，《电力法》取消了制约私人电力公司向农村地区供电的许可证制度，同时也打破了当地社区、合作社、"潘查亚特"（the Panchayati Raj）对电力分配的掌控。② 此外，针对中央和各邦政府电力监管委员会推出的政

---

① Sudeshna Ghosh Banerjee, et al., "Power for All: Electricity Access Challenge in India," *Report of the World Bank*, 2015, p. 14.
② Anoop Singh, "Power Sector Reform in India: Current Issues and Prospects," *Energy Policy*, 2006, Vol. 34, No. 16, p. 2480.

策举措建立监督机制，如设立专门的上诉法庭。此后，2005年和2006年印度政府又分别制定了《国家电力政策》(*The National Electrification Policy*) 和《农村电气化政策》(*The Rural Electrification Policy*)，整合中央政府和邦政府的资源，推进农村并入电网的步伐或为农村地区建设独立的电网。尤其是，印度电力部还成立了协调中央和地方相关机构部门的"农村电网集团"(*The Rural Electrification Corporation*)。

在放宽电力市场监管的同时，2005年印度政府提出了"拉吉夫·甘地计划"(the RGGVY Scheme)。该计划旨在推动印度国内电气化进程，尤其是扩大电网建设，使更多农村家庭获得电力服务，实现家庭用能电气化。RGGVY强调，为建立农村地区的供电中枢，包括装机容量大且能够覆盖所有片区的变电站、输配用协同一体化的电网，且在农村地区大力推广小规模的可再生能源发电。例如，修建小型水电站、普及太阳能电池板等。

与此同时，印度"十五"计划期间（2002—2007年），印度建成235个规模为973.3亿卢比的项目，这些项目旨在为超过65000个未通电的村庄实现电气化且为831万户贫困家庭免费提供电力服务；尽管最终取得的成果远远低于预期目标，但仍然完成了约39000个村庄实现通电以及约67万户贫困家庭免费获得电力服务的目标，[①] 并于印度"十一五"期间（2008—2013年）持续推进农村电气化进程。其结果是，2010年印度农村电力普及率达到73%，与十年前相比提高了20%。

此外，2005年印度可再生能源部推出重点向村民人数低于100人的农村提供电力服务的"偏远地区电气化"计划（The Remote Village Electrification Program，RVEP）。尽管RVEP是国家级的发展计划，但其在具体实施过程中仍然由各邦负责，并由印度联邦中央可再生能源部（Minintry of New and Rene-wable Enregy，MNRE）提供90%的财政补贴。

---

[①] "Comparative Study on Rural Electrification Policies in Emerging Economies: Keys to Successful Policies," *Report of the IEA*, 2010, p. 68.

该计划提出后,充分发掘和利用可再生能源逐渐成为印度解决用电问题的关键一招,尤其是通过发展太阳能光伏来解决偏远农村地区家庭的照明问题。在此背景下,2009年印度又在《应对气候变化行动规划》(The Indian National Action Plan on Climate Change)中成立了"尼赫鲁国家太阳能发展委员会"(the Jawaharlal Nehru National Solar Mission),高调提倡利用太阳能来解决用电问题。其结果是,到2013年,印度已成功实现10154个村庄的电气化。[1]

### 四 决胜阶段(2014年至今)

2014年莫迪政府上台执政以来,可再生能源的发展突飞猛进,形成了较为清晰的"能源贫困"治理思路。即充分发掘可再生能源的潜力,通过发展可再生能源来消除"能源贫困"。

自上台执政以来,莫迪政府对可再生能源发展的目标和内容进行了多次创新升级,将诸多能源政策举措与实现广大农村家庭和贫困家庭用能现代化进行有效衔接。2015年6月,莫迪政府提出使可再生能源发电装机容量在2022年达到175GW,相当于2014年水平32GW五倍多的宏伟目标;[2] 其中,太阳能发电要达到100GW(光伏60GW,屋顶太阳能40GW)。同时,风能发电达到60GW、生物质能达到10GW、水力发电达到5GW(如表4-1所示)。

由此可见,印度政府在这一阶段重点是通过发展太阳能来消除"能源贫困"。莫迪政府提出的太阳能发展目标是辛格政府时期"尼赫鲁国家太阳能计划"的五倍,"到2022年太阳能发电装机容量将是现有标准的588%,将增加83GW,增长规模比风能高出三倍"。[3] 与此同时,

---

[1] "Comparative Study on Rural Electrification Policies in Emerging Economies: Keys to Successful Policies," *Report of the IEA*, 2010, p.71.
[2] 金丽苹:《印度莫迪政府可再生能源发展计划:动因、成效与制约》,《南亚研究》2018年第3期。
[3] 金丽苹:《印度莫迪政府可再生能源发展计划:动因、成效与制约》,《南亚研究》2018年第3期。

莫迪在 2015 年巴黎气候变化大会上提出"世界必须转向太阳以驱动我们的未来"的倡议，并计划在 2030 年以前将印度的单位 GDP 二氧化碳排放量（碳强度）在 2005 年的基础上减少 33%—35%，实现包括太阳能在内的非化石能源发电比重达到 40%。[①]

表 4-1　　　　　　莫迪政府发展可再生能源的目标

| 提出目标时间 | 装机容量 | | 发电占比 | | 备注 |
|---|---|---|---|---|---|
| | 计划完成时间 | 容量（吉瓦） | 计划完成时间 | 占比 | |
| 2015 年 6 月 | 2022 年 | 175 | 2030 年 | 40% | 其中太阳能 100 吉瓦，风能 60 吉瓦，生物质能 10 吉瓦，水能 5 吉瓦 |
| 2016 年 12 月 | 2027 年 | 275 | — | — | "十三五"期间新增 115 吉瓦，"十四五"期间新增 100 吉瓦 |
| 2017 年 11 月 | 2022 年 | 200 | — | — | 在 2020 财年末（在未来三个财年）新增超过 80 吉瓦太阳能和 30 吉瓦风能发电 |

资料来源：印度新能源与可再生能源部（Ministry of New and Renewable Energy）网站，https://mnre.gov.in/；印度电力部（Ministry of Power）网站，https://powermin.nic.in/；《印度公布减排计划》；《印度政府提出可再生能源发展三年规划》。转引自金丽苹《印度莫迪政府可再生能源发展计划：动因、成效与制约》，《南亚研究》2018 年第 3 期。

除此之外，2016 年 5 月 1 日，莫迪在北方邦提出了"免费煤气罐计划"，计划投入 8000 亿卢比预算，以煤气罐的方式为 5000 万户贫困家庭通煤气。同时，该计划也是一项惠民政策，其费用主要由印度政府承担，政府支付煤气罐的押金，加上调节器和安装费，共计大约 1600 卢比（相当于人民币 160 元左右），每月由燃气公司从用户领取补助的银行账户里扣除。这一运作模式，不仅惠及普通民众，还能避免补助金

---

① 于宏源：《〈巴黎协定〉、新的全球气候治理与中国的战略选择》，《太平洋学报》2016 年第 11 期。

被挪用。因此，该计划也被称为"莫迪免费燃气计划"。从该计划执行的结果来看，2016年原计划完成1500万个，但实际上已超额完成，共提供（安装）了2200万个；2017年就已经普及至3000万户家庭，尤其是其中44%的部分被分配给了贱民阶层。① 2018年，覆盖范围则扩大到了8000万户贫困家庭。因此，2019年印度LPG的消费量较2014年上涨了56%。② 同年，"免费煤气罐计划"已覆盖全印度715个地区，惠及约8034万户家庭，还创造了3000多个就业岗位。③

**五 以多元化能源外交模式为补充**

尽管化石能源问题并不是印度"能源贫困"治理的核心议题，甚至发展化石能源反而对消除"能源贫困"起阻碍作用。但是，消除"能源贫困"的本质不仅是要实现现代能源的可负担性，同时也在于实现和保证能源的可获得性。基于这一意义，从印度当前及今后很长一段时间内能源问题的具体实际出发，持续、稳定获得石油等化石能源是其维护能源安全的核心问题，这同样是保障居民部门用能安全的基本前提。概言之，制定务实的能源政策，保障石油等化石能源的基本需求对印度的"能源贫困"治理而言是一项富有成效的补充。

鉴于上述，进入21世纪以来，印度能源消费快速增长，能源外交异常活跃。为切实保障能源安全，寻求油气进口来源地和通道多元化，印度向北开展与俄罗斯、中亚和高加索地区国家的能源外交，向西开展与中东和非洲地区国家的能源外交，向东开展与东南亚地区国家和中国的能源外交。与此同时，印度还努力开展与美洲等其他地区国家的能源外交，寻求新的油气资源地，力图搭建一个全球规模的能源网络。

---

① "Pradhan Mantri Ujjwala Yojana," Wikipedia, https://en.wikipedia.org/wiki/Pradhan_Mantri_Ujjwala_Y-ojana.
② "Ujjwala Scheme Boosts India's LPG Consumption to A Record High in FY19," Business Standard, May 3, 2019, https://www.business-standard.com/article/economy-policy/ujjwala-scheme-boosts-india-s-lpg-co-nsumpti-on-to-a-record-high-in-fy19-119050300261_1.html.
③ "Pradhan Mantri Ujjwala Yojana," https://pmuy.gov.in/.

(一) 开展北向能源外交

俄罗斯、中亚和高加索地区国家丰富的油气资源对印度有着巨大的吸引力，参与油气资源的勘探开发和推进油气管道建设是印度开展这一方向能源外交的重点。印度通过开展政府外交和公共外交，带动了与俄罗斯、中亚和高加索地区国家之间的油气贸易和油气基础设施建设，构建起北望中亚、里海，翘首俄罗斯的北向能源外交战略。由此，为了参与俄罗斯远东地区萨哈林群岛的石油开采项目，印度石油天然气公司（ONGC）于2001年对该地区相关项目投入了巨资，并获得了20%的份额油开采比例。与此同时，为进一步深化与俄方油气资源的合作，在印度与俄罗斯两国政府的积极推动下，双方能源企业还签订了许多油气合作协议，尤其是同意双方在对方领土以及包括中亚、里海地区在内的第三国合作勘探开采油气资源。

其一，参与相关国家油气勘探开发。2002年，印度投入巨资参与哈萨克斯坦的油田勘探开发。2005年，印度时任石油部长艾亚尔访问了哈萨克斯坦，他此行的主要目的即是扩大与哈能源合作，努力促成哈萨克斯坦同意印度能源企业以购买开采股份的形式参与其4块油田的勘探开发。与此同时，印度石油天然气公司获得了在哈萨克斯坦2个油田进行石油勘探的权利，并斩获其中1个油田50%的股份。而且，隶属印度石油天然气公司的维德希有限公司（VOC）还携手阿塞拜疆国家石油公司组建合资公司，通过参股方式参与阿塞拜疆油气资源的开发。

其二，推进北线能源战略通道建设。印度积极推进土库曼斯坦—阿富汗—巴基斯坦—印度（TAPI）天然气管道建设，参与了TAPI管道建设的相关制度设计。TAPI管道建设计划于20世纪90年代首次提出，设计输送规模为每年328亿立方米，预计投资100亿美元，[①] 气源主要来自土库曼斯坦南部的南约洛坦（Galkynysh）气田，管道穿越阿富汗

---

[①] "Turkmenistan-Afghanistan-Pakistan-India [TAPI] Pipeline," Ministry of Mines and Petroleum, http://mom.gov.af/en/page/1378/shiberghan-gas-project.

的坎大哈、巴基斯坦的奎塔和木尔坦，最终到达印度北部的法齐尔卡。2012年，印度燃气公司（GAIL India）与土库曼斯坦天然气公司（Turrnen Gas）签署了天然气购销协议。2014年，印度天然气公司与土库曼斯坦、阿富汗和巴基斯坦的天然气公司合资成立TAPI天然气管道公司，旨在解决管道建设过程中出现的一系列问题。2015年7月，印度总理莫迪与土库曼斯坦总统别尔德穆哈梅多夫会晤，对TAPI项目达成重要共识，指出该项目不仅是推动两国关系发展的重要举措，也是促进双方经贸合作的重要桥梁，双方可以在该项目基础上探索更多样的选择，以保障天然气的运输通畅。同年12月，TAPI项目正式动工兴建。按照土方计划，管道预计2019年底建成并投入运营，每年向印方提供140亿立方米天然气。① 按照2016年印度天然气消费量501亿立方米计算，该管道的供气量约占印度全年消费量的28%。② 将对缓解印度北部天然气需求紧张起到重要作用。

（二）开展西向能源外交

印度将中东视为能源外交的重点方向。同时，西非、北非地区拥有丰富的油气资源，随着生产和出口潜力的不断增长，近年来该地区也成为印度能源外交的一个主攻方向。印度通过首脑外交、油气贸易、政策安排和构建能源战略通道等方式，构建起以稳住中东、发展非洲为主要目标的西向能源外交战略。

其一，开展与中东地区国家的能源外交。印度通过开展首脑外交，带动与伊朗、沙特和科威特的能源外交。2001年，时任印度总理瓦杰帕伊对伊朗的访问推动了两国的能源合作，两国建立了副部长级联合委员会和伊朗石油出口印度的机制，签署了开展能源合作的框架协议，并很快得到落实。2002年，印度和伊朗签署油田勘探开发协议，这是印度首次进入伊朗油气资源勘探开发领域。2003年，时任伊朗总统哈塔

---

① Mirza Sadaqat, "Energy diplomacy in South Asia: Beyond the Security Paradigm in Accessing the TAPI Pipeline Project," *Energy Research & Social Science*, Vol. 34, No. 8, 2017, p. 202.

② 笔者根据"Statistical Review of World Energy," *Report of the BP*, 2017 的相关数据计算。

米访印期间与印度达成能源合作共识，表示伊朗将进一步加大对印度的石油出口，积极推进天然气管道建设。5月，印伊双方签署协议，伊朗承诺未来25年每年向印度提供500万吨液化天然气（LNG），2004年每天向印度提供10万桶石油。[①] 2005年，印伊双方的石油公司对伊朗南帕尔斯气田的一个区块进行了联合勘探。同时，双方签署了LNG购买协议，2009—2034年，伊朗将每年向印度供应500万吨LNG，印度则向伊朗提供能源生产和利用的多项先进技术。此外，印度获得伊朗最大陆上油田亚达瓦兰（Yadavaran）20%的股份和郡菲伊尔油田（Jufeyr）100%的股份，这两个油田每天将分别向印度供应原油6万桶和3万桶。[②] 2006年，印度与沙特的能源合作取得重大进展。当年1月，印度时任总理辛格与沙特时任国王阿卜杜拉在印度新德里就双边能源合作达成重要共识，发表了《德里宣言》。该宣言指出，印沙双方将保持在能源领域的长期合作，沙方将保证稳定并持续增加对印度的原油供应；两国石油企业将在印度和沙特以及第三国开展上下游的合资与合作。此外，2001年6月，印度又与另一个海湾国家科威特发表了《印度—科威特联合声明》，提出两国将在原油和油品供应，建立合资企业、炼油厂、发展石化工业及市场营销方面，鼓励、推动并建立长期的合作关系。

印度还参与中东地区国家的油气开发，签订长期油气购销合同。2001年，印度与伊拉克石油勘探公司签订了开发伊拉克西部沙漠地区储量为6.45亿桶的第8油区协议（未开展实际工作）。伊拉克战争结束后，印度使领馆和伊拉克临时政府接触，谈判启动第8油区的开采工作、进口巴士拉轻油、开采土巴（TUBA）油田的合同，以达到每年从伊拉克进口300万吨原油的目标。印度Petronet LNG公司还与卡塔尔Rasgas公司签署了价值10亿美元的LNG销售合同，未来25年印度每

---

① 程果：《印度能源外交研究》，硕士学位论文，河北师范大学，2008年。
② 时宏远：《浅析伊朗—巴基斯坦—印度天然气管道问题》，《东南亚南亚研究》2011年第4期。

年从卡塔尔进口 750 万吨 LNG。[1]

其二,以"援助换石油"模式开展对非洲国家能源外交。为建立与非洲产油国的合作,获得来自非洲的油气资源,印度政府推出了向非洲国家提供低息贷款、发展援助基金、武器军火和政治支持等方式来换取油气资源的战略。2001 年,印度向非洲提供 2 亿美元信贷用于"非洲发展新伙伴计划"。2004 年,印度免费为赞比亚提供了 10 万美元的药品。2009 年,在新德里召开的印非石油会议上,印度决定向非洲提供的基建工程和石油工业项目贷款期限为 15 年至 20 年,利率仅为 0.5%—1.75%。2011 年,印度投入 200 万美元资助非盟在索马里的维和任务。通过一系列铺垫,印度较为成功地进入了非洲能源市场。目前,印度的石油公司遍布非洲 24 个国家,包括埃及、肯尼亚、乌干达、坦桑尼亚和毛里求斯。ONGC 在尼日利亚、苏丹、利比亚和埃及等 8 个非洲主要产油国投资 20 亿美元,印度石油公司(IOC)和印度石油有限公司(OIL)在利比亚、尼日利亚和加蓬投资 1.25 亿美元。

通过政府间协议,印度从非洲多个油气田区块中获益。2006 年,IOC 和 OIL 联合收购加蓬一油田 90% 的股份。2009 年,印度与苏丹签订了扩大油气合作的协议,鼓励印度油气公司在红海开发天然气,提升苏丹的炼油能力。印度石油和天然气公司海外子公司获得埃及北拉玛丹油田 70% 的股份和 6 号油田 60% 的股份。"2010 年以来,印度还先后与尼日利亚、安哥拉、加蓬、苏丹等非洲国家签署了许多油田开发及原油加工协议,仅尼日利亚投资额就达 3.59 亿美元。"[2]

2007 年,印度召开了第一届印非石油会议,10 个非洲国家的石油部长以及另外 16 个非洲国家的代表团与会。2008 年,在新德里召开了第一次大规模的印非领导人峰会,提出加强印非能源合作,签订了《德里宣言》和《印非合作框架协议》。2011 年,印度还与非洲联盟

---

[1] 程果:《印度能源外交研究》,硕士学位论文,河北师范大学,2008 年。
[2] 张雷:《后金融危机时代印度能源外交战略及启示》,《学术探索》2011 年第 3 期。

（AU）共同发布了《亚的斯亚贝巴宣言》和《加强合作框架协议》，表明印度寻求建立新型伙伴关系的决心，对印非能源领域的进一步合作提供了指导意见。

（三）构建西线能源运输的战略通道

西线能源运输通道分别包括一条主线和一条支线。其中，主线是从中东波斯湾通向印度西海岸，尤其是古吉拉特等西部各邦的一条集油气管线和海运航路为一体的能源战略通道；支线是从西非和北非经海运航线穿过苏伊士运河，经阿拉伯海，最终抵达印度西部地区的能源战略通道。

印度曾寄希望于从伊朗修建一条穿越巴基斯坦抵达印度西部的天然气管道（IPI），建设该管道的倡议始于20世纪90年代，2000年以来IPI管道建设取得了一系列进展。但由于"价格和安全原因"，印度在2008年退出了该项目。2014年，印度总理莫迪宣布将重新开始参与IPI管道项目的谈判工作，目前IPI管道的建设并未取得任何实质性进展，该管道是否能最终完工，仍是未知数。

为了弥补IPI项目失败造成的缺憾，2016年以来，印度又与伊朗探讨建设伊朗—阿曼—印度深海天然气管道（IOI）。该管道长868千米，跨越阿曼海和印度海，经过阿曼连接伊朗恰赫巴哈尔和印度古吉拉特沿岸，预计每天将向印度输送3150万立方米的天然气，[①] 项目也使阿曼加入与印度的天然气贸易。

支线是一条传统海上运输通道，发展潜力巨大，主要承载运输来自北非、西非地区油气生产国的油气资源，其根本目的在于减小对中东的过度依赖，实现能源进口来源地的多元化。2008年首届印非峰会后，印度便不断地加强对西非和北非地区相关能源项目的投资，通过上述"援助换石油"不断扩大对非外交规模和增加政府高层互访等方式，积

---

① "Undersea pipeline to take Iran gas to India：Report," PRESSTV, March 15, 2016, http：//www.pres-stv.com/Detail/2016/03/15/455872/India-set-Iran-subsea-gas-line.

极参与该地区的能源合作。

（四）开展东向能源外交

印度一直将东南亚视为"东向行动政策"的优先方向之一，与东南亚地区组织东盟和绝大多数东南亚国家保持着密切的外交关系，着重开展了与越南和缅甸的能源外交。长期以来，越南是印度在东南亚地区的主要石油供应国之一，而印度又是最早参与开发越南油气资源的南亚国家。越南于2013年11月向印度提供了7个南海石油勘探区块，印度享有其中3个区块的独家开采权。2014年10月，越南再向印度增加2个南海油气勘探区块的开采权。2016年，印度总理莫迪访问越南，两国政府首脑一致同意将双边关系提升为全面战略伙伴关系，并表示将进一步提升双边能源合作的水平与规模。随着印越关系的逐渐升温，印度对越南油气开发投资力度在加大，而越南对印度出口石油的比重也在不断攀升。

印度也把缅甸视为东向能源外交的重点国家之一。缅甸是离印度最近的东南亚国家，具有较为丰富的天然气资源，天然气储量为12亿立方米。是印度东向最重要的天然气供应国。2005年，印度、孟加拉国和缅甸达成修建天然气管道（MBI）的协议，提出将缅甸的天然气途经孟加拉国最终输往印度东部城市加尔各答的倡议。该倡议计划铺设全长900千米的油气管道，该项目建成后预计将会向印度每年供应110亿立方米天然气。2006年，印度与缅甸又达成天然气进口的协议，印度因而又取得了对缅甸海上天然气的开发权。2010年，印度与缅甸政府签署了一份高达13.5亿美元的油气开发协议，并提高对缅甸海上A—1和A—3油田的投资力度。2016年，缅甸总统吴廷觉和国务资政昂山素季先后访问印度，两国签署了相关能源合作协议。

与此同时，印度与中国的能源外交呈现合作与竞争态势，早在1997年中印两国的国家石油公司就共同开发第三国的石油资源达成谅解备忘录。在哈萨克斯坦的石油开采中，两国的石油公司在互惠条件下开展了一系列的合作。中印在苏丹的石油开采项目中都拥有很大比例的股份。2005年12月，中国石油天然气集团公司与印度石油天然气公司（ONGC）首次联手，以各占50%的比例共同收购了加拿大石油公司在叙利亚一个油田38%的股份。印度称这一石油竞标是一个具有里程碑意义的行动，对于未来两国能源合作"有着极为重要的指导作用"。[1]

在此基础上，两国能源外交关系也朝着制度化的方向迈进。2006年，印度石油和天然气部长拉奥访华期间提出了构建中印能源合作领域机制化合作框架的倡议，关于对联合勘探开发和向第三国油气资源投资，双方签署了相关谅解备忘录，达成了一系列重要共识。2006年8月，中印两国石油公司联手收购了哥伦比亚公司油田50%的股权。2007年，印度燃气公司（GAIL）与中国燃气控股有限公司联手成立了各持股50%的合资公司，这是中国公司首次投资印度的石油天然气行业。

与此同时，印度与中国在能源领域展开一系列竞争，这在中亚地区尤为明显。在政治影响力方面，中印两国都积极地与中亚国家的发展战略进行对接。同时，中印两国领导人还积极推动与中亚国家高层实现互访，通过开展与多个中亚国家在多个层面的多元化外交，推动与中亚国家的双边和多边能源合作关系，从而增加本国在中亚的能源地缘政治影响力。在经济层面，中印都努力拓展中亚能源市场。印度加大中亚油气田开发与并购力度，不仅降低了中国收购的成功率，还增加了收购成本。在能源通道建设方面，中国通过建立连接土库曼斯坦、乌兹别克斯坦和哈萨克斯坦的天然气管道，从中亚地区获得了相对稳定的天然气供应。鉴于此，印度则希望通过TAPI管道项目"分担消费"中国在土库曼斯坦的天然气资源。因此，这或将在一定程度上加剧中国与印度在中亚天然气生产和供应方面的竞争态势。

与以获取稳定和安全的能源供应为目标的北向、西向能源外交不同的是，印度的东向能源外交更倾向于通过扩大在东南亚地区的政治影响

---

[1] 赵伯乐：《南亚概论》，云南大学出版社2007年版，第235页。

力，发展与中国的竞合关系，积极在世界能源格局中掌握和提升话语权。

（五）开辟新油源，构建全球能源网络

通过实施北、西、东向能源外交战略，印度整体能源外交战略雏形已基本形成。此外，印度还寻求新的油气资源，努力构建全球能源网络。印度政府积极为企业开道，进入欧洲、美洲、亚太能源市场，拓宽与油气生产国的合作领域，加快推进海外油气资源的收购和开发进度。

2005年，印度与美国启动了双边能源对话，加大双边能源贸易和投资；两国还在2010年就清洁能源和印度页岩气勘探开发合作达成共识。2006年，时任罗马尼亚总统伯塞斯库访问印度期间，与印方发表了联合声明，强调并确定油气生产、供应、开采等相关上下游领域是双方战略合作的重点。2007年，时任巴西总统卢拉在访印期间，印度天然气公司与巴西国家石油公司签订了相关油气合作勘探协议。根据这些协议，印度东部沿海3个深海区块15%—40%的权益将出让给巴西石油公司。与此相对应，巴西则向印度出让其东部沿海3个区块25%—30%的权益。印度石油天然气公司还通过其海外分公司获得古巴一个储量约40亿桶油田30%的开发权。[①] 2010年，印度和日本又共同发表了《印日联合声明》，就缔结全面经济伙伴关系协定达成共识，并表示进一步加强两国的能源合作。印度还借助金砖国家峰会、G20峰会、亚洲天然气伙伴峰会等一系列机制和平台，开展了一系列的能源外交。

（六）具有"印度特色"的能源外交模式

在上述印度实施全球能源外交战略的过程中，不仅可以看到印度政府与能源企业之间的紧密联动性，也可以发现包括制度设计、油气贸易、基础设施建设等在内的多内容、多形式的特点。

首先，体现出印度雄心勃勃的大国能源外交。追求大国地位是印度

---

① 吉戈：《印度能源外交全面出击》，《楚天都市报》2005年4月18日，http://www.cnhubei.com/200503/ca735524.htm。

始终不渝的目标。印度开国总理尼赫鲁曾说过:"印度以它现在所处的地位,是不能在世界上扮演二等角色的。要么做一个有声有色的大国,要么就销声匿迹。中间地位不能引动我。我也不相信任何中间地位是可能的。"① 大国梦是印度独立以来历届政府外交政策一以贯之的目标。印度已成为仅次于中国和美国的世界第三大能源消费国,2040 年或将跃居全球能源消费首位。"大国风范"的观念深植于印度能源外交战略之中,无论是"四面出击"、搭建全球能源网络,还是举办首届亚洲石油峰会,印度都表现出寻求全球油气资源,并在世界能源事务中抢夺话语引领权、规制制定权的雄心。

其次,形成一种典型的"同心圆能源外交"。本书尝试将"同心圆能源外交"定义为:外交、外经和能源等部门会同各个能源公司,以世界油气心脏地带的能源行为体为内核、以传统能源行为体为中层、以新兴能源行为体为外层而开展的各种实际活动。从印度油气进口量以及政府和企业开展活动的密集与频繁程度可以看出,印度的能源外交呈现以中东为内核,以非洲(西非、北非)为中层,以周边和其他能源行为体为外层的同心圆的特点。

中东是世界油气的心脏地带,也是印度开展能源外交的重点。根据 BP 的数据,2016 年,仅沙特阿拉伯和伊拉克向印度出口的石油就分别达到 4030 万吨和 3800 万吨,占其进口总量的约 45.4%,是印度石油进口的两个最大来源国;仅卡塔尔向印度出口的 LNG 就达到 140 亿立方米,占其进口总量的约 62.67%,是印度 LNG 进口的最大来源国。② 印度每天从伊朗进口的石油达到 35 万桶,进口规模仅次于中国。③ 印度与中东油气资源国频繁开展首脑外交与政府间外交,双方的能源企业也展开了一系列合作。可以说,中东是印度"同心圆能源外交"的内核。

---

① [印] 贾瓦哈拉尔·尼赫鲁:《印度的发现》,齐文译,世界知识出版社 2018 年版,第 60 页。
② "Statistical Review of World Energy," Research Report of the BP, 2017, p. 56.
③ 《印度与伊朗签署石油能源协议》,中华人民共和国商务部网站,2016 年 4 月 10 日,http://www.mofcom.gov.cn/article/i/jyjl/j/201604/20160401292869.shtml。

印度将非洲视为开展能源外交的新方向。根据 BP 的数据，2016年，印度分别从北非和西非进口石油 360 万吨、2890 万吨，共占其进口总量的约 18.8%，非洲是印度仅次于中东的第二大石油来源地；从阿尔及利亚、安哥拉、赤道几内亚、尼日利亚和埃及 5 国共进口 47 亿立方米 LNG，占其 LNG 进口总量的约 21%，非洲是印度仅次于中东的第二大 LNG 来源地。[①] 与中东不同的是，印度在开展与非洲地区能源外交的过程中，更注重制度的创新，印度采取的"援助换石油"及其衍生出的各种计划等模式，一定程度上可以视为印度能源外交的一个首创。印度将获取非洲油气资源视为减小对中东油气资源过度依赖的关键，非洲成为印度"同心圆能源外交"的中层。

印度将中东、非洲以外的地区视为"同心圆能源外交"的外层。一方面，印度加强与周边国家的能源外交关系。为了推进 TAPI、IPI、IOI 和 MBI 天然气管道等能源运输通道的建设，印度与巴基斯坦、孟加拉国、阿富汗等周边国家进行了一系列的协商与谈判。印度不仅与斯里兰卡油气公司合作进行深海油气田的勘探开发，还在斯里兰卡建立了270 个加油站，控制了其 30% 的油品市场份额。另一方面，印度积极开展与包括美国在内的美洲国家之间的能源对话与合作，参与俄罗斯的油气勘探开发，与中国、日本等能源消费大国开展对话与合作，从澳大利亚进口 LNG，等等。

再次，形成一种多元化的能源外交模式。能源外交的目的是追求能源安全最大化。为实现这一目标，印度开展了以"进口来源地多元化、运输通道多元化、合作机制模式多元化"为特点的能源外交。从油气进口来源地看，印度采取了"稳住中东、发展非洲、携手近邻、北望中亚里海、翘首俄罗斯"的多元化能源外交方针。从油气进口通道看，印度积极规划和推进北线 TAPI 管道、西线 IPI 与 IOI 管道、东线 MBI 管道建设，意欲构建集传统海运航路为一体的多元化的能源进口战略通

---

[①] "Statistical Review of World Energy," Research *Report of the BP*, 2017, p.56.

道。从能源合作机制与模式看,印度不仅通过固定的机制与能源消费大国开展对话与合作,也通过援助计划等形式换取发展中国家的油气资源,还通过召开或参与峰会的形式争取话语权和规则制定权。总之,"多元化"贯穿于印度能源外交的始终,凡是印度认为有可能成为其能源供应者或者能源通道的国家,无论这些国家过去与印度关系如何,无论这些国家在国际舞台上的名声好坏,印度都会尽全力与之发展关系。

最后,注重通过国际机制开展能源外交。能源外交作为国际政治的一个重要组成部分,必然受到国际机制的影响。据不完全统计,21世纪以来,印度在开展能源外交的过程中,主导或参与了多个具有一定影响力的能源外交国际机制(如表4-2所示)。

表4-2　　　　　印度主导或参与的能源外交国际机制

| 时间 | 相关机制 | 涉及国家 | 相关能源议题、共识或内容 |
| --- | --- | --- | --- |
| 2005年 | 亚洲石油峰会 | 中东主要油气生产国、亚洲主要油气消费国 | 提出建立亚洲地区性油气市场 |
| 2005年 | 印美能源对话 | 印度、美国 | 进一步加强印美能源合作 |
| 2008年 | 首届印非峰会 | 印度、非洲主要油气生产国 | 签署《德里宣言》《印非合作框架协议》,加强双边能源合作 |
| 2009年 | 印非石油会议 | 印度、非洲主要油气生产国 | 提出"援助换石油" |
| 2008年 | 五国能源部长会议 | 印度、中国、日本、韩国、美国 | 金融危机后石油市场的稳定 |
| 2009年 | 金砖国家首脑峰会 | 印度、中国、南非、俄罗斯、巴西 | 加强能源协调与合作 |
| 2010年 | 金砖国家第二次首脑峰会 | 印度、中国、南非、俄罗斯、巴西 | 加强能源协调与合作 |
| 2010年 | 孟加拉湾多层次经济技术合作 | 孟加拉、不丹、斯里兰卡、缅甸、尼泊尔、泰国 | 构建区域能源中心,推进区域能源网连接和能源基础设施建设 |
| 2011年 | 第二届印非峰会 | 印度、非洲主要油气生产国 | 签署《亚的斯亚贝巴宣言》《加强合作框架协议》,对双方在能源领域进一步加强合作提出指导意见 |

资料来源:张帅、任欣霖:《印度能源外交的现状与特点》,《国际石油经济》2018年第3期。

持续和稳定的能源供应是印度经济社会实现可持续发展的基本条件，也是有效推进"能源贫困"治理的基本前提。印度实施"四面出击"的能源外交战略，彰显印度"雄心勃勃"的大国梦。在这一过程中，印度形成了以"多元化"为行为模式的能源外交战略，勾画出一个以中东为核心的"同心圆能源外交"，体现出印度借助国际机制开展能源外交的特点。作为正在崛起的发展中大国，如何解决越来越严重的能源瓶颈问题是印度面临的一大挑战。印度目前仍处于煤炭时代，绝大多数农村人口甚至还处于薪柴时代，莫迪政府提出一系列可再生能源发展战略，意味着印度未来的能源外交将面临同时解决传统和非传统能源问题的双重挑战。印度开展了卓有成效的能源外交，并且有一套较为完善的制度安排。如何全方位实现能源外交目标，走出一条具有印度特色的能源外交路线，并以此反哺"能源贫困"问题的治理，或将是印度能源外交的新课题。

## 第二节　印度治理"能源贫困"的成效和意义

### 一　印度"能源贫困"治理的成效评估

#### （一）起步阶段进展缓慢

该阶段还属于"能源贫困"治理的起步阶段，具体又表现为农村地区的电力覆盖率仍然十分低下。例如，1963年，印度全国只有泰米尔纳杜邦和喀拉拉邦两个地区的25%的农村实现通电。[1] 利用本书提出的理论框架进行分析，印度在这一阶段之所以未能取得实质性进展的主要原因是尼赫鲁政府对"能源贫困"的治理不抱有足够的政治意愿，从而未能进一步作出有效的政策安排，体现出一种"弱制度"的治理模式；与此同时，这一阶段的民众参与基本上处于一种缺位的状态。

---

[1] Sunila S. Kale, *Electrifying India: Regional Political Economies of Development*, Stanford: Stanford University Press, 2014, p. 28.

首先，尼赫鲁政府秉持以发展重工业为主的经济政策。特别是，尼赫鲁对"雄心勃勃大国梦"的追求使这一时期相较于改善居民部门的用能现状而更关注具有全局性、宏观性的经济社会发展战略。这也在很大程度使各邦 SEBs 的电力政策主要为工业部门服务，成了一个代表各邦工业部门利益的"集团"。尽管尼赫鲁政府也意识到电力对日益增长的农业生产需求的重要性，但这并没有成为政府政策的优先议程，所以在尼赫鲁政府时期几乎没有提出一项专门针对居民部门用能问题的政策举措。

其次，尼赫鲁政府只提出了一系列目标、设想，而缺乏行之有效的政策安排。英属印度时期，印度许多电力设施主要分布于城市地区且主要为这些地区的英国公司服务。这是导致印度在独立初期只有 1500 个村庄实现通电，农村电力覆盖率只有 0.64% 左右的重要原因。[1] 换言之，英国殖民时期的"遗产"并未实质性地改善印度的电力基础设施状况。除此之外，这一时期印度以工业化为导向的经济发展政策使居民部门，尤其是农村地区的电力生产和供应格局存在很大局限性。唯一能称为政策安排的政策举措是建立各邦的 SEB；不过，SEB 在这一时期仍然坚持以满足工业部门需求为导向，以致其制定的电力价格相较农业和居民部门而言对工业更有利。

最后，民众参与的缺位。尽管这一时期印度的全国大选仍是每五年举行一次，但是广大民众缺乏为争取自身利益而发声的机制和平台。毕竟，这一时期印度政治格局呈现出国大党"一家独大"的状态且该党还拥有坚实的民意基础，尼赫鲁政府也得以持之以恒地推行自己所崇尚的经济发展政策。同时，广大农村居民受教育程度普遍低下，贫困现象比较普遍和严重，因而缺乏政治参与的热情和高度自觉，这也是导致民

---

[1] "Leisang Lights Up, Now Every Indian Village Has Power," Livemint, April 29, 2018, https：//www.google.com/amp/s/www.livemint.com/v/s/www.livemint.com/Politics/sCxaAGqJWjl-bKxsTA9drRP/Leisang-lights-up-now-every-Indian-village-has-power.html%3ffacet = amp&amp_ js_ v = 0.1&usqp = mq331AQFKASA%253D#ampf =.

众参与缺位不可忽视的原因。

（二）第二阶段治标不治本

相较前一阶段，此阶段印度的"能源贫困"治理在总体上取得了一定成效。但是，以居民部门最终获得电力服务为标准来评价，印度"能源贫困"的治理仍然还有很大的提升空间。如此宏观与微观上的差别，其原因在于这一时期的政治意愿、政策安排和民众参与程度三个要素又发生了一些新的变化。

首先，印度政府抱有较强的政治意愿来解决农村地区的"能源贫困"问题，这是之所以能在总体上取得显著成效的直接原因。例如，发展电力为农业生产服务、实现泵唧装置的电气化。尤其是，提高农村电力普及率和MNP计划的融合发展，表明这一时期"能源贫困"的治理在事实上已成为印度政府的一项重要议程。尽管此时印度政府关注的主要议题是如何提高每个村庄的电力普及率而非实现每户家庭的通电，但这实际上也表明了印度政府十分重视解决居民部门的用电问题。

其次，此时仍是一种"弱制度"的政策安排模式。SEBs管控下的电力生产、供应体制比较僵化且主要代表工业部门的利益，因而无法适应经济转型的需求，在很大程度上对居民部门电力的可获得性形成了制度上的限制。与此同时，随着印度经济政策逐渐由强调工业向发展农业转变，SEBs的管理体制逐渐面临融资困难、财政困境的问题。鉴于此，尽管印度政府也相应地推出了一系列改革举措，比如推出了电力补贴政策、向私人资本开放电力市场、成立国家电力监管委员会。但是，这些措施仍然处于探索和不稳定状态，更多是为下一阶段的治理奠定基础而已。

最后，民众的参与仍是一种缺位状态。绝大多数农村人口仍然受教育水平低下、深处贫困陷阱，无能力、无平台向政府发声以表达自身的利益诉求。尽管20世纪90年代印度政府也通过举办一系列听证会的方式来听取民众的诉求，但是这种方式是否能够惠及广大农村地区存在诸多不确定性。

## (三) 第三阶段收效甚微

这一阶段印度对"能源贫困"问题的治理相较上一阶段又向前推进了一步。尤其是，明确提出要充分发掘可再生能源的潜力，利用可再生能源来解决"能源贫困"问题的治理思路，从而为2014年以来莫迪政府的相关治理奠定坚实基础、提供有利条件。但也需要指出，从微观层面来评价，这一阶段的治理成效仍然存在许多局限性，或者说其是一种治标不治本的结果。具体而言，相关治理政策和实践主要源自国家和政府层面，而民众自身的参与仍然还是一种缺位状态。换言之，相关治理政策举措制定和实施不接"地气"，未能有效满足广大民众需求并调动其参与的积极性，以致不能形成从政府到民众的良性互动。

首先，上述一系列政策举措的提出反映出印度政府在这一阶段对解决"能源贫困"问题抱有强烈的政治意愿。与前几个阶段形成明显对比的是，这一系列政策举措不再强调电气化为农村经济发展服务，而是致力于满足每户家庭的用能需求，尤其是强调解决贫困家庭电力服务的获得问题。例如，2003年的《电力法》为农村家庭获得电力服务消除了一些体制机制方面的障碍；提出旨在提升农村家庭电力服务水平的RGGVY计划，其是国家层面规模最大的解决居民部门用电问题的电力政策。

其次，这一阶段印度政府对"能源贫困"治理是一种"强制度"政策安排的模式，主要体现为成立了许多专门性和强有力的能源监管部门。包括：电力部、能源效率局（Bureau of Energy Efficiency）、国家电力局（Central Electricity Authority）、国家电力监管委员会、煤炭部（the Ministry of Coal）、可再生能源部、油气部（the Ministry of Petroleum and Natural Gas）、核工业部（Department of Atomic Energy）。尽管这些机构负责的具体业务有所不同，但是2006年印度政府推出了《农村电气化实施方案》（the Rural Electrification Policy），围绕"能源贫困"问题将上述部门的职能及中央和地方政府的相关权责进行了分类整合。

最后，这一阶段印度"能源贫困"治理的最大局限仍然是未能实现广大民众的积极参与。尽管 RGGVY 提高了农村地区电气化的整体水平，但未能有效吸收广大用户（民众）参与到相关决策程序当中，尤其是农村居民几乎独立于决策程序之外。相关决策仍然是为实现目标而"决策"，并非以满足民众有效需求为导向。同时，相关政策举措的提出仅仅是赚取选票的权宜之计，例如强调补贴福利、免费用电等，而不是真正为了解决广大民众的实际困难。

（四）第四阶段取得显著成效

通过上述一系列举措，印度可再生能源发展取得显著成效，居民部门生活用能燃料的现代化程度实现较大改善，基本上实现了"能源贫困"问题的标本兼治。如前文所述，根据印度政府官方公布的数据，自 2014 年以来，经过近 6 年的努力，印度在"能源贫困"问题上的治理取得了非常显著的成效。其标志性事件就是全国农村地区实现 100% 的通电率、2100 万户家庭实现用能电气化、八个邦的所有家庭实现 100% 的用能电气化。同时，如上文所述，大多数家庭的生活用能获得了 LPG 这种相对现代化的燃料。而且需要强调的是，这一阶段莫迪政府推出的政策举措具有很强的针对性。尤其是，"免费煤气罐计划"明确提出要以能源为"工具"实现贫困家庭和妇女的"解放"。正如印度官方报告指出，"免费煤气罐计划"标志着一个时代的到来，它预示着农村妇女的生活将发生翻天覆地的变化，[①] 它通过提供相对清洁的 LPG 来逐渐替代传统生物质能，避免妇女面临的严重健康风险，使其从收集薪柴的苦工中解脱出来。

莫迪政府之所以能够在"能源贫困"治理上取得显著上述突出成效，其主要原因在于对该问题抱有强烈政治意愿，作出了强有力的政策安排，同时也有力地吸纳和调动了广大民众的积极参与。

从能源问题本身来看，2018 年莫迪就指出能源对发展至关重要，

---

① "The Ujjwala Saga-Unending Happiness & Health," Report of Ministry of Petroleum and Natural Gas, Government in India, p. 34.

能源匮乏不能让任何国家摆脱贫困；没有能源，连一部手机都无法使用。[①] 换言之，莫迪政府对消除"能源贫困"具有强烈的政治意愿也是其能源政策的必然之举。毕竟，实现能源政策的创新发展是"莫迪新政"的重要组成部分。与此同时，莫迪在2014年胜选中强调，"我们需要的不是更多的产品，而是由多数人参与的生产"。为此，莫迪政府推出了一系列旨在扩大就业，消除贫困的振兴经济、改革政府的措施。在此过程中，消除"能源贫困"为实现这些目标提供了有力抓手。正如前文所述，消除"能源贫困"是莫迪政府推进贫困治理、社会治理、促进经济发展的推进策略和升级路径。

此外，对莫迪政府而言，高调宣扬"能源贫困"的治理还具有进一步的深层次内涵。这也是莫迪政府之所以作出一系列"强制度"政策安排以及调动广大民众参与的积极性，尤其是吸引女性、低种姓等边缘群体重视"能源贫困"问题的根本原因。

诚然，通过消除"能源贫困"促成以能源为抓手的反贫困治理思路及其实践对印度彻底摆脱贫困具有战略意义。从中短期来看，一系列具体政策举措又是从战术和策略层面对诸多突出社会与民生问题的积极回应，以此最大限度地应对经济不景气带来的风险。与此同时，莫迪政府重点推出以解决"能源贫困"为核心议题的反贫困战略还具有鲜明的时代背景。自2014年以来，印度教民族主义强势崛起，逐渐成为当前印度社会的主流意识形态。其关键在于BJP及莫迪政府实现了印度教民族主义发展的策略转向。即从直截了当的宗教政治化转变为经济社会议题为主、意识形态议题为辅的策略，在充分发挥印度教民族主义意识形态动员作用的同时，树立起发展有道、治理有方的政治形象。由此推断，莫迪政府在此时强调贫困治理及推动反贫困战略的创新发展，其政治层面的现实意义要大于脱贫带来的长远意义。由此可见，相较往届政

---

[①] "Paucity of Energy Dose Not Let any Nation Come out of Poverty: PM Modi," *The Economic Times*, September 30, 2018, https://m.economictimes.com/news/politics-and-nation/paucity-of-energy-does-not-let-any-nation-come-out-of-poverty-pm-modi/articleshow/66016509.cms.

府，莫迪政府之所以在"能源贫困"治理上能够取得显著成效，其原因就在于发掘新议程、强化"治理认同"成为国内政治的迫切需要，也是印度教民族主义实现强势崛起战术转型驱动下的结果。换言之，莫迪政府对"能源贫困"治理具有强烈政治意愿，并通过强有力的政策安排对广大民众进行有效动员，因而围绕"能源贫困"议题二者实现了各取所需的良性互动。

综上所述，以印度"五年计划"的演进为线索，自1947年以来印度对"能源贫困"问题进行了为期四个阶段的治理。同时，根据本书提出的理论分析框架，印度历届政府对"能源贫困"问题是否具有坚定的政治意愿、是否作出一系列行之有效的制度安排（强弱制度模式）、广大民众是否积极地参与到治理过程中，这三个要素因而也构成印度"能源贫困"治理四个阶段中的主要内容；其中，治理成效（结果）又取决于三个要素之间的互动关系（如表4-3所示）。

表4-3　　　　　　　印度"能源贫困"治理的成效

| 阶段 | 时间 | 政治意愿 | 政策安排 | 民众参与 | 成效 |
| --- | --- | --- | --- | --- | --- |
| 1 | 1947—1965年 | 低 | 弱 | 低 | 未有进展 |
| 2 | 1966—2003年 | 强 | 弱 | 高 | 治标不治本 |
| 3 | 2004—2013年 | 强 | 强 | 低 | 收效甚微 |
| 4 | 2014年以来 | 强 | 强 | 高 | 显著 |

注：笔者自制。

当然，取得显著成效并不意味印度就已经实现"能源贫困"问题的标本兼治，其仍然存在诸多问题和漏洞。表面上，相关政策举措体现出一种乌托邦式的治理思路、不可持续的政策安排。本质上，消除"能源贫困"只不过是莫迪政府寻找国内新议程、强化"治理认同"，推动印度教民族主义向前发展的一系列政策举措中的题中之义。客观而言，进入21世纪以来，印度历届政府也制定了一些比较务实的能源政策，尤其是开展了以"进口来源地多元化、运输通道多元化、合作机制模式多元化"为特点的能源外交。此举为印度维护能源安全提供了有利条件，同样在很大程度上直接或间接地提高了居民部门对油气资源的可获得性。因此，从这一意义而言，多元化的能源外交在一定程度上成为印度推进"能源贫困"治理的重要补充形式。

## 二 印度治理"能源贫困"的意义

### （一）贫困治理的升级路径

有分析指出，莫迪政府需加速推进减贫进程，进一步实现至少3亿人的脱贫，才能有效应对当前经济社会发展过程中的诸多挑战并巩固执政基础。[1] 对此，莫迪政府自第一任期以来相继推出一系列通过消除"能源贫困"来推动贫困治理的政策举措，基本上形成了利用能源推动减贫的反贫困战略。比如，旨在解决贫困家庭生活用能问题的"免费煤气罐计划"，以及一系列通过可再生能源产业来刺激就业、增加收入的计划。

总体上，莫迪政府主要通过发展可再生能源来消除"能源贫困"。自2014年上台执政以来，莫迪政府就采取了一系列强有力的可再生能源发展举措，提出到2022年实现可再生能源累计发电装机容量为175GW的战略目标，形成以风能和太阳能为主，生物能源和小型水电为补充的可再生能源发展格局。具体而言，这一思路和目标又体现在以下两个方面。

第一，提高可再生能源的发电比重和电力普及率。2016年12月，莫迪政府发布了《国家电力计划草案》（*The Draft National Electricity Plan*），进一步明确了印度在"十三五"（2017—2022年）和"十四五"（2022—2027年）期间的可再生能源发展规划。其中，在印度

---

[1] "Modi Must Lift 365 Million Indians Out of Poverty: Can He Do it?" Forbes, January 17, 2020, https://www.forbes.com/sites/panosmourdoukoutas/2020/01/17/modi-must-lift-360-million-indians-out-of-poverty-can-he-do-it/#4153a2de69cf.

"十三五"期间将新增可再生能源发电装机容量115GW，所有可再生能源的发电容量将在2027年前达到275GW，而印度"十四五"期间计划再新增100GW。① 2017年11月印度政府发布《可再生能源发展三年规划》，再次提升了发展目标，"宣布到2022年可再生能源装机容量将达200GW（原定目标为175GW，调整后增加14.3%）；未来三年印度将新增太阳能和风力发电超过110GW。具体进度设计为：2018财年完成太阳能16.4GW，2019财年和2020财年分别新增30GW；2017财年风力发电完成4GW，随后两个财年每年再新增10GW；同期新建5GW的海上风电项目，并计划建设风力与太阳能混合发电项目"。②

此外，还相继提出一系列有针对性的计划。一是推出了史上最大规模旨在解决广大农村地区用电问题的"村村通电计划"；二是提出了实现全国所有家庭电气化服务的"好运计划"（Saubhagya）；三是制定了旨在确保向现有用户不间断提供优质电力，并分阶段在2019年之前实现电力全覆盖的"24小时不间断供电计划"。

第二，提高清洁烹饪燃料的获取，以煤气罐替代查拉炉。近年来，莫迪政府在改善获得清洁烹饪能源方面最突出的努力是推出"免费煤气罐计划"，该计划将投入8000亿卢比预算，以提供煤气罐的形式为5000万户贫困家庭通煤气，力图逐步降低对传统生物质能和查拉炉的依赖。

基于上述分析，印度常态性的非商业能源消费模式，如对薪柴的严重依赖，导致社会生产力水平低下，制约了经济社会发展，是促使多数人生活在贫困线以下的重要原因。推而言之，消除"能源贫困"是印度实现减贫目标的首要条件。从这一意义而言，"能源"是莫迪政府进一步推动减贫进程的强有力工具，消除"能源贫困"将推动反贫困战

---

① "Draft National Electricity Plan," Central Electricity Authority, Ministry of Power, Government of India, http：//www.cea.nic.in/reports/committee/nep/nep_dec.pdf.

② 《印度政府提出可再生能源发展三年计划》，新华网，2017年11月26日，http：//www.xinhuanet.com/world/2017-11/26/c_1122013118.htm.

略的创新发展。

宏观看,充分发掘和利用可再生能源的持续性、经济性、环保性及利用形式的多样性,为减贫提供重要支撑。其一,通过发展可再生能源来弥补传统化石能源的稀缺性,从能源安全的角度确保能源对经济社会发展的持续和稳定供应,也为持续提高居民生活水平与质量奠定物质基础。其二,通过发展可再生能源为家庭用能和工农业生产提供高效、健康、安全的现代能源和能耗设备,降低家庭生活成本,刺激地区经济发展,从而进一步消灭极端贫困。同时,通过可再生能源产业吸收大量失业人口,增加贫困人口的收入。其三,充分释放可再生能源的环保、健康效应,减少因病致贫现象。尤其是,实现用能电气化、以 LPG 替代传统生物质能,将有助于消除严重的室内空气污染现象,使家庭妇女免于健康威胁,帮助其实现个性化的自由发展。其四,实现可再生能源的多元化利用,为减贫减少障碍,提高贫困人口对相关减贫政策的认可度,例如莫迪政府为许多贫困家庭修建的屋顶太阳能电池板。这一政策的最大优势是无须额外的安装空间且可以安装在任何类型的屋顶上,有效地规避了印度艰难的征地问题。

中观看,促进能源公平,与贫困治理形成联动效应。实现能源公平与反贫困具有相同的价值导向,二者都是维护社会公平正义的重要支柱。解决"能源贫困"问题的根本价值取向就是要促进社会成员平等地获取和消费能源资源,即实现社会成员间能源消费差异不显著,较为平衡的状态。反之,能源不公平现象的持续存在,将损害社会成员的基本权益,是导致社会不安定的潜在因素,不利于社会和谐健康发展。尤其对印度而言,这一现象与种姓不平等、性别不平等、贫富差距大等问题形成重叠效应,从而加重了贫困的治理难度。也就是说,促进能源公平对印度的贫困治理具有重要意义。具体而言,莫迪政府在解决"能源贫困"的制度设计与安排中都提出了保障和改善民生的具体要求和目标,尤其重视现代能源对提高全体居民生活品质的重要性。故此,"人人享有现代能源服务"是摆脱贫困及维护社会公平正义的内在要求。

微观上，实现能源政策与减贫政策的有效衔接，即充分发掘和利用电力政策的减贫效应。无法获得电力服务是"能源贫困"的核心要义，也制约了生活品质的提高。推而言之，提高电力普及率、解决贫困人口的用电问题，与消除"能源贫困"及减贫形成很强的正相关性。而对印度而言，能源政策的核心内容是电力政策，实现能源物质形态转型及能源技术的创新升级归根结底是解决用电问题或实现用能的电气化，即能源政策与减贫政策的对接本质上是发挥电力政策的减贫效应。具体而言，一是通过可再生能源电力供应带动产业发展，创造大量就业机会，提高贫困家庭的经济收入，一定程度上又促进印度经济迈向自我良性增长。而且提高城市中心的供电率，将进一步降低中小微企业的生产成本，提高经济回报率。二是推动农业电气化从而提高生产力，扩大灌溉面积，增强农业对气候的适应性，实现稳产增收。三是对贫困人口而言，电力接入的增加实际上意味着生活水平的潜在改善。

### （二）社会治理的推进策略

世俗主义与教派主义之争是印度社会长期以来存在的一对突出矛盾。与此相对应，当代表世俗主义利益的政党上台执政，比如印度国大党（INC），则更加重视解决经济社会发展问题，从而更倾向于采取世俗化的方式解决经济社会发展问题；反之，当代表教派利益的政党上台执政，比如印度人民党（BJP），则比较倾向于拥护教派利益至上，推动宗教政治化的进程以争取和捍卫更多教派利益，从而往往利用宗教教义和文化来推进社会治理，力图塑造以本宗教为规范的社会秩序。也正是因为如此，对印度而言，印度教和伊斯兰教一直以来存在一个"冲突周期"，使印度社会每隔一段时期便陷入一个"动荡周期"。1947年至今，印穆之间大致经历了四轮冲突周期，围绕两大教派冲突的此起彼伏，印度社会由此也大致经历了四轮"动荡周期"。尤其是，2014年以来，由于印度人民党再度上台并采取了一系列煽动印度教民族主义情绪的激进措施，印穆两大教派之间又进入新一轮冲突周期。

鉴于此，为了有效缓和社会矛盾，进一步巩固印度人民党的执政基础，彰显自身执政的合法性。莫迪政府不再简单地对宗教、政治等敏感议题予以直接利用，而是借助敏感性相对较低的社会民生问题，充分发掘经济社会发展过程中的诸多新议题。具体而言，莫迪政府强调一个强大的印度需要一个充满活力的经济，能够使广大普通民众获得经济发展的红利。从而在宏观政策制定上尤为重视经济发展、社会治理、改善民生、消除贫困等社会民生议题，相继推出一系列雄心勃勃的政策举措。例如，"印度制造计划"、"印度创业计划"、"智慧城市战略"、"免费煤气罐计划"以及"闪电废钞"、税收制度改革、"莫迪医保"等。由此，重视并解决"能源贫困"问题也为印度莫迪政府推动社会治理、强化治理认同提供了一个有利切入点，其具体体现在以下四个方面。

第一，从环境治理的角度看，重视并解决"能源贫困"问题是莫迪政府推进环境治理的有利切入点。以煤炭为主导的能源消费格局已成为印度许多环境问题的元凶，尤其是大气污染。同时，依赖传统生物质能和查拉炉也加剧了印度环境问题的严重性。正如前文分析，不同类型的查拉炉会排放诸多有害气体，导致严重的室内空气污染问题。对此，莫迪政府提出了诸多通过发展可再生能源来缓解环境压力的政策举措，尤其是试图进一步减少温室气体排放。同时，通过"免费煤气罐计划"以普及煤气罐的方式作为环境治理的应急举措，与可再生能源的发展齐头并进。按照当前发展趋势，预计到 2030 年，印度可再生能源在整个能源消费格局中的比重将由目前的约 6% 上升至 16%，清洁能源发电比例将由目前的 12% 上升到 33%。与此相对应，同期煤炭发电比重将由 70% 下降到 58%。其结果是，温室气体排放将减少 45%。[①]

第二，从社会保障与国民生活来看，重视并解决"能源贫困"问题为莫迪政府改善国民生活及创新能源补贴政策提供了有力抓手。对于解决用电问题和改善民生而言，莫迪政府提出到 2022 年建设 40GW 规

---

① Lata Tripathi and A. K. Mishra, et al., "Renewable Energy: An Overview on its Contribution in Current Energy scenario of India," *Renewable and Sustainable Energy Reviews*, Vol. 60, No. 2, 2016, p. 233.

模的屋顶太阳能的目标,并制定了按照基准成本30%的补贴政策,即按照8万卢比/kW进行财政补贴。[1] 并且,相关资金补贴政策只针对居民部门、公共部门和社会领域内的个人消费。同时,建设屋顶太阳能不需要占用土地以及建设新的输送设施,是一项关系到千家万户居民日常生活的民生工程。

第三,从社会公平正义来看,重视并解决"能源贫困"问题是莫迪政府捍卫社会公平正义的重要手段。首先,从"所有人都获得现代能源"的角度而言,根据印度官方数据,通过实施"村村通电计划"和"好运计划",印度在2018年就已经实现全国约60万个村庄全部接入电网,使2100万户家庭实现用能电气化,农村通电率100%,实现八个邦的所有家庭100%的电气化。[2] 截至2018年底,"免费煤气罐计划"覆盖至全国3000万户贫困家庭,为这些贫困家庭共提供了约2200万个煤气罐服务,比原计划超额完成700万个,其中有44%被惠及"不可接触者"群体。[3] 由于效益显著,该计划2019年还获得更多预算,覆盖范围扩大至8000多万户贫困家庭。截至2019年4月,印度已有约94%的家庭接通煤气。特别是,这一计划还强调力争在三年内为贫困家庭中的女性提供5000万个煤气罐服务,且政府承担煤气罐及安装过程中产生的所有费用,即给予每户家庭每月1600卢比(约人民币160元)的现金补贴。

---

[1] Vidhi Doshi, "Every Village in India Now Has Electricity, but Millions Still Live in Darkness," *The Washington Post*, April 30, 2018, https://www.washingtonpost.com/world/asia_pacific/every-village-in-india-no-w-has-electricity-but-millions-still-live-in-darkness/2018/04/30/367c1e08-4b1f-11e-8082105a446d19b8_ story. html.

[2] "Electricity Reached All Indian Villages on Saturday," Livemint, April 28, 2018, https://www.livemint.com/Industry/ORuZWrj6czTef21a2dIHGK/Electricity-reached-all-Indian-villages-on-Saturd-ay.html; "Every Householdsto be Electrified by Dec. 31 under Saubhagya: Power Minister R K Singh," *The Economic Times*, November 19, 2018, https://economictimes.indiatimes.com/news/economy/policy/every house-hold-to-be-electrified-by-dec-31-under-saubhagya-power-minister-r-k-singh/articleshow/66866960.cms? fro-m = mdr.

[3] "Pradhan Mantri Ujjwala Yojana," Wikipedia, https://en.m.wikipedia.org/wiki/Pradhan-Mantri_ Ujjwala_ Yojana.

第四，从性别平等的角度看，家庭用能的现代化对印度的性别平等事业具有重要意义。上述举措将直接或间接促使更多女性从繁重的家务劳动中获得解放，从而拥有更多用于个性化发展的时间和机会。尤其是，电气化的生活使深受传统印度文化影响的女性拥有更多时间和机会接触电视等大众传媒并获取大量现代信息，这将对印度女性的觉醒和解放产生深远影响。有研究就指出，家庭用能的电气化将使更多印度女性拥有更多机会接触电视节目和现代信息，从而使其更加独立自主，产生诸如经济独立、避免意外怀孕、反对家暴、降低生育欲望、消除生育性别偏见等权利意识。[①]

（三）莫迪政府巩固执政基础的重要抓手

"能源贫困"是印度谋求大国地位的现实羁绊，推动该问题的标本兼治为印度谋求大国地位奠定基础。如今印度经济快速发展，日益明显地谋求政治上的发言权，但以"能源贫困"为代表的现实问题又始终让印度难以从根本上消除发展中大国的标签。首先，印度"能源贫困"的现状表明，绝大多数印度民众的基本生活还处于比较原始的初级能源时代，仍具有相当规模的贫困人口。也就是说，对印度而言，解决"能源贫困"问题是基本的社会与民生问题，触及社会公平正义，是印度成为真正意义上的大国应该具备的基本条件。

其次，"能源贫困"影响莫迪政府执政的合法性，是印度人民党政治动员的重要策略，因而解决"能源贫困"问题有助于莫迪政府执政基础的巩固。实际上，在2014年4月的印度人民院选举中，发展可再生能源已成为BJP和INC拉选票的焦点议题。在两党辩论中，INC提出要在2022年前实现太阳能发电装机容量22000MW的目标，同时成立国家风能委员会以促进风能的发展。对此，BJP也提出在不影响当地居民生活环境的前提下大规模发展水力发电的计划，同时赋予国家太阳能委

---

[①] Hsin-Lan Ting, "Television on Women's Empowerment in India," *The Journal of Development Studies*, Vol. 50, No. 11, 2014, p. 1535.

员会更多的权力,并高调宣扬在 BJP 的总理候选人莫迪领导下的古吉拉特邦早已完成国家太阳能委员会提出的绝大多数任务,且太阳能发电在全国始终保持领先地位。2014 年 8 月,莫迪在当选后的第一次演讲中就明确指出将致力于通过发展清洁能源让全国 18000 个未通电的村庄在未来三年内全部实现通电。① 在 2018 年达沃斯论坛中,针对环境与气候变化问题,莫迪再次向全世界宣布印度将在 2022 年实现清洁能源累计装机容量 175GW 的目标,以及在能源消费结构中将清洁能源的比重逐步提高至 40% 的计划,并强调在过去三年中印度已经完成近 1/3 的任务(60GW)。② 这一系列政策举措为印度人民党和莫迪赢得了声誉,在一定程度上成为莫迪 2019 年实现连任的资本。例如,莫迪于 2016 年 5 月提出的"免费煤气罐计划"就源自北方邦,且推广力度最大、获益最明显的邦也是包括北方邦在内的五个北部地区的邦,这些邦一直以来是印度人民党比较稳定的选举票仓。据 2019 年大选后的调查,莫迪推出的"免费煤气罐计划"对其在大选中稳住北方邦这一关键票仓并赢得更多来自贫困人口和女性的选票支持起到了至关重要的作用。同时,"能源贫困"对印度而言是最接地气的问题,直接与广大普通民众,尤其是农民的衣食住行等日常生活紧密相关。因此,高调推进"能源贫困"问题的治理,也充分展现印度人民党采取了一种非常接地气的政治动员方式,即善于针对农村的特点与农民的生活习惯,采取有针对性和实效性的方法吸引民众的关注和支持。

最后,"能源贫困"直接触及社会和民生问题,而通过发展可再生能源有利于消除该问题并改善民生、创造社会效益,对巩固莫迪政府的执政基础具有重要意义。到 2018 年 3 月为止,印度失业率达到

---

① Sanjay Dutta, "Modi Govt's Energy Plans Fuelled BJP's Rise in UP," *The Economic Times*, March 11, 2017, https://energy.economictimes.indiatimes.com/news/oil-and-gas/modi-govts-energy-plans-fuelled-bjps-ri-se-in-up/57599463.

② "PM Modi at Davos: India Making Rapid Strides in Renewable Energy," *The Economic Times*, January 23, 2018, https://energy.economictimes.indiatimes.com/news/renewable/pm-modi-at-davos-india-making-r-apid-strides-in-renewable-energy/62619924.

6.23%，为16个月以来的最高点，而印度13亿人口中有近1/3 35岁以下的年轻人。① 所以，对于解决就业问题而言，莫迪政府提出了通过发展可再生能源创造62.13万个相关就业岗位的计划，其中24.8万个来自水电产业（包括小型和大型水电）、17.8万个来自生物燃料产业（包括固态、液态生物燃料和生物燃气）、12.1万个来自太阳能光伏产业、6.05万个来自风电产业、1.38万个来自太阳能供暖与制冷产业。② 此外，莫迪政府还计划在未来5年内，建设多个0.5MW到5MW的小型太阳能发电设施，且该计划将优先考虑解决年轻人的失业问题。③

（四）促使具有印度特色的清洁能源发展之路的形成

"能源贫困"造成的一系列负面影响也倒逼印度政府开创出一条具有自身特色的清洁能源发展之路。印度发展清洁能源虽然不具备资金和技术优势，但与许多国家不同的是，印度清洁能源的地理和气候环境优势明显、潜力巨大且发展理念独具特色，还有着一套较为成熟的制度设计，形成一个具有印度特色的清洁能源发展模式。

第一，治理"能源贫困"是印度主动融入全球第三次能源转型、掌控能源链的切入点。"能源贫困"呼吁发展并普及清洁能源，其本质要求是推动能源转型。由此，"能源贫困"倒逼印度加快自身能源转型步伐，也成为其参与全球"能源链"竞争的切入点。清洁能源技术的日益成熟预示着当今全球能源体系逐渐发生整体性变革，导致以低碳和绿色发展为重点、以能源技术革命为先导、以第三次工业革命为战略突破口、以节能减排为先进文化的第三次能源转型在全球悄然展开。同

---

① Krishna N. Das, "No Jobs, No Vote: Indian Town Warns Modi ahead of 2019 Polls," Reuters, April 6, 2018, https://www.reuters.com/article/us-india-unemployment-rajasthan-idUSKCN1HD0DC.

② Chandra Bhushan, "India's Energy Transition: Potential and Prospects," *Report of the Heinrich Boll Foundation-India and Christian Aid*, 2017, p. 20.

③ Vidhi Doshi, "Every Village in India Now Has Electricity, but Millions Still Live in Darkness," *The Washington Post*, April 30, 2018, https://www.washingtonpost.com/world/asia_pacific/every-village-in-india-no-w-has-electricity-but-millions-still-live-in-darkness/2018/04/30/367c1e08-4b1f-11e8-082105a446d19b8_story.html.

时，在能源转型的过程中，是否有国家拥有可以挑战现行体制的新的"能源链"，即发现、占有并充分利用能源及其衍生技术，[①] 将对国际能源权力结构的变革及霸权兴衰产生重要影响。换言之，清洁能源在第三次能源转型的过程中扮演关键角色，且作为下一代能源体系的主导因素正在改变全球权力格局。因此，抓住第三次能源转型带来的机遇，以发展清洁能源产业为突破、以掌控清洁能源的"能源链"为重点，是印度在未来全球新能源体系中掌握更多权力的关键。

印度作为发展中大国，本身缺乏发展清洁能源的资金和技术，而相关技术又几乎被西方发达国家垄断。同时，西方发达国家还向发展中国家大量转移碳密集和高耗能项目，不断地压制发展中国家发展清洁能源。这便使印度等新兴发展中大国在全球清洁能源竞争中处于更加不利的地位。但印度同时又是能源消费和温室气体排放大国，有发展清洁能源、改变能源结构以实现能源转型的强烈诉求。这就倒逼印度宁愿罔顾国内能源问题的现状，也要力推清洁能源产业的发展，必须从能源转型与全球权力格局的战略高度来布局自身清洁能源产业的发展。因此，从国际能源政治的角度看，莫迪政府雄心勃勃的清洁能源发展战略的本质在于通过充分发掘自身清洁能源的优势和潜力，推动清洁能源产业的发展、掌控清洁能源的"能源链"，从而在未来全球能源体系中做一个"有声有色"的能源大国。

第二，治理"能源贫困"是印度参与全球气候治理和开展清洁能源外交的重要抓手。清洁能源有望成为引领全球经济进入下一轮经济增长周期的重要引擎，发达国家和发展中国家均将清洁能源产业放在本国经济刺激计划的重要位置。与此同时，要从根本上解决国际能源格局和全球气候治理格局中的问题需要通过各国推动能源结构低碳化从而提升气候治理的有效性。因此，清洁能源日益成为气候治理和低

---

① 于宏源：《清洁能源和国际体系权力转移》，《上海市社会科学界第五届学术年会文集》（国际关系学科卷），上海人民出版社2007年版，第95页。

碳化战略的核心因素。印度凭借"清洁能源大国"地位，积极开展清洁能源外交①，试图在全球气候治理体系中发挥负责任大国的作用。

《巴黎协定》签订以来所形成的全球气候治理体系，对印度是挑战更是机遇。首先，《巴黎协定》提出的目标，给印度带来了新的减排压力，迫使印度的清洁能源产业必须朝着纵深发展。其次，《巴黎协定》导致的制度性变革为印度清洁能源的发展创造了机遇。具体而言，《巴黎协定》的内容细节并未进一步强化"共同但有区别的责任和各自能力原则"，反而出现发展中国家与发达国家区别日益模糊的局面。在此情况下，目前发达国家与发展中国家之间的矛盾将可能逐渐转变为排放大国和排放小国之间的矛盾，这一趋势对以印度为代表的发展中国家带来严峻挑战。另外，《协定》提出了"国家自主贡献机制"，允许每一个国家从其自身国情和能力出发进行气候减缓、适应等行动。因此，印度也制定了发展清洁能源、减少碳排放的符合自身国情的具体路线图，即到2030年，在2005年的基础上实现碳排放强度减少33%—35%的目标；通过技术转移以及包括绿色气候基金在内的低成本国际融资的帮助，实现约40%的电力累计装机容量来自非化石燃料为基础的能源资源。② 与此同时，从清洁能源外交的角度看，在2015年巴黎气候变化大会期间，印度总理莫迪提出了构建"国际太阳能联盟"（ISA）的倡议，旨在投资1万亿美元推动121个国家的太阳能产业发展。目前已有60个国家加入ISA，其中30个国家批准了相关的协议，同时2018年法国承诺向其注资7亿欧元。③ 其次，《巴黎协定》后，全球气候治理体

---

① 围绕清洁能源议题所制定的对外交往路线方针和战略以及所开展的具体对外交往活动包括开展政府间重要访问、签署双边或多边合作协议、处理危及国家利益的贸易摩擦和冲突、构建对话协商机制和制度性合作平台、协商清洁能源发展的规制与标准、通过清洁能源来开展对外发展援助、促进民间清洁能源协作项目等。
② 于宏源：《〈巴黎协定〉、新的全球气候治理与中国的战略选择》，《太平洋学报》2016年第11期。
③ Sudarshan Varadhan, "France to Commit 700 Million Euros to International Solar Alliance," Reuters, March 6, 2018, https://www.reuters.com/article/us-india-solar-alliance/france-to-commit-700-million-euros-to-int-ernational-solar-alliance-idUSKCN1GN0JU.

系从以联合国成员国谈判为核心逐渐演变为以多利益攸关方为治理主体的复合结构,①涌现出许多由少数国家组成的小多边论坛与合作机制。印度则抓住这一机遇,提出和参与多个合作机制,试图掌握更多气候治理的领导权与话语权。比如,印度提出了"清洁能源筹资论坛""国际太阳能联盟"等论坛与机制,积极参加了历届清洁能源部长会议,并与法国等欧洲国家开展了太阳能等清洁能源的合作,还不断深化与美国在"美印促进清洁能源伙伴关系"框架下的合作。

通过开展以清洁能源为媒介的清洁能源外交,积极参与全球气候治理,是印度发展清洁能源的直接外因。而本质上,在目前的国际能源体系中,尽早统筹国内各种清洁能源资源,争取在清洁能源技术上取得主导权,从而在最短时间内实现能源结构的跨越式发展,更是折射出印度雄心勃勃的能源大国梦。

第三,治理"能源贫困"体现具有印度特色的能源治理理念。无论从自然科学还是政治学的角度,印度都将能源问题视为环境问题的重要组成部分。②而非将二者分开看待或简单地将能源视为解决环境问题的手段。美国学者帕特里克·佩里托雷(N. Patrick Peritore)通过对印度环境问题的调查,总结出三种具有印度特色的环境观,即绿色发展观、生态发展观和"管理观"。③作为环境问题的重要组成部分,印度的"能源贫困"治理深受这些观念的影响,形成了以实现环境、能源与人三者之间和谐相处为核心要义的治理思路。具体而言,印度的清洁能源发展道路体现着以保护生态环境为内核,以人的需求和生存以及能源安全为外延的思路。如前所述,无论国内环境问题的治理还是参与全球气候治理,都体现着印度发展清洁能源的必要性和重要性,同时印度还希冀于通过发展清洁能源带动就业、民生和能源需求等问题的解决。

---

① 李慧明:《全球气候治理制度碎片化时代的国际领导及中国的战略选择》,《当代亚太》2015 年第 4 期。
② 张淑兰:《印度的环境政治》,山东大学出版社 2010 年版,第 28 页。
③ N. Patrick Peritore, "Environmental Attitudes of Indian Elites," *Asian Survey*, Vol. 33, No. 8, 1993, p. 814.

从传统文化的视角来看，古印度人民的身体活动、社会交往、思想感情以至精神生活，都与自然世界直接相连、不可分离；印度人民与生俱来的生活方式，广泛地体现了对大自然的依恋与热爱。[1] 因此，受传统文化的影响，当今印度的"能源贫困"治理也融入了以崇尚和热爱自然为核心的绿色与生态发展理念，发展清洁能源不仅成为解决环境问题的重要议题，也上升到了环境政治的高度。表面上，印度发展清洁能源的目的在于解决非传统能源安全问题，即能源与环境安全；本质上，是要实现经济社会与环境的和谐与可持续发展。另外，从现代化的角度看，"管理观"对西方的高新技术抱有积极乐观的态度，认为可以大规模地利用清洁能源的高新技术实现对经济增长与环境变化的理性控制，从而满足人类对能源与环境可持续发展的需求。因此，印度在"第十一个五年计划"中就明确提出了清洁能源的技术路线以及鼓励接近商业化和有明确时间进度的清洁能源技术开发，包括太阳能技术、核能综合利用技术、生物能源技术、高能电池技术、混合燃料汽车技术等。

第四，治理"能源贫困"体现出印度政府非常重视机构建设的治理思路。印度在独立初期，就已在"五年计划"的框架下发展清洁能源。如前所述，自20世纪80年代初期开始，发展清洁能源逐渐正式成为印度国家发展战略的一部分。同时，从机构设置的角度来看，在印度的48个部级政府机构中，有7个与能源相关的部门，其中MNRE尤为引人注目。MNRE下属3个清洁能源技术研究中心和1个专业的金融研究中心。[2] 与此同时，印度还针对具体的清洁能源专门设立相应的机构。比如，太阳能光伏产业咨询委员会（SEIAC）、风能科技研发中心（C-WET）、替代水利能源中心（AHEC）等。同时，印度政府还提出了一系列清洁能源发展计划，包括"气候变化国家行动计划""贾瓦哈拉尔·尼赫鲁国家太阳能计划""屋顶太阳能计划""海上风电计划"

---

[1] 欧东明：《印度本土的环保主义：传统与今天》，《南亚研究季刊》2002年第1期。
[2] 裴永刚：《印度新能源政策及其评析》，《国土资源情报》2009年第9期。

"太阳能园区与超大型太阳能专案发展计划"。

综上所述,"能源贫困"的治理对印度而言具有重要的现实和战略意义。概而言之,其一,"能源贫困"作为经济社会发展和民生问题的具象化表达,通过解决该问题为莫迪政府当前推动印度教民族主义向前发展提供切实可行的具体抓手。其二,以解决"能源贫困"为切入点,突出能源在贫困治理中的重要作用,形成以能源为工具的反贫困治理思路,将有助于形成对物质贫困、"文化贫困"、社会公平正义等多领域、全方位的综合治理,使治理成效最大限度地惠及普通民众,从而为印度教民族主义发展在一定程度上保持持续性和稳定性提供有利条件。其三,通过解决"能源贫困"以推动贫困治理,本质上是落实"建立印度教教徒选票仓"这一战略新方向的具体实践。即通过解决经济社会发展过程中的突出问题,强化"治理认同",为赢得选举争取群众基础,以"免费煤气罐计划"为代表的政策举措便是这一策略的具体体现。其四,"能源贫困"兼具能源、贫困和发展三个维度,三者相辅相成、有机统一,解决该问题因而成为印度实现经济社会可持续发展的必要条件。也就是说,重点解决"能源贫困"问题,是当前莫迪政府应对经济社会发展过程中一系列挑战的关键一招,有助于规避及缓解执政风险和压力。即推动反贫困战略的创新发展是莫迪政府应对当前经济与社会"危机"的关键一环。

## 第三节 印度"能源贫困"治理存在的问题及面临的挑战

据 2020 年的最新调查结果,印度仍有 90% 的家庭未彻底摆脱"能源贫困"问题;其中,有 25% 的家庭属"最严重"状态,65% 的家庭属"较严重"状态。[①] 这一结果似乎并不能有效印证莫迪政府公布的一

---

① Srishti Gupta, et al., "Household Energy Poverty Index for India: An Analysis of Inter-State Differences," *Energy Policy*, Vol. 144, No. 9, 2020, p. 1.

系列数据的真实性。其实，从一系列数据当中也可以直观地发现一些问题。例如，村村通电并不意味家家户户都通电；又如，一户家庭获得电力服务并不等于会彻底放弃原有能源消费模式和习惯。当然客观而言，相较往届政府，莫迪政府的确在"能源贫困"治理上取得许多进展。莫迪之所以如此高调宣扬一系列"显著成就"，甚至是一种夸大其词，其原因还是在于当前莫迪政府为满足政治需要而极力发掘和炒作内政新议题，由此也说明印度的"能源贫困"治理具有很强的政治导向。在此背景下，由表及里折射出印度"能源贫困"治理中所存在的一些问题及面临的挑战。

## 一　印度"能源贫困"治理存在的问题

（一）不可持续的政策安排

作出一系列政策安排，尤其是莫迪政府的"强制度"模式的政策安排是印度"能源贫困"治理的一大特点，但是这并不等于制度本身必然就具有务实与高效性。总体上，在印度的能源管理体制中，实行的是各部门只负责能源链条中的一部分，具有片段化的特点。尽管长期推行传统的中央计划和国家导向型经济，但印度在规划和实施长期能源战略方面缺乏中央权威。例如，对于发展可再生能源而言，目前相关政策举措大多是一种数字化的目标和发展思路，缺乏一个成熟的战略规划，且相关事务体现出一种碎片化的管理模式。

第一，印度政府目前还未制定出专门针对"能源贫困"问题的方针和政策，也缺乏应对该问题的专门机构。目前"免费煤气罐计划"的内容比较单一，主要针对许多家庭烹饪依赖牛粪燃料的问题，因而缺乏对"能源贫困"的综合性治理，至多是一种权宜之计。此外，一定程度而言，印度政府仍将"能源贫困"问题等同于一般性能源事务。即便与此相关的业务，也分散于多个部门，形成各自为政的格局，业务存在重叠、交叉或空白，难以彼此充分深入协调沟通，较难制定和实施一致、持续且全局有效的政策。例如，在印度政府的五大能源部门中就有四个与

"能源贫困"治理相关,包括电力部(Ministry of Power)、煤炭部(Ministry of Coal)、石油及天然气部(Ministry of Petroleum and Natural Gas)和新能源与可再生能源部(Ministry of New and Renewable Energy)。

第二,一些政策安排过度强调技术进步,而非民众生活质量的实质性变化,相关政策和实践治标不治本。解决"能源贫困"问题的根本目的在于改善和提高民众的生活质量和水平,而技术进步只是实现这一目标的条件。针对用能设备的改造,印度政府早在1985年就提出了"全国查拉炉改造计划"(NPIC),但是该计划的主要目的是对查拉炉进行技术性改造而非全面替代,也并非通过技术进步减少民众对传统生物质能的过度依赖,因而未能有效解决清洁燃料匮乏和室内空气污染问题。

第三,一些政策举措"另有所图",缺乏对核心问题的关注。基于前文相关内容分析,印度"能源贫困"的核心问题是现代能源的不可获得性和不可负担性。表面上,在相关政策举措提出伊始,印度政府反复强调"免费""全民""公平"等优惠或福利;但是,提出雄心勃勃的目标、高调炒作治理新议题至多是一种强势的竞选能力和行动能力,并不等于过硬的执政能力和制度设计本身的有效性。换言之,印度政府针对"能源贫困"治理的一系列政策举措往往体现出"开头轰轰烈烈、过程马马虎虎、结尾草草收场"的现象,留下一些棘手的经济风险和社会隐患。例如,据莫迪政府公布的数据,印度农村地区电力覆盖范围如此之广,但并不等于电力的使用率在持续提高,更不意味着家家户户都拥有了电气化的生活;又如,不能够有效解决可获得性问题。在实现电网接入的家庭中,至少有一半面临每天至少8小时的停电;夜间,超过1/3的家庭面临至少3小时的停电。[①] 根据调查,对北方邦已获得电力服务的家庭而言,白天平均供电11.6小时,夜间供电3.2小时,这

---

① "Rural Electrification in India: Customer Behaviour and Demand," *Report of Smart Power India*, February 2019, p. 41.

意味着每天平均停电9.2小时；对比哈尔邦接入电网的家庭而言，白天平均供电14.8小时，夜间平均供电4小时，其意味着每天平均停电5.2小时。① 同时，也未有效解决可负担性问题。相关调查指出，大约30%的印度农村家庭将每月支出的至少4%花在了电费上；此外，对77%的已实现电气化但仍在使用LPG的家庭来说，由于夜间供电的不稳定驱使其对LPG的依赖，以致LPG的经常性支出限制了对电费的支付能力和意愿。②

（二）缺乏较强的务实性

宏观看，在目前及今后很长一段时间内，印度仍然面临着许多亟待解决的、最基本的传统能源问题。例如，在能源格局中，煤炭等化石能源仍占绝对主导地位且产生的环境问题等负外部性影响在日益凸显；同时，印度能源外交的活跃程度也从一方面证明传统化石能源问题在印度能源政策中的核心地位；另一方面，村村通电并不代表家家户户通电，仍然有许多印度家庭未获得电力服务。或者说，这些家庭在获得电力服务的过程中缺乏可靠性、可负担性。诚然，长远看，可再生能源的确是印度应对一系列各种能源问题挑战的必然选择；但中短期看，将大量资金、技术和政策等优势资源集中到发达国家"专利"的可再生能源发展中，而非用于解决煤炭、石油、薪柴等现实而又紧迫的传统化石能源问题，这似乎是一种"乌托邦式"的治理思路。

也就是说，印度仍处于且将长期处于以煤炭为主的化石能源时代，而且其中还有相当一部分人口处于初级能源时代。所以，未来在如何有效推进可再生能源发展的同时，解决好传统能源问题，是印度"能源贫困"治理面临的战略性问题。毫无疑问，可再生能源是消除"能源贫困"的重要手段。但是，目前可再生能源在印度能源结构中的占比仍然非常低，相反

---

① "Rural Electrification in India: Customer Behaviour and Demand," *Report of Smart Power India*, February 2019, p. 47.

② Saurabh Tripathi, "How to Get Rural Indian Households to Pay for Electricity," Report of the Ener-gyWorld, October 9, 2019, https://energy.economictimes.indiatimes.com/energy-speak/how-to-get-rural-india-n households-to-pay-for-electricity/3818.

煤炭仍然在电力生产体系中占绝对主导地位。除此之外，且不论居民部门对可再生能源的利用水平如何，当前印度石油、天然气、煤炭等传统化石能源的利用水平及人均消费水平都还十分低下，尤其是大多数家庭的生活用能基本上还处于初级能源时代。从这一意义而言，莫迪政府大力发展可再生能源的做法并不符合当前印度能源问题的具体实际。

中观看，通过上述四个阶段的治理来看，印度的相关政策与实践几乎未触及"能源贫困"的另一个核心问题，即居民部门生活用能的"初级能源化"，包括如何降低日常烹饪和照明活动对薪柴、牛粪、农作物残余等传统生物质能的依赖程度，以及如何淘汰查拉炉、煤油（灯）等落后的用能设备。当然，在理论上，印度"能源贫困"的治理抓住了问题的关键，即消除"能源贫困"的本质是实现用能电气化。但是，从现实来看，电气化的实现不可能一蹴而就，新旧能源或新旧能源消费模式的交替是一个漫长而又复杂的过程。因此，只有立足当前的具体实际，即提高居民部门的能源消费水平、淘汰落后的能源消费模式，实现"能源贫困"的渐进式治理。

微观上，印度还缺乏足够的消除"能源贫困"的能力和条件。消除"能源贫困"需要大规模的投资，以雄厚的财政为支撑。对印度而言，发展可再生能源的投资巨大，配套设施要求高，相关企业也面临清洁化改造的高成本问题。例如，为达到2030年全面实现可再生能源发电的目标，印度在2022年以前还需额外投资约800亿美元，2023—2030年还需再投资2500亿美元。① 而且，要实现2022年清洁能源发电装机容量175GW的目标，印度还需要2000亿美元的资金支持，其年均需要投入400亿美元，而过去10年中的任何一年的最大清洁能源投资也只有128亿美元。② 同时，印度要实现年均4.9%的电力消费增速的目

---

① Sudarshan Varadhan, "India Plans $330 Billion Renewables Push by 2030 without Hurting Coal," Reuters, April 4, 2019, https://www.reuters.com/article/us-india-renewables-coal/india-plans-330-billion-renewa-bles-push-by-2030-without-hurting-coal-idUSKCN1TZ18G.

② Chandra Bhushan, "India's Energy Transition: Political and Prospects," *Report of the Heinrich Boll Foundation-India and Christian Aid*, 2017, p. 11.

标本身就已非常困难,而企图在短期内通过太阳能和风能的快速增长来弥补电力缺口的方式,更是一个巨大挑战,并且印度仍然依赖于太阳能板和风力涡轮机的技术进口。又如,印度提出要到2030年成为全球第一个全电动车国家的目标,但是2017年印度销售的电动汽车只有不到0.01%,且全国只有220—250个充电站,却有56000个加油站。①

(三)"能源贫困"的过度政治化

"能源贫困"本身触及政治问题,同时消除其负面影响也有利于印度政府巩固其执政基础。但是,通过莫迪政府的一系列治理政策来看,其本质已远远超出能源、贫困治理等纯粹的发展议题,已触及当前及今后一段时间内印度教政治势力如何持续维护其强势演进态势的问题。

"印度教民族主义色彩浓烈的宗派议程和聚焦发展的经济议程是印度人民党的两大招牌,两者互为补充、交替施力,为莫迪2014年以横扫之势胜选登台及2019年继续以压倒性优势连任立下头功。"② 然而,莫迪政府自2019年连任以来,印度经济增长率持续走低,甚至受新冠肺炎疫情的冲击出现断崖式下跌。也正是在此背景下,莫迪政府为巩固选民基本盘,迫切需要寻找内政新议程。

从宏观层面而言,着重解决经济社会与民生领域内的突出问题将进一步巩固印度教民族主义作为意识形态的主导地位。"能源贫困"作为经济社会发展和民生问题的具象化表达,通过解决该问题为莫迪政府推动印度教民族主义向前发展提供切实可行的具体抓手。同时,以解决"能源贫困"为切入点,突出能源在贫困治理中的重要作用,形成以能源为工具的反贫困治理思路,将有助于形成对物质贫困、"文化贫困"、社会公平正义等多领域、全方位的综合治理,使治理成效最大限度地惠及普通民众,从而为印度教民族主义发展在一定程度上保持持续性和稳

---

① "Electric Vehicles Market in India 2017," *Report of EREP Market Research Series*, 2017, p. 2.

② 毛克疾:《印度对华示强行为的内政根源》,《北京大学国际战略研究简报》2020年9月24日,第100期。

定性提供有利条件。

从中观层面而言,通过强化"治理认同"来进一步推动印度教民族主义向前发展的策略转型。印度教政治势力在经历20世纪80年代选举失败后逐渐调整策略,建立了战略新方向——"建立印度教教徒选票仓"。解决"能源贫困"及推动减贫进程,本质上就是落实这一战略新方向的具体实践,即通过解决经济社会发展过程中的突出问题,强化"治理认同",为赢得选举争取群众基础。如"免费煤气罐计划"的提出就是这一策略的具体体现。进一步而言,印度教民族主义的社会基础是种姓和阶级动员,印度教政治势力常以通过煽动对穆斯林的歧视和暴力的方式来实现印度教徒内部的集体认同。这一策略往往引起教派冲突频发,并不利于印度教民族主义的可持续发展。在此背景下,莫迪政府上台后,对印度教民族主义的意识形态进行战术性淡化,强调优先吸引选票和稳固执政基础,再对巩固意识形态进行战略谋划的问题导向。也就是说,莫迪政府将意识形态议题巧妙地融入经济社会发展议题,实现了二者的辩证统一和相辅相成。正如莫迪所言:"印度教民族主义与国家发展并没有什么矛盾的地方,民族主义就是发展。"[1]

从微观层面而言,推动反贫困战略的创新发展是莫迪政府应对当前经济与社会危机的必要之举。客观上,自2014年莫迪政府上台执政以来,印度的贫困治理步伐有所加快,贫困问题的严重性在一定程度上得到缓解。据"世界贫困时钟"(World Poverty Clock)公布的数据,2020年印度的极端贫困人口已从2016年的约7588万下降至约5070万,占其总人口的4%;且实现每分钟有6个人脱贫的速度。[2] 因此,进一步发展与完善反贫困治理政策,使其更具针对性和实效性,是莫迪政府巩

---

[1] Suhas Palshikar, "The BJP and Hindu Nationalism: Centrist Politics and Majoritarian Impulse," *Journal of South Asian Studies*, Vol. 38, No. 4, 2015, p. 725.
[2] "People Living in Extreme Poverty-India," World Poverty Clock, https://worldpoverty.io/headline.

固减贫成效并继续推动剩余贫困人口脱贫的内在要求。鉴于此,"能源贫困"兼具能源、贫困和发展三个维度,且三者相辅相成、有机统一,解决该问题是实现经济社会可持续发展的必要条件。故此,重点解决"能源贫困"问题,是当前莫迪政府应对经济社会发展过程中一系列挑战的关键一招,有助于规避及缓解执政风险与压力。

综上所述,"能源贫困"对莫迪政府而言,政治意义大于发展利益,即便其具有显著的发展效益也不过是为达到政治目的而提供条件和抓手。推而言之,这种比较"短时"的策略安排和战略规划将导致更多经济社会发展隐患。尤其是,印度宏观经济在新冠肺炎疫情暴发前就已经滑入衰退,而疫后则需要更多财政资源纾困疫情和经济的双重危机,因此莫迪政府在第二任期余下时间内,将很难筹集足够财政资源推出强有力的经济发展计划。这是包括"能源贫困"在内的任何一项治理议题面临的最大制约因素。在此背景下,不切实际地继续大规模推动可再生能源的发展,将使印度经济"雪上加霜"。而且,面对经济发展议程已难以提供足够政治绩效支撑,莫迪政府在第二任期内反而极度重视宗派议程。对此,即便是"能源贫困"治理不存在任何财力上的制约因素,其最终治理成效实际上也是使印度教徒的获益最大。毕竟,在印度教政治势力主导下,任何治理发展议题首先都是以捍卫印度教徒利益为出发点。但诸如"能源贫困"这样的经济社会发展问题,并无民族、阶层、宗教信仰之分,秉持狭隘的治理思路或宗派利益至上的思维只会从另一方面进一步加剧根深蒂固的教派矛盾。或许,随着印度各政治势力的此消彼长,这一治理思路也很有可能被抛弃或被其他路径选择替代。

## 二 印度"能源贫困"治理面临的挑战

从能源问题本身来看,印度要实现家庭部门用能结构"爬上"可再生能源阶梯,其关键在于解决能源消费中的可负担性与可获得性两个核心问题。由此,持续存在的贫困问题和气候变化将成为解决这两个核心问题所面临的最大挑战。而超越能源问题来看，这又触及印度长期以来所面临的能源普适性与发展特权之间存在的结构性矛盾。

（一）持续存在的贫困问题

印度作为发展中大国，经济发展水平仍然与发达国家存在较大差距，仍具有相当规模的贫困人口。这决定了政府在区域电网建设、改造升级和输送清洁能源的基础设施建设上的投入难以实现全覆盖。同时，较低收入水平及不可负担性使得居民倾向于消费廉价、易获得的传统生物质能（尤其在广大农村地区）。换言之，高收入群体倾向于减少传统生物质能消费量，选择电和相对清洁的 LPG，而低收入群体的农村居民为满足基本生存需求反而消费更多薪柴、禽畜粪便等传统生物质能。而且，由于清洁能源成本高、相对难获得，也使得实际收入的提高难以从根本上解决"能源贫困"问题。例如，即便获得了免费的煤气罐，但仍然有许多印度家庭未放弃使用传统生物质能。根据人道经济研究所（Research Institute for Compassionate Economics，RICE）的调查报告，在农业人口集中的比哈尔邦、拉贾斯坦邦、北方邦和中央邦（北印四邦），仍有相当一部分从"免费煤气罐计划"中获益的家庭仍在使用传统生物质能和查拉炉（如表 4-4 所示）。

表 4-4　　　印度北部四邦使用 LPG 和查拉炉的家庭规模　　　单位：%

|  | 比哈尔邦 | 中央邦 | 拉贾斯坦邦 | 北方邦 |
| --- | --- | --- | --- | --- |
| 2014 年获得 LPG 的家庭 | 29 | 19.6 | 52.3 | 31.3 |
| 2018 年获得 LPG 的家庭 | 71.2 | 71.2 | 89.2 | 76.6 |
| 2014 年使用查拉炉的家庭 | 98 | 99.8 | 98.2 | 99 |
| 2018 年使用查拉炉的家庭 | 100 | 98.8 | 98.6 | 97.8 |
| 2014 年获得 LPG 但仍在使用传统生物质能的家庭 | 82.4 | 85.4 | 83.3 | 72.6 |
| 2018 年已获得 LPG 但仍在使用查拉炉的家庭 | 100 | 98.5 | 98.5 | 97.1 |

资料来源：笔者根据 Aashish Gupta, et al., "Persistence of Solid Fuel Use in Rural North India," *Economic & Political Weekly*, Vol. 55, No. 3, 2020, p. 57 相关数据制表。

从表4-4的调查数据中可看出，莫迪政府推出的"免费煤气罐计划"的确产生了积极效应，四年时间使上述四个邦的大多数家庭都获得了LPG。例如，中央邦获得LPG的家庭就由2014年的约20%上升至2018年的约71%。这尤其体现出该计划"免费"的特点以及主要面向贫困家庭的目标导向。与此同时，这也从一个维度表明贫困问题是印度大多数家庭摆脱"能源贫困"的制约因素。毕竟，导致这一数据变化较大的根本原因还在于政府的相关补贴政策，甚至是无偿提供，并非居民收入水平的提高。另外，查拉炉仍然是印度绝大多数家庭依赖的主要用能设备，例如2018年上述四个邦中已获得LPG的家庭几乎全部都还在使用查拉炉。这一系列经验事实本质上也折射出印度持续存在的贫困问题。

可以断定，导致上述矛盾现象的直接原因是持续存在的经济贫困或收入水平低下。比如，尽管已向大多数家庭免费提供了煤气罐，但是后期充一罐煤气每月大约需要支出876卢比，而政府补贴扣除贷款后大约有294卢比打入居民个人账户，意味着这些家庭还需要再承担582卢比的费用。[1]

除此之外，贫困的内涵还包括"文化贫困"，对于印度的贫困问题也不例外，即如何提高广大民众的知识文化和受教育水平从而改变落后的用能习惯和能源消费观念，是印度消除"能源贫困"面临的最大挑战；特别是，这种用能习惯和观念的形成不仅归咎于教育的问题，还触及社会、文化、宗教信仰多个维度。例如，以牛粪为燃料的能源消费模式在环境和医学上已被证明是有害的，例如大气污染和牛粪堆积成为细菌滋生的源头。然而，如前文所述，这一格局的形成取决于宗教和文化因素，与科学没有直接关系。因此，如何提高广大民众的受教育水平，消除"文化贫困"在很大程度上决定着印度未来对"能源贫困"问题的根本治理。总之，对印度而言，打破贫困问题对"能源贫困"治理

---

[1] Aashish Gupta, et al., "Persistence of Solid Fuel Use in Rural North India," *Economic & Political Weekly*, Vol. 55, No. 3, 2020, p. 59.

形成的制约，其难度在于不得不实现提高收入水平、提高受教育程度以及形成宗教文化上的正确引导这三个方面的有机协调和统一。

不过，追溯文化和历史根源，贫穷落后的印度却具有高度的民族自豪感。① 在外人看来，印度是贫穷的代名词；而在印度人自己看来，贫穷是公认的事实，但本质来说并不是一件坏事，也不是失败的象征或是瑕疵。诚然，历届印度政府都致力于消除贫困，但他们也认为，印度拥有灿烂悠久的历史，因此期待更光辉的历史命运，拥有许多贫困人口并不意味因此就要放弃在全球应该发挥的重要作用。也就是说，对印度而言，贫穷本身不是问题，更不会影响和制约其他经济社会问题的解决。这种令人不解的矛盾心态或许也是印度"能源贫困"治理面临的一大挑战。毕竟，"能源贫困"的冲击和影响是客观存在的事实，与贫困之间形成的强相关关系也不可能因此消失。

（二）气候变化

气候变化影响能源可获得性，加剧印度"能源贫困"的治理难度。自从1901年在印度开始保持气象记录以来，过去19年来气温出现明显的飙升。气候变化问题导致印度灾害性天气事件的增加，例如2018年喀拉拉邦洪水和印度北部的沙尘暴。在印度历史上最温暖的15个年份中，在2004年至2018年的15年中就占到11个，2009年至2018年也是印度有史以来最温暖的10年；同时有研究表明，如不采取措施有效遏制温室气体排放，预计到2040年印度的温度将比目前上升1.5℃。②

同时，气候变化对印度能源供应量产生较大影响。换言之，气候变化对印度消除"能源贫困"构成的挑战在于冲击其实现能源可获得性。一方面，气候变化引发频繁的极端气候事件，导致突发状况下短期能源供应的不足，如各类灾害损害能源的正常供应。据印度电网公司调查，

---

① ［美］斯蒂芬·科亨：《大象和孔雀——解读印度大战略》，刘满贵译，新华出版社2002年版，第51页。

② 胡定坤：《气候变暖将给印度带来灾难性后果》，《科技日报》2019年1月23日第2版。

受发电机冷却系统限制，2040年气温仅上升1℃就会大幅降低可用发电容量。① 这将需要额外容量作为应急，且导致高峰时期更大的需求压力，对电力传输与分配系统造成影响，增加设备升级与新设施建设的成本。同时，洪灾、飓风等极端气候事件还造成输电线路损坏、供电中断，使印度电力生产成本高出6%—30%。②

另一方面，气候变化也会导致印度长期能源供应短缺，特别是可再生能源的开发利用。一是影响水电资源的开发。气候变化导致降雨模式从而影响河流流量和水位；而且，洪水也会对大坝的安全运行构成潜在威胁。二是影响风电资源的开发。气候变化导致风速的变化，影响涡轮机的正常运行，从而降低发电量。三是影响太阳能光伏资源的开发。温度升高将对电池板的效率产生负面影响，从而影响功率输出。比如温度升高1℃，光伏组件的效率就下降约0.5%。③

（三）能源普适性与发展特权的结构性矛盾

印度在增加可再生能源和普及现代能源方面有着雄心勃勃的目标，但对于如何实现这些目标，学术界与政策界几乎没有达成共识。长期以来，印度的能源政策存在两种争论（见表4-5）。第一种认为能源是一种公共产品，应体现其普适性的特点，即"人人获得能源服务"（Energy for All），优先考虑能源在满足人的基本需求及消除贫困方面的作用机制；第二种认为能源就是一种发展的特权（Energy for Development），即优先考虑能源对经济发展和国家安全的保障。

---

① "Building Climate Change Resilience for Electricity Infrastructure," Report of Power Grid Corporati-on of India Limited, September 2015, p. 146, https：//powergridindia.com/sites/default/files/footer/climate_ cha-nge/Building_ Climate_ change_ Resilience_ for_ Electricity_ Infrastructure. pdf.

② "Building Climate Change Resilience for Electricity Infrastructure," Report of Power Grid Corporati-on of India Limited, September 2015, p. 69.

③ Kappa Solaum and Emilio Cerda, "Climate Change Impacts on Renewable Energy Generation. A Review of Quantitative Projections," *Renewable and Sustainable Energy Reviews*, Vol. 116, 2019, p. 9.

表 4-5　　　　　　　　能源普适性与发展特权的争论

| 能源普适性（Energy for All） | 发展特权（Energy for Development） |
| --- | --- |
| 能源应始终以满足人类基本需求、消除贫困和捍卫社会公平正义为核心目标 | 能源应始终坚持作为经济发展、工业化、现代化的核心驱动力 |
| 煤炭在短期内对消除贫困不可或缺 | 煤炭在短期和长期内对能源获得、能源安全起到关键作用 |
| 发展可再生能源主要依靠分散型的电力生产与供应体系，尤其是建设离网发电（太阳能光伏等） | 发展可再生能源主要依靠集中化的电力生产与供应体系，离网发电建设不能单独进行，而应该由过剩产能来满足 |
| 建设离电网是基本能源获得的关键，因而是印度消除"能源贫困"的前提条件 | 离电网并不能消除印度普遍的"能源贫困"问题，这一模式只适用于电网无法普及的地区 |
| 电网的升级需要与体制机制改革同步进行，且发展可再生能源只是为所有人提供优质电力服务的途径之一 | 提高可再生能源的比重就是消除"能源贫困"的目的，尤其是成为电网升级及相关基础设施建设的动力源泉 |

资料来源：笔者根据 Aniruddh Mohan and Kilian Topp, "India's Energy Future: Contested Narratives of Change," *Energy Research & Social Science*, Vol. 44, No. 10, 2018, p. 79 相关信息制表。

尽管两种观点所秉持的理念不同，但比较特殊的是，二者存在明显的共性。即都认为印度应采取现实的能源政策，认可煤炭对解决当前及今后包括"能源贫困"在内一系列能源问题的重要作用。坚持"能源是发展特权"的人认为，对能源安全的担忧导致人们将重点放在煤炭开采和以煤为基础的发电问题上，因为一直以来煤炭都是印度最重要的能源。强调"国内煤炭产量的持续提高将大大促进印度的能源安全。"[①]而"坚持能源应体现普适性"的人认为，煤炭对于印度解决普遍存在的"能源贫困"问题不可或缺，只要"能源贫困"还存在就意味着煤炭仍将是一种具有重要现实和战略意义的能源。因此，相较其他国际环保组织，印度的环保组织也对煤炭持有截然不同的立场，"印度还拥有

---

① Aniruddh Mohan and Kilian Topp, "India's Energy Future: Contested Narratives of Change," *Energy Research & Social Science*, Vol. 44, No. 10, 2018, p. 77.

许多无电人口,因而我们对政府发展煤电的相关政策举措持支持态度"。[1] 故此,能源普适性和发展特权之争又引申出另一组矛盾,即化石能源和清洁能源之争。诚然,发展清洁能源是消除"能源贫困"的必由之路,但对印度而言,仍处于并将长期处于化石能源时代是其能源问题的具体实际。也就是说,印度要解决"能源贫困"问题首先要平衡化石能源的刚需问题与向清洁能源转型之间的关系。当然,发展清洁能源是应对化石能源问题的题中应有之义。但实际上,这又必然导致印度要忍受能源转型带来的"阵痛",使消除"能源贫困"呈现出长期性和复杂性的特征。其一,能源转型不仅是能源系统和体系的结构性变化,也是经济、社会和生活方式的综合性变革。作为发展中大国,对于能源转型的过程与结果,印度或许还未做好充分的准备。其二,对于高度依赖化石能源且属于发展中大国的印度而言,能源转型不可能一蹴而就,同时还需要具备雄厚的综合国力。而且,印度还有相当一部分人口未步入油气时代,仍处于严重依赖传统生物质能的初级能源时代。因而,印度能源问题的当务之急是要使一些家庭彻底摆脱对初级能源的依赖,逐渐向化石能源消费模式转变。

不过,能源转型的历史表明,新旧能源体系的更替必然以牺牲一定现实利益为代价。从这一意义而言,印度摆脱"能源贫困"的挑战并非是否要发展可再生能源,而是如何减缓能源转型带来的短暂冲击。换言之,在积极融入能源转型的过程中,如何实现资金、技术、政策等资源的合理配置,既有效解决现实的化石能源问题,又能从战略高度合理规划可再生能源的发展。推而言之,能源普适性与发展特权之间的结构性矛盾归根结底是化石能源问题和发展清洁能源之间的矛盾,如何有效权衡二者之间的关系才是印度"能源贫困"治理面临的根本挑战。

---

[1] Aniruddh Mohan and Kilian Topp, "India's Energy Future: Contested Narratives of Change," *Energy Research & Social Science*, Vol. 44, No. 10, 2018, p. 78.

## 本章小结

　　以独立后印度"五年计划"的演进为线索,本章对1947年来历届印度政府"能源贫困"治理的政策和实践进行了梳理和总结。根据本书的分析框架——"能源贫困"治理三要素,在起步阶段(1947—1965年),由于印度政府对"能源贫困"的治理缺乏足够的政治意愿,因而未推出具有针对性的治理政策,同时广大民众也未积极地参与其中,所以该阶段的治理未取得实质性进展;在发展阶段(1966—2003年),由于缺乏富有成效的政策安排,因而在这一阶段印度"能源贫困"的治理成效体现出治标不治本的特征;同样,在攻坚阶段(2004—2013年),尽管印度政府开始重视"能源贫困",并对此作出了一系列政策安排,但由于没有调动广大民众参与的积极性,因此结果也是治标不治本;不过相较前三个阶段,2014年以来,莫迪政府有效地实现了政治意愿、政策安排和民众参与三个要素的有机协调,其对"能源贫困"的治理取得实质性进展。同时,其相关治理政策和实践也超越内政范畴,体现在能源外交领域,即通过能源外交来"反哺"和配合国内"能源贫困"问题的治理。故此,"能源贫困"的治理对印度的贫困治理、社会治理、能源治理,以及执政党巩固执政基础具有重要的现实和战略意义。当然,从另一方面也可以看出,印度"能源贫困"的治理存在诸多问题,面临一系列挑战,尤其是无法从根本上解决能源普适性与发展特权的结构性矛盾,这成为今后印度持续推进"能源贫困"治理的最大阻碍因素。

# 第五章

# "能源减贫"的理论维度与现实路径

通过对印度"能源贫困"问题的分析,可以得出两个基本结论:"能源贫困"是印度贫困问题中的重要内容和典型表现;消除"能源贫困"的价值取向和问题导向旨在解决贫困问题。对此,印度的具体手段是通过发展可再生能源来消除"能源贫困"并推动减贫进程。

概言之,这两个基本结论触及的本质问题是如何使能源成为一种解决贫困问题的工具?或者说"能源贫困"治理与贫困治理形成何种关系?故此,又推导出一个核心概念,即"能源减贫"(Poverty Alleviated by Energy)。

## 第一节 "能源减贫"的形成及其内涵

当前,学界对"能源减贫"的定义基本上达成了共识。其是指在政府引导下,以能源企业为主的各方合力帮助贫困地区实现脱贫,主要形式包括分布式光伏、水电以及生物质能源等。[1] 能源之所以可以成为减贫工具的根本原因在于,能源对贫困治理所产生的作用机理。同时,

---

[1] 林伯强:《能源扶贫的双重红利:支持中国全面脱贫和可持续发展》,第一财经,2020年6月14日,https://www.yicai.com/news/100666901.html; Ambuj D. Sagar, "Alleviating Energy Poverty for the World's Poor," *Energy Policy*, Vol. 33, Issue 11, 2005, p. 1367。

可再生能源之所以能够发挥出积极的减贫效应的根本原因是，相较石油等化石能源其更能够带动经济社会又好又快发展且有助于改善居民部门的生活质量，尤其是通过作用于就业、环境、健康等与贫困直接或间接相关的领域进而加快减贫的步伐。

宏观上看，能源是实现经济、社会和环境可持续发展的核心要素，向所有人提供安全、可负担和现代的能源是摆脱贫困和经济发展的核心议题。历史上，许多国家的经济发展体现出一个农业经济向工业和知识经济演变的过程。如此结构性的变化从而也导致能源消费模式、水平、类型和能源技术的结构性变化。也就是说，经济社会发展与能源部门的转型是一个同步演进的过程。一个国家越发达，对传统生物质能、非商业能源和低效炉灶的依赖程度就越低，而电力消费和人均能源消费水平就会越高。印度的实际情况也印证了这一结论。总之，能源通过作用于收入水平、农业发展、教育、性别问题、健康和环境议题与减贫形成强相关关系，从而推动了"能源减贫"的形成并构成其内涵。

## 一 能源是收入水平提高的动力

能源服务是支持全面发展和满足人类基本需求的必要手段。换言之，能源部门推动减贫的具体方式是提供必要的能源服务（如照明、供暖和降暑），这些服务将进一步增加收入水平，为居民部门获取满足需求所需的资源和机会提供前提条件。毕竟，对能源服务的需求本质上是对能源支撑下的一系列商品和服务的需求。例如，烹饪作为印度许多家庭的一种能源服务需求，其本质上是对以燃烧或储存 LPG 的炉灶与煤气罐的需求。据此，能源服务的需求不仅推动具体燃料的生产与供应，而且也带动相关产业链的发展。比如，印度居民部门对高效、清洁烹饪的需求，促使莫迪政府推出"免费煤气罐计划"，从而又进一步推动了印度整个 LPG 的消费水平和规模，也带动了炉灶、煤气罐制造等产业的发展。推而言之，能源的匮乏导致绝大多数经济活动无法开展。而对于当今任何一个国家而言，如不大规模地增加能源的使用，将难以彻底摆脱贫困。能源推动经济发展，从而创造更多就业岗位并增加了收入，即使是中小型企业也能够成为穷人就业的主要渠道。图 5-1 就反映出商业能源消费与国民收入之间存在的强相关关系。

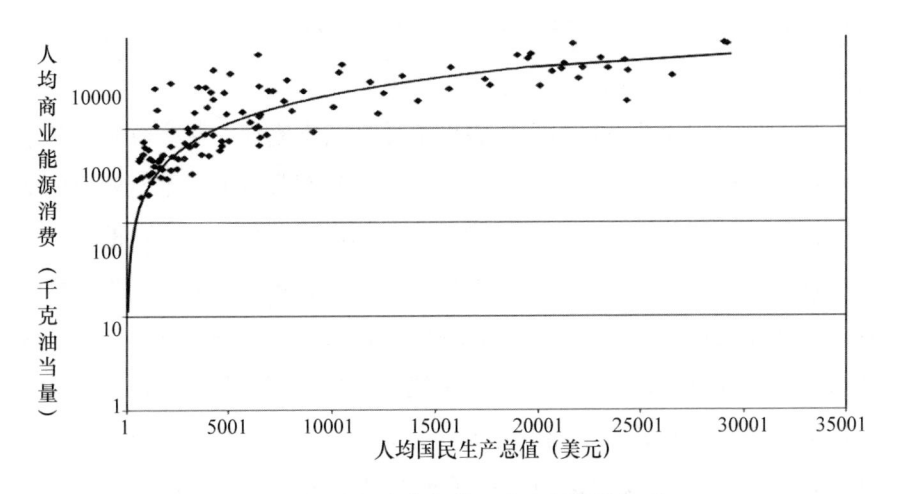

**图 5-1 能源消费与收入水平之间的关系**

资料来源："The Energy Challenge for Achieving the Millennium Development Goals," UN Energy Paper, June 22, 2005, p. 4。

具体而言，可再生能源是带动就业、增加收入的核心动力。第一，发展可再生能源与能源效率的提高产生协同效应，进而降低能源消费的成本，由此也成为一条实现间接增收的路径。在能源服务实现的过程中，每一个环节都会产生潜在的损耗，包括提取、转换、运输、传输和终端使用的过程。而让这一过程实现可再生能源化，将使能源服务的获得更加高效。随着可再生能源比重提高，提供同等水平的能源服务所需的一次能源将相应减少，从而最大限度地降低环境和经济损耗的成本。例如，不同于石油和煤炭的生产与供应，太阳能、水能和风能是不需要燃料加入的可再生能源，由于无须热转换的需求，其向能源服务转换的过程所需的效率自然提高。此外，分布式可再生能源的部署与能源效率的提升相辅相成，可以有效缓解高峰时期用电压力，最大限度地降低传输损耗和缓解传输瓶颈。例如，印度提出 2022 年建成属于离网发电模式，装机容量为 40GW 规模的屋顶太阳能电池板计划；相较常规并网发电，该计划将体现出显著的成本优势，成本分别比常规的工业和商业发电模式低 17% 和 27%。① 又如，一户印度家庭如装配一套装机容量为 5kW 的屋顶太阳能发电系统，每月将节省近 600 千瓦时用电量，从而每月减少 5500 卢比（75 美元左右）的电费。②

第二，大规模普及可再生能源发电使贫困家庭拥有更多改善生活质量和摆脱贫困的机会。首先，可再生能源被证明具有显著创造就业的效应。例如，每单位风能、太阳能光伏、生物质能的生产所带动的就业岗位将远高于同等量的化石能源生产效应。同时，可再生能源产生的就业效应也体现为更长、更多样化的供应链，以及更高效的劳动生产率和高收入水平。在整个产业链中，可再生能源直接或间接创造岗位，例如在太阳能光伏产业中，太阳能电池板的制造、装配、管理、运行、维护等环节将创造一系列就业岗位。相关分析人士就指出，2020—2040 年，太阳能和风能产业的发展将为印度创造 200 万—450 万个就业岗位。③ 其次，可再生能源发电将有助于为居民部门营造更清洁、健康、可持续的生活环境。可再生能源不排放或少排放温室气体，进而缓解气候变化的负面影响，即便考虑到技术的生命周期，大多数可再生能源也几乎不会产生任何温室气体。同时，发展可再生能源也有助于规避室内空气污染问题。正如，联合国环境规划署执行主任英格·安德森（Inger Andersen）所言："可再生能源不以消耗宝贵资源和污染环境为代价，

---

① "Benefits of Rooftop Solar Panels and Factors that Further Aid Their Installation in India," *The Economic Times*, May 9, 2019, https://m.economictimes.com/small-biz/productline/power-generation/benefits-of-r-ooftop-solar-panels-and-factors-that-further-aid-their-installation-in-india/articleshow/69233619.cms.

② Harsh Shukla, "Here is How Much Money Rooftop Solar Systems Can Save for Households," Mercom India Clean Energy News an Insights, October 16, 2020, https://mercomindia.com/money-rooftop-solar-systems-save/.

③ "4.5 Million Jobs Could Be Created in Renewable Energy Sector Over 25 Years," The Energy World, May 18, 2018, https://energy.economictimes.indiatimes.com/news/renewable/4-5-million-jobs-could-be-creat-ed-in-re-newable-energy-sector-over-25-years/64221103.

其实现了循环经济的目标,为人们提供了健康和清洁的生活,成为经济社会发展的强大动力。"① 此外,正如前文对印度情况的分析,以可再生能源为支撑的电力服务将使更多的贫困家庭享有现代化的生活方式,为贫困人口实现自由而全面的发展奠定坚实基础、提供有利条件。

### 二 能源为农业发展创造有利条件

农业部门的能源供应对于确保农业生产、满足粮食需求至关重要。由于基础设施落后和缺乏电网,许多偏远农村地区仍然无法获得充足的现代能源服务。这种短缺不仅影响到粮食生产和加工,也影响到粮食的储备。尤其对发展中国家而言,粮食生产、加工和储备是"农业—粮食"产业链的第一步。同时,许多发展中国家的农村家庭仍严重依赖传统生物质能,这一能源消费模式对居民的健康和其他权利的获得构成潜在威胁。对此,联合国粮农组织指出,为农村地区的居民部门提供形式多样的能源服务,以及为农村地区的电力、工业和交通运输部门提供足够的动力,是农业发展和粮食安全的基本保障;生物质能以及其他可再生能源对于满足这些需求发挥着重要作用,也有助于极大地提高农村地区的劳动生产率并增加经济活动的多样性。②

同时,由化石能源驱动下的农业机械化生产将对环境造成负面影响。而通过推广可再生能源,如太阳能、风能、生物质能、潮汐能、地热能、小型水电和生物质燃料则有助于减轻这种环境损害。而且,可再生能源还有助于打造一种因地制宜与可持续的农业发展模式,即最大限度地提高农作物生产力,尽量减少对有限自然资源的利用及对环境的有害影响。③ 例如,充分发掘和利用生物质能(农作物残余)的潜力成为印度政府应对农村"能源贫困"问题的关键一招。比如,印度建立了

---

① "What Is Renewable Energy?", REN 21, https://www.ren21.net/why-is-renewable-energy-important/.
② 《联合国能源议题》, https://www.un.org/chinese/esa/energy/fao.shtml。
③ Chel, A. and Kaushik, G., "Renewable Energy for Sustainable Agriculture," *Agronomy for Sustainable Development*, Vol. 31, No. 1, 2011, p. 91.

具有印度特色的"稻壳发电系统"（Husk Power System，HPS），以通过这种因地制宜的方式向偏远农村地区提供廉价和易得的电力服务。每个HPS 系统将能生产电力 30—50kW，且一个简单的微型 HPS 系统只需绝缘竹竿就可将电线接入工厂和家庭；此外，HPS 还具有一定成本优势，每千瓦时电费为 0.2 美元，甚至随着利用率的提高其电费将下降至每千瓦时 0.15—0.16 美元。在印度比哈尔邦，已建成装机容量为 84kW 的小型 HPS，其满足了 300 个村庄中 20 多万人的电力需求，同时还创造了 350 个就业岗位；而每个系统可以覆盖约 400 户家庭，每年能够节省 42000 升煤油和 18000 升柴油的消费。[①] 诚然，印度的这一做法看似仍是一种"能源贫困"的表现形式；但在本质上，这种看似简陋的方式比较务实地为农村居民提供了电力服务并形成一种因地制宜和可持续发展的利用模式，其最大限度地满足了农业部门和农村居民对能源服务的需求，提高了能源的可获得性，从而有力地推动了农业的可持续发展。

### 三　能源对教育发展具有推动效应

能源与教育之间的联系体现为提高能源可获得性来增加受教育的机会、提高受教育水平。一方面，"能源贫困"给未成年儿童施加压力，使其不得不参与到维持家庭生活用能的相关活动中。正如印度的案例，许多家庭的未成年儿童承担了繁重的家务劳动，花费大量时间用于收集燃料，从而导致入学率低下的问题。另一方面，现代能源的普及不仅使儿童从繁重的家务劳动中解放出来，且还为其提供了一个良好的学习环境，尤其是电气化的照明。

具体而言，获得和保障电力服务将引起"教育革命"。保证学校的持续、稳定用电，可以为教育提供各种服务；电气化的照明可以延长教学时间，电子访问有助于将信息通信技术引入课堂，如计算机和电视；

---

[①] Olivier Dubois, et al., "Energy Access Food and Agriculture," *Report of the World Bank*, 2017, p. 6.

电气化的学校能让校长们招聘和留住更优秀的师资。同时，电气化还与学校的考试成绩和毕业率的提高有着密切关系。相关研究指出，电力服务让低收入群体也能够获得照明、通信和接受教育的机会，实现电气化将降低文盲率、提高教育质量。① 与此同时，人均用电量和教育质量的提高存在密切关系，二者的紧密程度超过了66%。② 也就是说，相较获得电力服务的学校，电力匮乏的学校的教育质量要更低。"极其糟糕的基础设施对教师和学生都会产生负面影响。"③

其一，电气化对教育最直接的影响在于提供照明，延长教学和学习的时间。电灯比传统光源［煤油（灯）、蜡烛］要更高效、更安全。以5000小时为标准，使用煤油灯的成本是1251美元，白炽灯为175美元；而节能灯为75美元，LED灯为20美元。④ 同时，根据相关调查，电气化率低于80%的国家，青年识字率往往普遍低下。⑤ 总之，电力的获得将使更多的人在一天中拥有更多学习时间成为一种可能，并营造出一个高质量的学习环境。

其二，电气化使大量信息和通信技术成为教育的工具。正如联合国教科文组织所言，信息和通信技术的普及对教育产生深刻影响，其提高了入学率、降低了教育成本、提高了学生成绩和学习能力，使更多人养成终身学习的习惯。⑥ 同时，信息和通信技术对学校教育最具变革性的

---

① A. S. A. C. Diniz, et al., "The Important Contribution of Photovoltaics in a Rural School Electrification Program," Report of the Institute of Electrical and Electronics Engineer, 2006, p. 2528.

② Makoto Kanagawa and Toshihiko Nakata, "Assessment of Access to Electricity and the Socio-Economic Impacts in Rural Areas of Developing Countries," Energy Policy, Vol. 36, No. 4, 2008, p. 2019.

③ Ann Skelton, "Leveraging Funds for School Infrastructure: The South African 'Mud School' Case Study," International Journal of Educational Development, Vol. 39, No. 11, 2014, p. 62.

④ Ramchandra Pode, "Solution to Enhance the Acceptability of Solar-Powered LED Lighting Technology," Renewable and Sustainable Energy Reviews, Vol. 14, No. 3, 2020, pp. 1098–1099.

⑤ "Electricity and Education: The Benefits, Barriers, and Recommendations for Achieving the Electrification of Primary and Secondary Schools," Report of the United Nations Department of Economic and Social Affairs, December 2014, p. 9.

⑥ "Transforming Education: The Power of ICT Policies," Report of the UNESCO, 2011, p. 21.

影响体现在互联网发挥的功能。许多研究表明，互联网是让学生接触广泛信息和成功经验的最佳工具之一，以至于进一步促进教育发展、社会化进程和就业水平；而且，互联网的普及与高毕业率、高识字率、开放程度，甚至是收入水平的提高密切相关。[1]

其三，电力服务有助于提高师资队伍的质量。"教师不愿意在贫困地区工作是可以理解的，因为那里电力等基础设施十分落后。"[2] 电气化不仅是电灯、电脑等设备的支撑，且还可以通过提供一系列电器来改善教师的居住条件。同时，充分借助计算机等现代化设备，还有助于教师高效地开展教学工作，进而也提升了自身的业务水平。

其四，电气化的照明、信息通信技术的普及将有助于教学成绩的提高并减少逃课、旷课现象，从而提高入学率、毕业率和就业率。如图5-2所示，根据世界银行对56个国家电气化水平和小学毕业率的数据，可以看出获得电力和学生毕业之间存在明显的正相关关系。

其五，实现教育部门的电气化会产生多个协同效应，包括提高卫生和健康水平、维护性别正义。例如，电不仅使学校获得高质量的照明和通信技术，还可以为学校的水净化系统、灾害报警、冬季供暖和夏天降暑提供保障。又如印度的案例表明，向贫困家庭和农村家庭普及现代能源有助于消除教育的性别差异。

## 四　能源是捍卫性别正义的重要抓手

正如印度的案例所表明的那样，无论是现代能源的普及对女性解放产生的积极意义，还是过度依赖传统生物质能对女性存在的消极意义，

---

[1] "Transforming Education: The Power of ICT Policies," *Report of the UNESCO*, 2011, p. 11.

[2] "Teaching and Learning: Achieving Quality for All," UNESCO, 2014, p. 6, https://unesdoc.unesco.org/in/do-cumentViewer.xhtml? v ＝ 2.1.196&id ＝ p:: usmarcdef_0000225660&file ＝/in/rest/annotationSVC/DownloadW-atermarkedAttachment/attach_import_2b1516f2-c6df-4518-9c96-28656c767fa1%3F_%3D225660eng.pdf&updateUrl＝updateUrl248223/pf0000225660/PDF/225660eng.pdf.

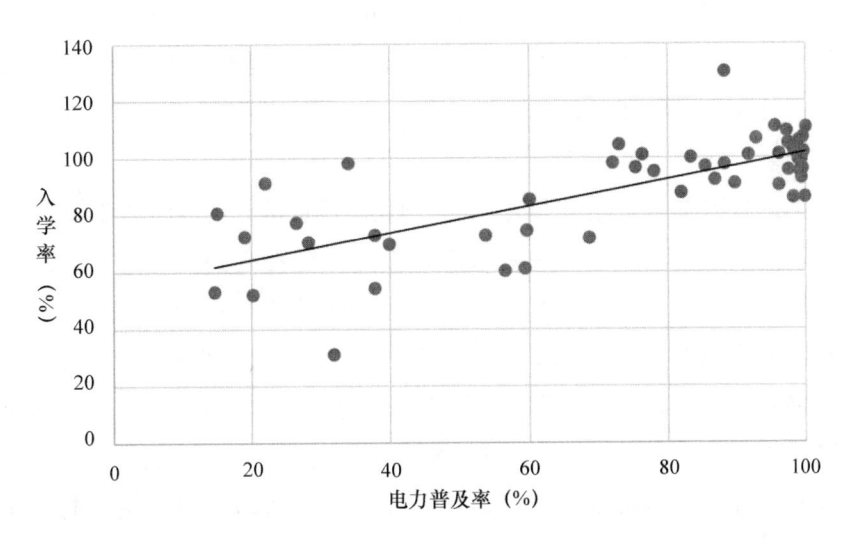

**图 5-2　电力普及率与入学率间的关系——基于对 56 个发展中国家的调查**

资料来源："Electricity and Education: The Benefits, Barriers, and Recommendations for Achieving the Electrification of Primary and Secondary Schools," Report of the UNDESA, December 2014, p. 12。

能源在女性的日常生活中扮演非常重要的角色。循此推论，能源对性别平等的激励效应就在于以能源获得、能源服务为切入点，从而延伸出来的各种权利，尤其是赋予女性经济权利（Economic Empowerment）。通常情况而言，参与劳动是经济赋权的表现。但是，如果以此为评判标准，低工资、恶劣的工作条件和非正规的参与则都属于经济赋权，但这些因素都无助于实现真正意义上的性别平等。相反，国际妇女研究中心（the International Center for Research on Women, ICRW）认为经济赋予女性权利是指："妇女具备获得经济成功的能力，包括掌握相关技术和资源，同时也在经济问题上具有决策的权力。"[1] 由此，经济赋权不仅仅是针对妇女的就业问题，同时还包括收入、工作时间、工作类型、工作

---

[1] Anne Marie Golla, et al., "Understanding and Measuring Women's Economic Empowerment: Definition, Framework and Indicators," *Report of the ICRW*, p. 4.

条件、技能和教育等多个维度。正如从印度案例中可以看出，经济赋权也旨在向女性提供现代能源，使其至少与男性一样获得更多接受教育、娱乐、社交的时间和机会。从这一意义而言，这也是消除贫困的题中应有之义。

无论是因果关系还是相互联系，性别不平等与贫困问题都息息相关。消除"能源贫困"对解决这两方面的问题都起到关键作用。据相关调查，在不考虑日均收入1.25美元以下贫困人口的情况下，一个国家拥有电力的人口比重越高，其性别不平等问题就越少见。[1] 从能源的角度来看，男性和女性有着不同的能源消费需求，且从电力服务中的获益情况也不同。例如，相较男性，女性承担更多家务，实现家庭用能电气化对女性更具有明显的"革命性"意义。正如印度的案例，电气化使广大农村家庭妇女"解放"和"觉醒"，同时也使更多学龄女童有接受教育的机会和时间。

也就是说，改善电力供应状况可以进一步改善女性的基本生活条件。电气化的炉灶将营造更清洁的室内空气、使用冰箱让食物更安全营养、大众传媒的普及和照明条件的改善，这一系列由电气化（"能源贫困"治理）所引起的潜在变化对女性的健康及个性化发展具有重要意义。同时，农村地区室内和室外照明工程及其条件的改善通常意味着女性的安全将能够得到更多的保证，使其能够在安全的环境中拥有更多的流动性从事生产活动。尤其对印度而言，这一转变将大大降低强奸案件的发生率。

另外，通过具有针对性的能源政策和计划，使更多女性参与到决策程序之中。正如前文所述，能源部门几乎由男性掌控，能源政策带有明显的"性别歧视"的特点。正如莫迪政府推出的"免费煤气罐计划"，比较成功地将大多数印度妇女吸纳到了能源政策制定或政治参与之中。诸如此类的举措，不仅直接改善和满足了女性的能源消费需求，比如以

---

[1] Kathleen O'Dell, et al., "Women, Energy, and Economic Empowerment: Applying a Gender Lens toAmplify the Impact of Energy Access," Deloitte, September 19, 2014, https://www2.deloitte.com/us/en/insig-hts/top-ics/social-impact/women-empowerment-energy-access.html.

LPG 替代薪柴满足其烹饪需求，而且也通过能源议题为切入点使女性逐渐具备强烈的权利意识，比如积极地通过选票来发声，表达相关利益诉求。

**五　可再生能源为环保和提高健康水平提供更多选择**

毫无疑问，以风能、太阳能等可再生能源取代煤炭等化石能源将减少有害物质的排放，从而缓解气候变化对人类的影响，即可再生能源营造清洁空气，节省成本，也挽救生命。

从全球来看，造成全球气候变暖的大部分排放物源自以化石能源消费为主导下的电力部门。具体从一户家庭来看，导致其面临严重室内空气污染问题的主要源头是以传统生物质能为主的家庭用能结构。概言之，化石能源消费促成环境污染问题，从而又对人的健康构成潜在威胁。相较于此，可再生能源本身不具有高碳和高污染的特征。同时，可再生能源技术具有因地制宜的特点，有利于实现可持续发展。例如，印度之所以力推风能、太阳能的发展，其原因就在于该国本身就具备开发这两种资源的显著优势和条件。相关研究也表明，通过发展可再生能源有助于提高能源效率，促成低碳能源消费模式，以至于使印度每年可节省 570 万美元至 2.1 亿美元的能源成本。[1]

另外，可再生能源利用还有助于减少空气污染物的排放。相反，化石燃料的燃烧往往排放大量二氧化碳，是全球变暖和极端气候事件频发的始作俑者。WHO 也指出，改善居民部门的用能结构，通过接入可再生能源使其逐渐摆脱对传统生物质能和落后用能设备的依赖，将极大地消除室内空气污染的负面影响，避免急性呼吸道感染、肺病、慢性气管炎和肺癌等疾病，也有助于缓解该问题对孕妇的严重影响。[2]

---

[1] Bobby Magil, "Better Health a Key Benefit of Renewables, Study Says," Climate Central, September 1, 2015, https：//www.climatecentral.org/news/renewables-benefit-climate-public-health-19397.

[2] 《联合国能源议题：对人类健康和环境的影响》，联合国，https：//www.un.org/chinese/esa/energy/env-ironment-3.shtml。

综上所述,"能源减贫"的内涵与外延可以被总结为一个核心内容,即能源对贫困治理形成的作用机理。这机理可以被概括为一组线性逻辑关系:能源系统的进步→环境改善与生活水平提高→推动减贫进程(如图5-3所示)。

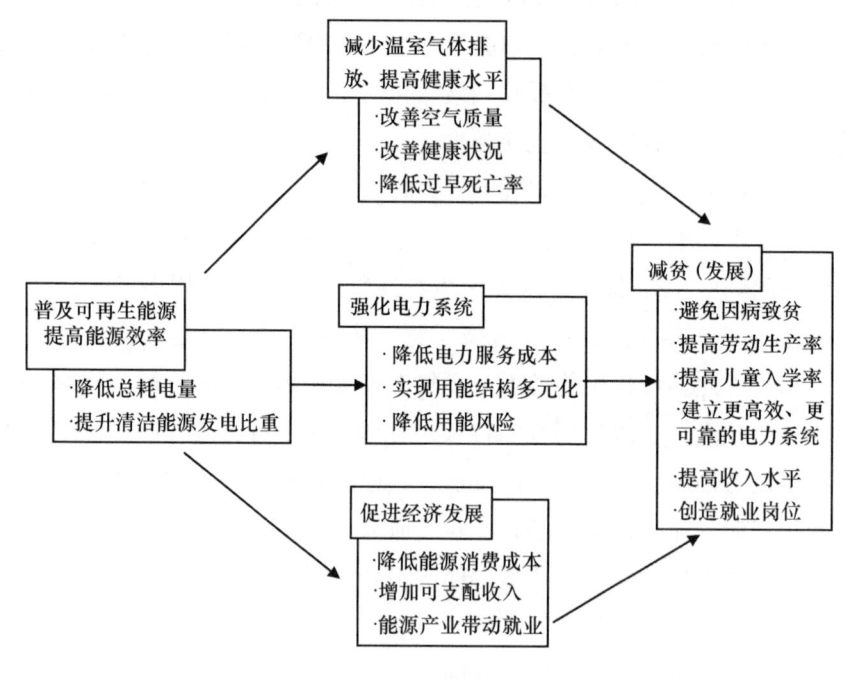

```
                    ┌─────────────────┐
                    │ 减少温室气体排  │
                    │ 放、提高健康水平│
                    │ ·改善空气质量   │
                    │ ·改善健康状况   │
                    │ ·降低过早死亡率 │
                    └─────────────────┘
                                              ┌─────────────────┐
┌─────────────────┐  ┌─────────────────┐     │ 减贫(发展)     │
│ 普及可再生能源  │  │ 强化电力系统    │     │ ·避免因病致贫   │
│ 提高能源效率    │→ │ ·降低电力服务成本│ →  │ ·提高劳动生产率 │
│ ·降低总耗电量   │  │ ·实现用能结构多元│     │ ·提高儿童入学率 │
│ ·提升清洁能源发 │  │  化             │     │ ·建立更高效、更 │
│  电比重         │  │ ·降低用能风险   │     │  可靠的电力系统 │
└─────────────────┘  └─────────────────┘     │ ·提高收入水平   │
                                              │ ·创造就业岗位   │
                    ┌─────────────────┐     └─────────────────┘
                    │ 促进经济发展    │
                    │ ·降低能源消费成本│
                    │ ·增加可支配收入 │
                    │ ·能源产业带动就业│
                    └─────────────────┘
```

图5-3 "能源减贫"的内在机理

注:笔者自制。

## 第二节 "能源减贫"的本质和意义

"能源减贫"的本质要求是消除"能源贫困"。换言之,"能源减贫"的本质也体现在能源和贫困两个维度。一是能源本身的"减贫",即用能结构、用能设备向更清洁、更安全、更可靠的模式转变。从这一意义而言,"能源减贫"实际上为能源转型提供了升级路径。由此,其也促使贫困及其治理成为能源安全的题中应有之义,为能源安全增添了一层新的内涵。二是强化能源作为贫困治理的工具属性。能源与贫困互为因果关系，二者形成强势互动关系。"能源贫困"治理从经济、社会、环境等多个领域为贫困治理提供"一揽子计划"，助力贫困问题的解决。从这一意义而言，"能源减贫"实际上是贫困治理的新议题。

## 一 能源转型的新动力

能源转型是指能源部门从化石能源体系向零碳能源体系的转变过程；其核心要义是发展可再生能源、提高能源效率。[①] 学界普遍认为，应主要通过能源物质形态的演变，即以可再生能源替代化石能源的方式来推动能源转型。鉴于此，"能源减贫"不仅是能源转型的表现，同时也为能源转型提供了新的动力。

首先，"能源减贫"旨在促成合理的用能结构、强势的用能能力以及使用先进的用能设备，具备这三项指标实际上就是能源转型的必然要求。第一，增加可再生能源在用能结构中的比重，降低对化石能源的过度依赖，从源头上缓解化石能源消费对环境造成的负面影响。尤其是，向居民部门普及可再生能源、电力服务，提高其现代能源和现代能源服务的可获得性，使用能源结构逐渐摆脱"初级能源化"的现状，同时也从源头上解决室内空气污染问题及规避一系列健康风险。第二，通过发展可再生能源产业，制定能源补贴政策，带动就业、提高居民部门的收入水平，增强"买方"的可负担能力。同时，提高能源效率，降低能源消费成本，充分发掘可再生能源的资源优势，从而增强"卖方"的供应能力。此外，以可再生能源替代化石能源，有利于解放和发展生产力，使更多群体获得参与劳动生产、接受教育、实现个性化发展的机会和时间，从而逐渐提高民众的受教育水平（认知能力）和承受能力。第三，淘汰落后的用能设备是能源物质形态转变的必然要求。提高现代能源的比重，尤其是电力消费的质量和数量，将对能源载体（用能设

---

① "Energy Transition," IRENA, https://www.irena.org/energytransition.

备）的更新换代形成一种倒逼机制，从而推动二者形成齐头并进的转型趋势。

其次，"能源减贫"是通过消除"能源叠加"现象推动能源转型的过程。正如前文所述，能源转型的过程可以被视为一种"能源阶梯"的演进过程，在此过程中，受制于经济社会发展的客观因素，必然会导致"能源叠加"现象的出现。由此，一方面，"能源减贫"是一种物质上的减贫。其不仅是能源物质形态的更替，也是用能能力的提高，尤其是可负担能力，即"能源减贫"的相关政策举措将有助于打破收入水平等物质层面上的桎梏。另一方面，"能源减贫"也是一种文化上的减贫。受教育水平低下、认知能力滞后导致特有用能习惯与观念的形成，以致"能源贫困"的持续存在。因此，"能源减贫"助力消除"文化贫困"的现象。通过提高电力普及率或实现家庭用能电气化，将使信息、通信技术、互联网等先进文化、观念及其传播载体和途径大众化、扁平化，从而提高民众对新能源消费模式的认知能力和接受程度，降低用能结构中的燃料混合程度，减小能源转型的阻力和惯性。

## 二 能源安全的新内涵

能源安全是指"以适度的供应成本获得经济社会发展所需要的足够的能源供应"。[1] 可见，能源安全具有突出的政治属性，强调稳定和持续的能源获得对经济社会可持续发展产生的压舱石和助推器的重要作用。故此，从价值取向来看，"能源减贫"也强调能源的持续和稳定获得，从而逐渐消除贫困问题，促进经济社会的可持续发展，同样也是一种维护能源安全的表现。不过，从形式和问题导向来看，"能源减贫"则更强调"人的安全""家的安全"，因而是一种微观层面的能源安全。从这一意义而言，"能源减贫"实际上拓展和延伸了能源安全的内涵。

首先，从形式上看，"能源减贫"不仅强调能源获得，更强调能源

---

[1] 吴磊：《能源安全与中美关系》，中国社会科学出版社2009年版，第27页。

服务。获得能源物质形态是人类能源消费的外在表现，而获得由能源物质形态转换出来的各种服务才是人类能源消费的本质。而这种本质既体现在人的生存需求层面，比如烹饪、取暖、照明，同时也表现为生活上的需求，例如娱乐、阅读、获取信息等。因此，"能源减贫"的核心议题是满足人的生存和生活需求，即提供充足的能源服务，这正是保障"人的安全"的具体体现。

其次，从问题导向来看，"能源减贫"旨在解决贫困问题，由此也包含了社会公平正义、环境、健康等一系列与人息息相关的议题。例如，在莫迪政府诸多消除"能源贫困"的政策举措中，"免费煤气罐计划"的主要内容和目的就是满足女性、贫困人口、低种姓等社会弱势和边缘群体的能源消费需求，这是将能源作为捍卫社会公平正义重要抓手的具体体现。又如，"能源减贫"强调居民部门的烹饪获得清洁燃料，其根本目的在于解决室内空气污染问题，以降低由此引起的健康风险，消除因病致贫的现象。诸如此类举措表明，相较宏观层面的能源安全与能源外交，"能源减贫"则更注重解决与居民部门密切相关的具体问题。概言之，"能源减贫"从微观层面拓展了能源安全的内涵。

### 三 贫困治理的新议题

贫困具有比较广泛的内涵和外延，也是一个十分复杂的问题。按照经济学的一般理论，贫困是经济、社会、文化贫困落后现象的总称；其尤其是指经济范畴的贫困，即物质生活贫困，同时也可以被定义为一个人或一个家庭的生活水平达不到社会可以接受的最低标准。

通过对"能源贫困"的剖析，尤其是对印度具体实际的分析发现，"能源贫困"以能源议题为切入点对贫困的内涵和外延进行了有效整合，由此"能源减贫"也比较成功地总结了贫困治理的路径选择。从这一意义而言，"能源贫困"实际上是贫困治理的新议题，即如何充分发掘能源潜力，强化能源作为贫困治理的工具属性。

能源是消除物质贫困的工具。一方面，获得能源是解决物质匮乏问题的必由之路。宏观而言，经济社会发展出现油荒、气荒、电荒、粮荒等问题也是"能源贫困"问题的具体呈现，而"能源减贫"就是要通过提供具体的能源物质形态来解决这一系列"荒芜"问题。具体而言，"能源贫困"体现为人的能源消费需求和能力的缺失，换言之，是生存与生活缺衣少食、收入水平低下，以及生存环境恶劣、生活环境欠佳的状态。因此，"能源减贫"从改善用能结构、提高用能能力、改进用能设备三个方面来弥补和满足人的能源消费需求和能力。另一方面，获得能源服务解决精神贫困问题。物质决定意识，"能源减贫"不仅是能源消费模式的变化，也表现为由此产生的深刻影响。在很大程度上，无论发展何种形式的可再生能源、如何改进用能设备，"能源减贫"最终将以电力服务的获取和普及体现出来。对此，电力服务的普及和提高不仅有利于应对物质贫困问题，而且将对精神贫困问题的解决产生潜在动力。电力服务的普及使居民部门获得电灯、电视、电脑等各种电器成为一种可能，因而照明条件的改善使阅读更具持续性和常态化，而互联网的接入、电视的普及提高了民众充分获取信息的及时性，也促进了偏远闭塞的农村地区居民的与时俱进，成为真正意义上的"现代人"。正如印度案例表明的那样，电气化的现代通信技术使许多印度女性逐渐摆脱宗教和传统文化的束缚，实现了"觉醒"、获得了"解放"。

## 第三节 "能源减贫"的升级路径和推进策略

能源究竟如何才能成为推进贫困治理的工具？回答这一问题并不如"能源贫困"治理和"能源减贫"在理论上所阐释的那样完美。当然，其根本原理和逻辑起点仍然是能源对贫困治理所起到的作用机理。不过，要在此基础上进一步提高"能源减贫"的实效性和针对性，则要充分立足和考虑能源问题及经济社会发展的具体实际。第一，实现能源转型是"能源减贫"的必由之路，但能源转型不可能一蹴而就，因而关键问题是在此过程中如何稳步推进能源转型？这是强化"能源减贫"

实效性和针对性的具体要求。第二，发展可再生能源，充分借助可再生能源的减贫效应是"能源减贫"的具体手段。但是，可再生能源的内容和类型众多，不可能"面面俱到"地实现可再生能源的全面发展，比如印度重点发展太阳能和风能。因此，关键的问题在于"能源减贫"应该以哪种类型的能源作为减贫的核心动力？这是突出"能源减贫"实效性的内在要求。第三，如何实现"能源减贫"的模式化发展是其体现真正价值及普适性的必然要求。毕竟，"能源贫困"和贫困是一个全球性的普遍问题。

### 一　充分借助过渡能源

理论上，"能源减贫"应大力发展可再生能源；但实际上，"能源减贫"应从当前能源问题的具体实际出发，充分向一种过渡能源借力。进一步而言，这种过渡能源既要区别于传统的化石能源，即明显不同于石油、煤炭等传统能源消费体现出的局限性，同时也要具备充分利用的能力和条件，为下一步向更高级的能源物质形态转变奠定坚实基础。

从全球范围来看，目前，全球第三次能源转型以及可再生能源的迅速发展、清洁能源外交蓬勃兴起等，是全球能源议题的热点。但是，纵观许多国家能源格局现状，化石能源仍在其中占绝对主导地位。包括作为全球能源转型领导者的德国，目前及今后很长一段时间内，化石能源仍然在其能源消费中占主导地位，更不用说印度等发展中国家。也就是说，尽管能源转型已成为一种潮流，但绝大多数国家仍然无法摆脱对化石能源的依赖，当今世界仍处于化石能源时代。由此，对许多国家而言，能源转型一定程度上是一种美好愿景，甚至多对一些具体部门的能源消费产生深刻影响。因此，尽管各能源行为体需从战略高度看待能源转型，规划可再生能源发展，却无法回避能源问题的现状，仍需要保障化石能源的持续稳定供应。

在此背景下，对于一些国家"能源减贫"的具体实践而言就具有一种双重使命，即如何应对传统化石能源对贫困治理构成的挑战，同时又要努力推进能源转型，以可再生能源来推动减贫进程。以德国为例，化石能源仍在该国能源结构中占主导地位，但是其中天然气与德国普通民众的日常生活密切相关，对德国经济社会的持续稳定发展有着十分重要的作用。例如，75%的天然气被德国家庭日常生活消耗，约有1900万户家庭依赖天然气供暖，消耗了超过一半的天然气用量。[1] 故此，德国将天然气作为2050年全面实现能源转型的过渡能源。一方面，通过天然气实现碳减排目标成本的最低化，对2030年兑现碳减排承诺发挥关键作用。在德国，消费每单位天然气的$CO_2$排放量分别比使用煤炭和柴油少50%和25%。[2] 目前，德国天然气发电只占13%，低于经济合作与发展组织（OECD）国家的平均水平（28%—30%），仍有替代煤炭、实现发电相对清洁化的提升空间。[3] 另一方面，未来德国天然气外交将有力平衡与能源转型之间的关系。德国在2016年《气候行动计划2050》中提出，2050年将实现所有能源消费部门的清洁化，德国能源外交的内涵与外延也将因此发生深刻变化，化石能源对德国的重要性将相对下降，可再生能源外交或清洁能源外交或将日益扮演重要的角色。尤其是，目前天然气对德国的重要性主要在于供暖需求，一旦德国在其他领域完成能源转型，实现可再生能源化，必然对天然气消费领域产生革命性影响，从而逐渐降低对天然气的依赖，完成天然气在能源转型中的过渡使命。

其次，以印度为例，化石能源同样在其能源结构中占主导地位，尤其是煤炭。对此，莫迪政府为推动能源转型和"能源减贫"，充分向LPG借力，其代表性政策举措便是"免费煤气罐计划"。在环境和健康

---

[1] Detlef Mirsch, "Heat from Natural Gas," Wingas, 2018, https://www.wingas.com/en/raw-material-natu-ral-gas/heat-from-naturalgas.html.

[2] "NATO Summit Exposed Germany's Natural Gas Problem," Forbes, July 15, 2018, https://www.forbe-s.com/sites/judeclemente/2018/07/15/trump-nato-summit-exposed-germanys-natu-ral-gas-proble-m/#69e63640378f.

[3] Wettengel Julian, "The Role of Gas in Germany's Energy Transition," Clean Energy Wire, June 25, 2018, https://www.cleanenergywire.org/dossiers/role-gas-germanys-energy-transition.

问题的驱动下，莫迪政府持续推动该计划的执行，以助力"能源减贫"。鉴于此，2020—2030年，印度LPG的规模将保持年均3.3%的增长率，到2030年达到3400万吨，并取代中国成为全球最大居民部门消费LPG的国家。① 由此可见，无论是国内生产还是对外进口，这一趋势至少表明印度具备借助LPG为过渡能源的能力和条件。同时，LPG对薪柴等传统生物质能起到替代作用，也对用能设备的更新换代（淘汰查拉炉）形成倒逼机制，从而助力室内空气污染问题的解决，降低家庭成员的健康风险。另外，如前文所述，LPG主要通过作用于可获得性、可负担性两个核心问题来对印度社会的公平正义产生塑造性影响作用。从内容和目的来看，"免费煤气罐计划"通过能源补贴政策，甚至是免费提供的形式来解决居民部门能源消费的不可负担性问题；以及通过提供煤气罐的形式向居民部门供应LPG，以确保其能源消费的可获得性。据统计，在2018年，"免费煤气罐计划"就已使50%的表列种姓家庭、49%的表列部落、32%的低种姓家庭的生活用能获得LPG。②

综上所述，要实现能源转型的稳步推进并强化"能源减贫"的针对性需要充分借助一种过渡能源。换言之，能源转型的阶段性和长期性决定了难以同时兼顾能源和贫困治理两大议题，且"能源减贫"也难以达到立竿见影的效果。不过，这并不等于"能源减贫"就失去了现实意义。在此情况下，就应该突出"能源减贫"的贫困治理维度，始终坚持能源只是形式和工具，而解决贫困问题才是根本目的的问题导向和价值取向。因此，立足能源问题的具体实际，寻找并借力一种既有利于保持能源转型进程的可持续性，又有助于最大限度彰显减贫效应的过渡能源就具有一种必然性。

---

① "India to Overtake China as World's Largest LPG Residential Market by 2030," *Financial Express*, October 6, 2020, https://www.financialexpress.com/economy/india-to-overtake-china-as-worlds-largest-lpg-resid-ential-market-by-2030/2099237/.

② Sasmita Patnaik and Shaily Jha, "Caste, Class and Gender in Determining Access to Energy: A Critical Review of LPG Adoption in India," *Energy Research & Social Science*, Vol. 67, No. 3, 2020, p. 7.

## 二 积极发挥电力的减贫效应

国际能源署认为能源获得是指:"一户家庭获得可靠的、可负担的清洁烹饪设备和电力服务及其照明等基本需求得到充分满足,在此基础上,电力消费水平逐渐提高并达到地区平均水平。"① 可见,在国际能源署看来,能源获得的核心议题是居民部门的最终能源消费获得电力服务,包括电力消费的能力和水平。循此推论,电力可以作为彰显"能源减贫"实效性的核心能源。

理论上而言,"能源减贫"的逻辑起点是保障居民部门(贫困家庭)的用能,或者说满足其基本的能源消费需求,即实现"能源可及"(Availability)。由此便涉及一个关键问题:实现何种能源的可及?从一次能源的角度来看,这种能源类型无非源自化石能源或可再生能源;同样,从二次能源的角度来看,这种能源类型毫无疑问是指电。毕竟,对居民部门而言,实现用能电气化是现代化生活的基本保证及其主要表现,也是比较高效、清洁、安全的能源消费模式。而且,这也正是摆脱贫困所需的基本条件和具体呈现。那么,"能源可及"的关键环节就前溯至一次能源获得的阶段,即如何在"能源减贫"的第一阶段(能源可及)加大可再生能源的供应,实现可再生能源发电比重的提高,甚至是对化石能源的替代。当然,正如前文相关内容的分析,这是一个长期而又复杂的过程;当前化石能源仍然体现出主导性的特点,全球大多数国家对化石能源仍然是一种刚性需求。不过,德国和印度的相关实践可以为加快化石能源向可再生能源转变的步伐提供一些有益借鉴,即借力一种符合自身能源问题实际的过渡能源。

推而言之,实现"电气化"是"能源减贫"政策举措的总体方向和根本目的。故此,对于"能源减贫"的第一步而言,理论上是实现电的可及,即"用得上电";而在具体实践的过程中,核心议题是秉持

---

① "Energy Access Outlook," *Report of the IEA*, 2017, p.21.

"能源可及"的问题导向，充分发挥所有类型能源的减贫效应，着力解决贫困家庭最基本的生活用能问题。然后，随着用能紧张的初步缓解，再实现"能源减贫"政策逐步向"用得上电"的转变。

基于上述进一步推论，"用得起电"是"能源减贫"的第二阶段，即提高用能能力，实现电力服务的可获得性。在达到第一阶段（能源可及）的目的后，"能源减贫"的政策目标应着眼于通过提高用能能力实现电力的可及。由此，核心问题是如何实现可负担能力与可获得性的齐头并进。这需要电力的供需双方及相关基础设施建设三要素的协调统一。结合印度的案例来看，一是充分借助和利用其他能源产业带动就业、提高居民部门的收入水平，使其"买得起"；二是政府作为主体，对"能源贫困"问题具有坚定的政治意愿，并作出高效的政策安排（"强制度模式"）。比如，完善相关电力监管体制机制，推出具有针对性的电力政策。从而使电力生产和供应主体"供得起"；三是加快相关电力基础设施建设，尤其是通过离网系统的建设解决广大偏远农村地区的用电可及性问题，比如建设屋顶太阳能电池板、小型水电站、"稻壳发电系统"。

"用上好电"是"能源减贫"的第三个步骤。换言之，提高可再生能源在电力生产与供应结构中的比重，实现清洁用电、安全用电、可持续用电。同样以印度为案例，为扭转过度依赖燃煤发电的格局，使居民部门"用上好电"，自2014年以来莫迪政府相继推出一系列可再生能源发电的政策举措，形成了一条雄心勃勃、较为成熟的可再生能源发展之路。例如，在制度层面有2016年颁布的《国家电力计划草案》，明确印度"十三五"（2017—2022年）和印度"十四五"（2022—2027年）两个时期的可再生能源发展规划；2017年发布《可再生能源发展三年计划》，再次提升了可再生能源的发展目标。从内容和路径选择来看，对内重点发展太阳能和风能产业，对外则积极开展清洁能源外交。从目标上来看，莫迪政府的能源政策几乎都是为了发展可再生能源，而涉及可再生能源发展的一系列政策举措其根本目的几乎都是为了"用上好电"。

最后，随着电力不可及问题的根本解决，可再生能源自身的产业功能被进一步发掘和利用，"能源减贫"政策逐步转向依托开发和利用可再生能源带动经济环境的可持续发展，由此进入第四个阶段，即"利用好电"。实现家庭用能电气化，意味着基本需求得到满足，而在此基础上，还要进一步体现减贫的深刻内涵。一方面，对个人而言，现代化的能源消费模式（电气化）作为权利的获得、实现全面自由和个性化发展的基本保障；另一方面，现代化的能源消费模式作为经济社会可持续发展的有利条件。

此外，从实践层面来看，电通过一系列电气化的用能设备形成诸多积极的外溢效应，最终又通过作用于教育、收入和健康三大议程，有力地推动了减贫进程（见图 5-4）。

综上所述，发挥电力的减贫效应具体表现为"用得上电"→"用得起电"→"用上好电"→"利用好电"的线性演变过程，核心要义是形成以电力可及为主线的"能源减贫"机制。

### 三 打造"可再生能源+"模式

从内涵来看，"能源贫困"是能源+贫困；这既是能源与贫困两大议题之间的互为因果及强势互动关系，也包括能源具有反贫困的工具属性。需要强调，能源对贫困治理的作用机理是能源具备这一工具属性和特征的决定因素和根本原理。同时，这一工具属性的具体表现是可再生能源对减贫进程的推动作用和激励效应，印度的实践也证明了这一论点。由此，"能源减贫"本身就是减贫模式的创新发展，具体表现为"可再生能源+"减贫模式的形成。

首先，"可再生能源+化石能源"的模式。毋庸置疑，可再生能源与化石能源之间是一组矛盾关系，或者说对化石能源的替代就是发展可再生能源的目的之一。但是，"摆脱贫困"这一共同主题将促成二者的相辅相成。第一，对于当下而言，发展可再生能源不等于抛弃化石能源。正如前文所述，目前全球仍处于化石能源时代，化石能源在许多国

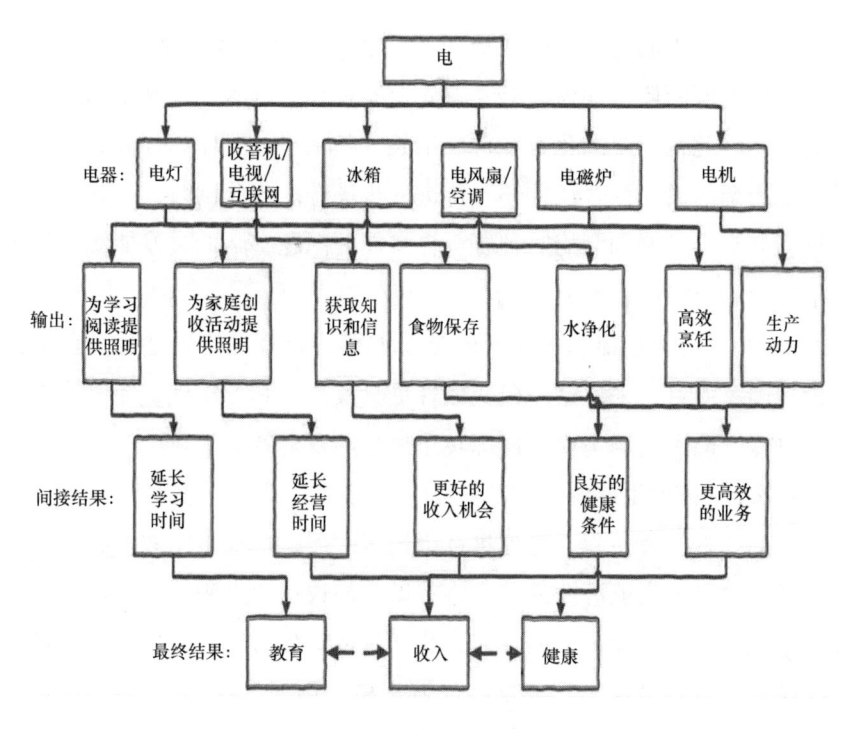

第五章 "能源减贫"的理论维度与现实路径 | 219

**图 5-4　电力的减贫效应**

资料来源：笔者根据 Maxensius Tri Sambodo and Rio Novandra, "The State of Energy Poverty in Indonesia and Its Impact on Welfare," *Energy Policy*, Vol. 132, No. 5, 2019, p. 115 相关信息制图。

家的能源结构中仍占主导地位。因此，可再生能源对化石能源的替代不可能一蹴而就。如果忽视自身能源问题的客观实际，其后果将由减贫问题上升至一个具有全局性和战略性的能源安全问题。第二，消除"能源贫困"的根本目的在于消除贫困，能源只是达到这一目的的手段和形式而已。从这一意义对于减贫而言，核心问题是要解决能源获得、能源服务的问题，而实现能源物质形态的清洁化更多是加快这两个问题的解决进度和效率。第三，这一模式具有优势互补、互通有无的显著特征。对于可负担能力强的居民而言，对实现用能结构清洁化、高效化具有强烈诉求，更关注安全、清洁、高效能源服务的获得问题，因而可再生能源将有助于降低其对化石能源的依赖程度，从而满足这一群体的需求。对于可负担能力欠缺的居民而言，能源获得是其首要关注的议题，即无论该能源的质量如何，对其首先要实现拥有以满足最基本的生活用能需求。因此，传统的化石能源将有助于满足这一群体的需求。毕竟，可再生能源的成本和普适性还有待进一步提升。与此同时，从化石能源中还能够充分发掘和利用一种符合自身能源问题实际的过渡能源，以最大限度地加快能源转型的步伐。

由此，"可再生能源+化石能源"的模式具有一定普适性，对于当前许多国家而言，采取这一模式或许更具实效性和务实性，能够发挥推动解决传统能源问题与应对能源转型挑战的双重效应。

其次，"可再生能源+产业扶贫"的模式。产业扶贫是以产业发展为杠杆的扶贫开发过程，是促进贫困地区发展、增加贫困农户收入的有效途径，将可再生能源介入其中将有助于加快这一进程。一方面，能源部门本身就具有带动就业的功能，从严重依赖化石能源向可再生能源的消费模式转变将进一步扩大这一就业规模。例如，在2016年，可再生能源产业带动了美国约80万人的就业，同年仅太阳能产业的就业岗位就增加了25%，风能产业的就业岗位则增加了32%；相较于此，只有16万美国人在煤炭行业工作。[1] 另一方面，这一模式有助于形成一种以强化技能培训为主线的良性"生态系统"。摆脱贫困不仅仅是解决收入贫困问题，更重要的是旨在消除贫困的根源，防止贫困的恶性循环。因此，"可再生能源+产业扶贫"的模式不仅能够创造更多新的就业岗位，从而提高收入水平，同时也强调贫困人口通过掌握技能以提高自身从根源上摆脱贫困的能力。"可再生能源开发利用的科学技术研究和产业化发展是科技发展与高技术产业发展的优先领域。"[2] 也就是说，可再生能源产业具有技术密集型特点。因此，该产业不仅需要吸纳技术工

---

[1] "Can Renewable Energy Jobs Help Reduce Poverty in India?", *Report of the World Resources Institute*, 2017, p. 8.

[2] 《让可再生能源发展更有序》，人民网，2019年11月28日，http://energy.people.com.cn/n1/2019/1128/c71661-31478919.html。

人，同时也旨在提升和强化已就业工人的技能水平。例如，印度政府就以掌握技能程度为标准将可再生能源产业的就业工人分为三类：熟练工（Skilled Labor）、半熟练工（Semi-Skilled Labor）和非熟练工（Unskilled Labor）。[1] 同时，印度可再生能源部还针对这三种类型的工人建立了四大技能培训机制。其一，建立涵盖一年（证书课程）到三年（文凭课程）培训课程的工业培训中心（the Industrial Training Institute，ITI）；其二，印度太阳能研究所与美国政府合建太阳能培训网络（the Solar Energy Training Network，SETN），从人才和技术方面对太阳能资源进行有效整合；其三，创建绿色就业技能委员会（the Skill Council for Green Jobs，SCGJ），通过该机构实现与印度工业联合会、技能发展和创业部、国家技能发展公司（the National Skill Development Corporation）的协调统一，同时也为国家层面的可再生能源行业技能发展计划等制度设计提供智力支持；其四，可再生能源部推出了"太阳之友"技能提升计划（the Suryamitra Skill Development Programme），旨在到2020年打造一个至少由5万名掌握太阳能装配、运营、维护等相关技术人员组成的人才库。[2] 由此可见，"可再生能源+产业扶贫"的模式有助于转换为"就业+收入+能力"的综合性减贫效应。

## 本章小结

基于对印度"能源贫困"问题的分析，本章进一步探讨了能源为

---

[1] 熟练劳动力指在某一领域工作多年，具有工作经验、掌握技术或参加过职业培训、拥有大学学历，具有可转让技能，其最低日工资为494—693卢比（约7.55—10.59美元）；半熟练工指通过工作经验掌握了一定程度的技能，能够在熟练工的指导下运用这一技能开展工作，其最低日工资为410—579卢比（约6.25—8.85美元）；非熟练工指涉及简单操作的工作，很少或根本不需要掌握技能、具有经验。非熟练工没有接受过正规学习教育，也没有参加过任何技能培训，可跨行业从事体力劳动。其最低日均工资为350—523卢比（约5.35—7.99美元）。参见"Can Renewable Energy Jobs Help Reduce Poverty in India?"，*Report of the World Resources Institute*，2017，p. 14。

[2] "Surya Mitra Skill Development Training Programme at Delhi," Solar Lighting Laboratory, https://www.teriin.org/solarlab/Surya-Mitra-Skill-Development-Training-Programme-at-Delhi.php.

什么可以成为减贫工具，以及如何发挥减贫效应的问题，即"能源减贫"。同时，这也是本书的落脚点。

　　本书认为，能源之所以可以成为减贫工具的根本原理是能源对贫困治理产生的作用机制，其核心动力是普及和提高可再生能源发电的规模和水平。由此，可再生能源电力生产和供应体系将具体通过作用于收入水平、农业、教育、社会公平正义、健康与环境等议题来推动减贫进程。

　　上述理论与实践表明，"能源减贫"的本质体现在能源转型、能源安全、贫困治理三个方面。具体而言，"能源减贫"旨在促成合理的用能结构、强势的用能能力、普及先进的用能设备来消除"能源叠加"现象，从而成为推动能源转型的新动力。同时，"能源减贫"在形式和问题导向上更加强调"人的安全""家的安全"。从这一意义出发，"能源减贫"实际上是对能源安全内涵和外延的拓展和延伸。此外，"能源减贫"也为消除物质贫困和精神贫困提供了有力抓手，也就是说如何充分发掘能源的减贫潜力和效应本身就是贫困治理需要进一步探索的新议题。因此，立足上述理论分析，本书认为"能源减贫"的具体路径选择是借力过渡能源、发挥电力的减贫效应、打造"可再生能源+"的减贫模式。

# 结　　论

"能源贫困"是国际社会共同面临的重大挑战，受到联合国、世界银行、世界卫生组织、国际能源署等国际机构的高度关注，也成为许多发展中国家贫困问题的重要特征及其贫困治理的一大障碍。与此同时，发展可再生能源、推动能源转型、应对非传统能源安全挑战成为当今全球各国能源政策关注的焦点和热点。由此，消除"能源贫困"为可再生能源的发展、实现能源转型、推动贫困治理三大议题的协调统一提供了契机，从而为维护能源安全、贫困治理提供了一种新的可行性选择。

选取印度的"能源贫困"问题为研究对象，以期通过从特殊到一般的逻辑对"能源贫困"有更全面的认识。印度是世界上最大的发展中国家之一，其"能源贫困"问题具有代表性。根据本书提出的"用能三指标"分析框架，印度的"能源贫困"具体表现在用能结构不合理、用能能力滞后、用能设备落后三个方面。其中，电力普遍匮乏、居民部门的能源消费过度依赖传统生物质能及普遍使用查拉炉是印度"能源贫困"问题中最显著的表现。同时，根据本书提出的"能源贫困"恶性循环分析框架，"能源贫困"对印度造成的负面影响体现在经济、社会、环境、民生等多个领域，因而又进一步加剧了印度持续存在的贫困问题。所以，"能源贫困"的治理也成为印度利用能源推进贫困治理的有利切入点，具体体现为政治意愿、政策安排、民众参与三要素的有机统一和相辅相成。具体来看，本书总结出以下四个方面的主要发现。

（一）能源可以成为贫困治理的有力抓手，关键在于提高居民部门对能源服务的可支付能力

基于对"能源贫困"的理论探讨，该问题不仅直接加剧了贫困问题，而且还通过作用于与贫困相关的一系列"中介问题"来促成贫困问题。由此，消除"能源贫困"将有助于推进贫困治理，能源对贫困治理形成正面的影响机制。换言之，"能源减贫"在理论上具有可行性。

另外，基于对印度"能源贫困"的治理实践分析发现，通过一些具有针对性的政策安排，实现能源政策与减贫政策的有效衔接，从而彰显出能源具有显著的减贫效应。例如，通过可再生能源产业带动就业、推出"免费煤气罐计划"解决贫困家庭的基本用能问题等。也就是说，"能源减贫"在实践上同样可行。

由此，本书从理论上进一步诠释了"能源减贫"，尤其是指出其本质是能源转型、能源安全、贫困治理的有机统一。同时，也从政策建议的角度提出"能源减贫"具体应该从借力过渡能源、重点发挥电力减贫效应、打造"可再生能源+"模式三个方面来着手进行。

需要强调的是，大多数能源项目所采取的措施都仅限于最低限度，即将满足贫困人口的基本能源需求，家庭照明、做饭和取暖作为重点，但能源服务本身不减少贫困，它们只是将贫困而无法获取能源的人口，转变为贫困而有能源的人口。这是因为能源服务并不能为贫困家庭创造机会，以增加他们的收入，贫困家庭因此依旧缺乏支付现代能源所需费用的经济条件，而能源项目被迫持续依赖补贴。因此，"能源减贫"的关键在于为贫困人口提供能源服务项目，应当与其他以提高生活水平为目的的创收项目结合在一起，使贫困人口能够支付能源费用。

（二）"能源贫困"是能源政治的题中应有之义

无论是分别从能源和贫困的视角出发，还是将二者结合起来看，"能源贫困"主要体现为一个经济学议题，并不具有强烈的政治色彩。不过，从字面意义出发，"能源"和"贫困"的性质决定了"能源贫

困"必然触及政治问题,从而为本书进一步诠释其政治意义提供了基本的逻辑起点。同时,基于当前许多国家的经验事实,"能源贫困"又属于能源政策中的重要内容,因而该问题事实上属于政治议题的一部分。

尽管"能源贫困"日益成为全球关注的焦点,但是学界及许多国际组织对"能源贫困"的定义及相关概念仍存在诸多争议。鉴于此,本书对具有代表性的定义进行了归纳和总结,由此澄清并提炼出"能源贫困"的核心概念。其中,使居民部门获得能源服务、实现能源公平归根结底就是要提高国民幸福指数、构建更加公平正义的社会秩序。从这一意义而言,"能源贫困"理所当然是一个政治问题。

与此同时,从技术层面而言,消除"能源贫困"首先要从能源问题着手,即发展可再生能源。据此,如何通过发展可再生能源来消除"能源贫困"是能源政策的题中应有之义,这一过程必然涉及政府、企业、民众等多个行为体的权力和利益。

正如印度"能源贫困"所表明的那样,从能源政策的视角而言,"能源贫困"的治理需要治理主体(政府)对该问题抱有强烈政治意愿,从而作出行之有效的政策安排("强制度")。另外,使广大民众从"能源贫困"的治理中具有更多获得感,或者说对政策安排抱有良好预期,是"能源贫困"治理取得显著成效的决定性因素之一。印度莫迪政府的相关治理实践也印证了这一结论,其之所以相较往届政府能够取得显著成效的原因就在于,莫迪政府以"能源贫困"的治理为强化治理认同的手段之一(强烈的政治意愿),推出了一系列有效的政策安排("强制度"模式),最大限度地使广大民众获益、调动民众参与的积极性(选票支持)。

(三)宗教和社会文化因素在印度"能源贫困"问题中具有重要地位,这也是印度"能源贫困"的显著特征

通常情况下,现代能源的不可获得性和不可负担性是促成"能源贫困"的两个核心要素。但是,印度的实际情况表明,非物质层面的宗

教和社会文化因素同样是导致"能源贫困"不可忽视的关键因素，甚至在某种程度上起到决定性作用。

以性别问题、种姓制度、印度教信仰为代表的社会文化因素触及印度经济社会发展的方方面面，对"能源贫困"这一具体问题而言也不例外。也就是说，"能源贫困"的印度特色在于该问题与印度固有宗教和社会文化现象形成了某种内在机理，是印度"能源贫困"问题之所以特殊和复杂的根源所在。据此推测，假如不改变广大民众能源消费的观念和习惯，消除传统文化、宗教信仰对"能源贫困"治理的影响，即便从物质、经济层面铲除其生存的土壤，也可能难以实现该问题在印度的根本治理。推而言之，在探究任何一个地区或国家的"能源贫困"时，需要兼顾物质和文化层面的双重因素。

不过，对印度而言，宗教和社会文化因素在"能源贫困"问题中除了充当一种客观影响因子外，还具有一层独到的深刻意涵。诚然，种姓制度、"洁净观"及隔离制是印度教社会的特点。而随着时代变迁，这些"特色"却逐渐衍生出更多新的意涵。例如，由于各职业间的"洁净"程度不同，社会阶级固化，同时各阶级内部也形成一种"鄙视链"，即不同职业之间的看不起，比如同属于服务行业的厨师却看不起清洁工。也就是说，在宗教和社会文化因素的驱使下，印度社会劳动分工更加具体、更加严格、更加精细。通俗而言，让一个印度人去做不属于他职责范围内的事，或许是一种冒犯和禁忌。在此背景下来理解印度的"能源贫困"，女性之所以承担更多包括燃料收集在内的繁重家务活，或许本身就是一种天经地义的责任和义务，"能源贫困"只不过在客观上加重了这一现象而已，况且印度传统文化还对女性的角色和地位本身就作出了诸多规定和安排。总之，宗教和社会文化因素对"能源贫困"的生成和存续固然重要，但具体到该问题的负面影响、性别议题等具体领域或许其解释力就必要但不充分。换言之，对社会文化纷繁复杂的国家或地区而言，要对"文化"给予足够重视，要立足具体文化背景对"能源贫困"做具体的分析。

### （四）印度莫迪政府采取务实政策举措应对"能源贫困"的挑战

从能源角度而言，消除"能源贫困"的本质要求是实现能源转型。因此，对许多发展中国家而言，当前要实现"能源贫困"的根本治理并不现实。毕竟，能源转型具有长期性和复杂性。鉴于此，与一味追求可再生能源发展的路径选择不同，印度莫迪政府采取了比较务实的政策举措。

从内政的角度来看，实现新旧能源议程的协调统一。一方面，大力发展以太阳能和风能为核心内容的可再生能源，紧跟全球第三次能源转型的步伐；另一方面，从国内开发和对外进口两方面保证煤炭生产和供应的持续稳定，最大限度地满足燃煤发电需求，同时也积极探索煤炭清洁化的路径选择。

从外交的角度来看，积极开展多元化的能源外交、维护能源安全。一方面，采取"四面出击"的能源外交方针，形成以"多元化"为行为模式的能源外交战略和以中东为核心的"同心圆能源外交"；另一方面，凭借可再生能源发展的规模和条件，积极开展"清洁能源外交"，参与全球气候治理。

由此，莫迪政府从国内外两方面着手，形成化石能源与可再生能源互相补充、协调统一的"能源贫困"治理格局。既为该问题的治理提供了基本前提条件（满足对化石能源的现实需求），也针对"能源贫困"的一些具体问题推出了专门性的政策举措。

# 参考文献

## 一 中文文献

### （一）著作

李秉勤、房莉杰：《反贫困：理论前沿与创新实践》，社会科学文献出版社2019年版。

李楠：《繁荣与贫困：经济发展的历史根源》，中国社会科学出版社2020年版。

李昕蕾：《清洁能源外交：全球态势与中国路径》，中国社会科学出版社2019年版。

李雪：《印度的能源安全认知与战略实践》，云南人民出版社2016年版。

林承节：《印度史》，人民出版社2014年版。

林益楷：《能源大抉择：迎接能源转型的新时代》，石油工业出版社2019年版。

刘小珉：《贫困的复杂图景与反贫困的多元路径》，社会科学文献出版社2017年版。

柳思思：《气候变化与国家新能源的发展：以阿拉伯国家为例》，时事出版社2015年版。

罗薇：《印度经济发展战略及其对就业的影响》，时事出版社2020年版。

任佳、李丽：《列国志·印度》，社会科学文献出版社2016年版。

尚会鹏：《种姓与印度教社会》，北京大学出版社 2016 年版。

宋丽萍：《印度人民党的崛起与执政》，中国社会科学出版社 2020 年版。

王晓毅：《贫困影响评价：概念与应用》，中国社会科学出版社 2020 年版。

魏一鸣等：《中国能源报告（2014）：能源贫困研究》，科学出版社 2014 年版。

习近平：《摆脱贫困》，福建人民出版社 1992 年版。

熊小刚、吴海涛：《收入不均等与农村贫困》，中山大学出版社 2017 年版。

徐滇庆：《终结贫困之路：中国和印度发展战略比较》，机械工业出版社 2009 年版。

于宏源：《低碳经济中的挑战与创新》，东北财经大学出版社 2015 年版。

于宏源：《国际气候环境外交：中国的应对》，东方出版中心 2013 年版。

于宏源：《环境变化和权势转移：制度、博弈和应对》，上海人民出版社 2011 年版。

于宏源：《全球环境治理内涵及趋势研究》，上海人民出版社 2018 年版。

曾祥裕、刘嘉伟：《可持续发展与非传统安全：印度水安全与能源安全研究》，时事出版社 2017 年版。

张建新：《能源与当代国际关系（第二版）》，上海人民出版社 2017 年版。

张淑兰：《印度的环境政治》，山东大学出版社 2010 年版。

赵伯乐：《南亚概论》，云南大学出版社 2007 年版。

朱明忠、尚会鹏：《印度教：宗教与社会》，世界知识出版社 2003 年版。

朱彤、王蕾:《国家能源转型:德、美实践与中国选择》,浙江大学出版社2016年版。

[法]迭朗善译:《摩奴法典》,马香雪转译,商务印书馆1982年版。

[加拿大]瓦科拉夫·斯米尔:《能源转型:数据、历史与未来》,高峰、江艾欣、李宏达译,科学出版社2018年版。

[美]安东尼·M.奥勒姆、约翰·G.戴尔:《政治社会学(第五版)》,王军译,中国人民大学出版社2018年版。

[美]丹尼尔·耶金:《奖赏:石油、金钱与权力全球大博弈》,艾平译,中信出版社2016年版。

[美]丹尼尔·尤金:《能源大探索:风、太阳、菌藻》,刘道捷译,台北:时报文化出版企业股份有限公司2012年版。

[美]德内拉·梅多斯等:《增长的极限》,李涛、王智勇译,机械工业出版社2013年版。

[美]亨利·乔治:《进步与贫困》,吴良健、王翼龙译,商务印书馆2010年版。

[美]克雷·钱德勒:《重新想象印度:亚洲下一个超级强国的潜力解码》,李静怡译,台北:远足文化事业股份有限公司2017年版。

[美]理查·罗德斯:《能源,迫在眉睫的抉择:为人类文明史续命,抑或摧毁人类文明的一场赌注》,李建兴译,台北:格致文化2019年版。

[美]讷克斯:《不发达国家的资本形成问题》,谨斋译,商务印书馆1966年版。

[美]史蒂芬·M.博杜安:《世界历史上的贫困》,杜鹃译,商务印书馆2015年版。

[美]斯蒂芬·科亨:《大象和孔雀——解读印度大战略》,刘满贵译,新华出版社2002年版。

[美]沃尔特·安德森:《国民志愿服务团如何重塑印度?》,朱翠萍译,社会科学文献出版社2020年版。

［印］阿马蒂亚·森：《惯于争鸣的印度人：印度人的历史、文化与身份论集》，刘建译，上海三联书店2007年版。

［印］阿马蒂亚·森：《贫困与饥荒》，王宇等译，商务印书馆2001年版。

（二）期刊

曹峰毓、吴磊：《增长的极限：论能源收益递减效应对社会发展的影响》，《思想战线》2020年第5期。

范基荣：《印度电力短缺 新能源成着力点》，《能源研究与利用》2017年第2期。

方匡：《印度的能源政策与能源安全》，《国际关系学院学报》2011年第3期。

何苗：《论印度能源法制转型及其对我国的启示》，《求索》2012年第3期。

胡鞍钢、李春波：《新世纪的新贫困：知识贫困》，《中国社会科学》2001年第3期。

金莉苹：《印度莫迪政府可再生能源发展计划：动因、成效与制约》，《南亚研究》2018年第3期。

李渤：《地区安全环境变动中的中印能源合作》，《国际经济合作》2013年第5期。

李昕蕾：《德国、美国、日本、印度的清洁能源外交比较研究：兼论对中国绿色"一带一路"建设的启示》，《中国软科学》2020年第7期。

李昕蕾：《国际非政府组织与全球气候治理》，《国际展望》2018年第5期。

李昕蕾：《治理嵌构：全球气候治理机制复合体的演进逻辑》，《欧洲研究》2018年第2期。

李昕：《能源安全视角下的印度"东向"外交》，《南亚研究》2013年第4期。

李雪：《印度能源安全的挑战与未来》，《印度洋经济体研究》2014 年第 6 期。

刘晓燕：《印度清洁能源发展政策与商务投资环境》，《南亚研究季刊》2012 年第 2 期。

罗国亮、职菲：《国外能源贫困文献综述》，《华北电力大学学报》（社会科学版）2012 年第 4 期。

罗明志、蒋瑛：《印度经济增长面临的能源约束与应对策略》，《南亚研究季刊》2014 年第 1 期。

欧东明：《印度本土的环保主义：传统与今天》，《南亚研究季刊》2002 年第 1 期。

裴永刚：《印度新能源政策及其评析》，《国土资源情报》2009 年第 9 期。

秦永红、张伟：《印度经济增长与能源消耗的现状与对策》，《南亚研究季刊》2012 年第 1 期。

申东镇：《论韩国经济"贫困恶性循环"的突破》，《东北财经大学学报》2013 年第 3 期。

时宏远：《试析印度的能源政策》，《国际论坛》2011 年第 1 期。

唐鑫等：《国际组织应对能源贫困的方案与行动》，《中国能源》2014 年第 4 期。

汪巍：《印度保障能源安全的举措及启示》，《中国能源》2013 年第 4 期。

王润等：《"来印度制造"下的印度能源与气候政策述评》，《气候变化研究进展》2017 年第 4 期。

王世达：《试析印度经济大滑坡及中印经贸合作前景》，《国际研究参考》2020 年第 4 期。

王世达：《印度教民族主义强势崛起及其影响》，《现代国际关系》2020 年第 2 期。

王文涛等：《全球气候变化与能源安全的地缘政治》，《地理学报》2014

年第 9 期。

王晓丹：《印度贫困妇女面临的问题》，《南亚研究》2000 年第 2 期。

王卓宇：《能源贫困与联合国发展目标》，《现代国际关系》2015 年第 11 期。

吴磊、曹峰毓：《论世界能源体系的双重变革与中国的能源转型》，《太平洋学报》2019 年第 3 期。

吴磊：《新冠疫情下的石油危机及其影响评析》，《当代世界》2020 年第 6 期。

吴磊：《新能源发展对能源转型及地缘政治的影响》，《太平洋学报》2021 年第 1 期。

吴磊、许剑：《论能源安全的公共产品属性与能源安全共同体构建》，《国际安全研究》2020 年第 5 期。

吴磊、詹红兵：《国际能源转型与中国能源革命》，《云南大学学报》（社会科学版）2018 年第 3 期。

吴磊、詹红兵：《孟加拉国可持续发展问题探析》，《南亚研究》2018 年第 2 期。

许娟：《宗教政治化：印度教民族主义的再次兴起及其对印度外交的影响》，《南亚研究》2020 年第 2 期。

许勤华：《低碳经济对大国关系的影响》，《教学与研究》2010 年第 7 期。

许勤华：《推进绿色"一带一路"建设的现实需求与实现路径》，《教学与研究》2020 年第 5 期。

许勤华：《中国全球能源战略：从能源实力到能源权力》，《人民论坛·学术前沿》2017 年第 5 期。

于宏源：《南亚国家的环境安全纽带对落实联合国 2030 年可持续发展议程的影响》，《区域与全球发展》2019 年第 5 期。

于宏源：《自上而下的全球气候治理模式调整：动力、特点与趋势》，《国际关系研究》2020 年第 1 期。

岳鹏：《印度能源战略通道建设及其地缘影响》，《南亚研究季刊》2017年第1期。

张家栋：《从印度制造看印度经济前景》，《世界知识》2017年第2期。

张家栋：《论后发国家落后的政治根源》，《国际观察》2009年第5期。

张家栋：《"莫迪旋风"何以难持久》，《世界知识》2015年第19期。

张建新、朱汉斌：《非洲的能源贫困与中非可再生能源合作》，《国际关系研究》2018年第6期。

张良福：《谁在左右能源通道的安全》，《世界知识》2013年第5期。

张清：《贫困与自由：基于印度"不平等"的宪政分析》，《学习与探索》2010年第2期。

张锐：《印度清洁能源外交：能源革命与大国战略驱动下的外交实践》，《印度洋经济体研究》2020年第6期。

张帅：《印度发展清洁能源的动因、特点与前景分析》，《印度洋经济体研究》2018年第5期。

张帅：《印度能源外交的现状与特点》，《国际石油经济》2018年第3期。

张玉银、张抗：《印度能源构成特点和发展趋势》，《中外能源》2014年第11期。

赵宏图：《国际能源转型现状与前景》，《现代国际关系》2009年第6期。

（三）学位论文

Wasim Iqbal：《南亚的能源安全、能效以及经济环境绩效研究》，博士学位论文，燕山大学，2020年。

阿萨德：《巴基斯坦的多维能源贫困及其动态影响研究》，博士学位论文，广西大学，2020年。

金莉苹：《印度经济增长中的能源消费及其可持续性研究》，博士学位论文，云南大学，2018年。

李慷：《能源贫困综合评估方法及其应用研究》，博士学位论文，北京理工大学，2014 年。

毛悦：《大国梦想：印度经济改革与增长的深层动力》，博士学位论文，中国社会科学院研究生院，2011 年。

彭越：《中国与印度经济增长质量的比较研究》，博士学位论文，吉林大学，2016 年。

宋涛：《印度经济和发展战略研究》，博士学位论文，福建师范大学，2003 年。

王小琴：《能源安全系统构建与评价研究》，博士学位论文，中国地质大学，2016 年。

杨冬云：《印度经济改革与发展的制度分析》，博士学位论文，华东师范大学，2005 年。

张馨：《城乡居民家庭能源消费及其生存现状的多维视角分析》，博士学位论文，兰州大学，2012 年。

## 二　英文文献

（一）著作

Antoine Halff, *Energy Poverty*, London：Oxford University Press, 2014.

Benjamin K. Sovacool and Ira Martina Drupady, *Energy Access, Poverty, and Development：The Governance of Small-Scale Renewable Energy in Development Asia*, London：Ashgate, 2012.

Brenda Boardman, *Fixing Fuel Poverty：Challenge and Solutions*, London：Earthscan, 2010.

Brenda Boardman, *Fuel Poverty：From Cold Homes to Affordable Warmth*, London：Belhaven Press, 1991.

Burton Stein, *A History of India*, London：Blackwell Publishers Ltd., 2010.

Dietmar Rothmund, *An Economic History of India：From Pre-Colonial Times to 1991*, London：Routledge, 1993.

Ingolf Kiesow and Nicklas Norling, *The Rise of India: Problems and Opportunities*, Uppsala: Central Asia-Caucasus Institute and Silk Road Studies Program, 2007.

John Hills, *Fuel Poverty: The Problem and Its Measurement*, London: The London School of Economics and Political Science, 2011.

Kuntala Lahiri-Dutt, *The Coal Nation: Histories, Ecologies and Politics of Coal in India*, London: Ashgate, 2014.

Lakshman Guruswamy, *Energy Security, Poverty, and Sovereignty: Complex Interlinkages and Compelling Implications*, London: Routledge, 2016.

Lauren C. Culver, *The Stanford Natural Gas Initiative Energy Poverty: What You Measure Matters*, California: Stanford University, 2017.

Lauren C. Culver, *The Stanford Natural Gas Initiative Energy Poverty: What You Measure Matters*, Stanford: Stanford University, 2017.

Michaël Aklin, *Escaping the Energy Poverty Trap: When and How Governments Power the Lives of the Poor*, Massachusetts: MIT Press, 2018.

Prakash Kashwan, *Democracy in the Woods: Environmental Conservation and Social Justice in India, Tanzania, and Mexico*, London: Oxford University Press, 2017.

Rollie Lal, *Understanding China and India: Security Implications for the United States and the World*, London: Praeger Security International, 2006.

Sam Nierop, *Energy Poverty in Denmark*, Aalborg: Aalborg University, 2014.

Saurabh Gupta, *Politics of Water Conservation: Delivering Development in Rural Rajasthan, India*, New York: Springer, 2016.

Stefan Bouzarovski, *Energy Poverty: (Dis)Assembling Europe's Infrastructure Divide*, London: Palgrave Macmillan, 2017.

Sunila S. Kale, *Electrifying India: Regional Political Economic of Development*, Stanford: Stanford University Press, 2014.

Thijs Van de Graaf, *The Politics and Institutions of Global Energy Governance*,

London: Palgrave Macmillan, 2013.

Vibhor Saxena and P. C. Bhattacharya, *Inequalities in Accessing LPG and Electricity Consumption in India: The Role of Caste, Tribe, and Religion*, Scotland: University of St. Andrews, 2017.

Victoria R. Nalule, *Energy Poverty and Access Challenges in Sub-Saharan Africa*, London: Palgrave Macmillan, 2019.

Vinay Gidwani, *Capital, Interrupted: Agrarian Development and the Politics of Work in India*, Minneapolis: University of Minnesota Press, 2008.

（二）期刊

Aashish Gupta, "Persistence of Solid Fuel Use in Rural North India," *Economic & Political Weekly*, Vol. 55, No. 3, 2020.

A. Cheland, G. Kaushik, "Renewable Energy for Sustainable Agriculture," *Agronomy for Sustainable Development*, Vol. 31, No. 1, 2011.

Adrian J. Bradbrook and Judith G. Gardam, "Placing Access to Energy Services within a Human Rights Framwork," *Human Rights Quarterly*, Vol. 28, No. 2, 2006.

Amit Thorat, "Escaping and Falling into Poverty in India," *World Development*, Vol. 93, No. 5, 2017.

Aniruddh Mohan and Kilian Topp, "India's Energy Future: Contested Narratives of Change," *Energy Research & Social Science*, Vol. 44, No. 10, 2018.

Anjali Bhide, "Energy Poverty: A Special Focus on Energy Poverty in India and Renewable Energy Technologies," *Renewable and Sustainable Energy Reviews*, Vol. 15, No. 2, 2011.

Anjali Jain, "Resource Potential and Variability Assessment of Solar and Wind Energy in India," *Energy*, Vol. 211, No. 11, 2020.

Anoop Singh, "Power Sector Reform in India: Current Issues and Prospects," *Energy Policy*, Vol. 34, No. 16, 2006.

Anthony P. Heynen, "The Role of Private Sector Off-Grid Actors in Addressing India's Energy Poverty: An Analysis of Selected Exemplar Firms Delivering Household Energy," *Energy & Buildings*, Vol. 191, No. 5, 2019.

Anver C. Sadath and Rajesh H. Acharya, "Assessing the Extent and Intensity of Energy Poverty Using Multidimensional Energy Poverty Index: Empirical Evidence from Households in India," *Energy Policy*, Vol. 102, No. 3, 2017.

Bianca van der Kroon, "The Energy Ladder: Theoretical Myth or Empirical Truth? Results from A Meta-Analysis," *Renewable and Sustainable Energy Reviews*, Vol. 20, No. 3, 2013.

Bilegsaikhan Sumiya, "Energy Poverty in Context of Climate Change: What Are the Possible Impacts of Improved Modern Energy Access on Adaption Capacity of Communities," *International Journal of Environmental Science and Development*, Vol. 7, No. 1, 2016.

Biswabhusan Bhuyan, "Nutritional Status, Poverty, and Relative Deprivation among Socio-Ecnomic and Gender Groups in India: Is the Growth Inclusive," *World Development Perspectives*, Vol. 18, No. 6, 2020.

Brototi Roy and Anke Schaffartzik, "Talk Renewables, Walk Coal: The Paradox of India's Energy Transition," *Ecological Economics*, Vol. 180, No. 2, 2021.

Caitlin Robinson, "Energy Poverty and Gender in England a Spatial Perspective," *Geoforum*, Vol. 104, No. 8, 2019.

J. Charles Rajesh Kumar and M. A. Majid, "Renewable Energy for Sustainable Development in India: Current Status, Future Prospects, Challenges, Employment, and Investment Opportunities," *Energy, Sustainability and Society*, Vol. 10, No. 2, 2020.

Christian E. Casillas and Daniel M. Kammen, "The Energy-Poverty-Climate Nexus," *Science*, Vol. 330, No. 6008, 2010.

Christine Liddell and Chris Morris, "Fuel Poverty and Human Health: A Review of Recent Evidence," *Energy Policy*, Vol. 38, No. 6, 2010.

David Szakonyi and Johannes Urpelainen, "Energy Poverty among Urban Street Vendors in India: Evidence from Patna, Bihar," *Energy for Sustainable Development*, Vol. 24, No. 2, 2015.

Diana Urge-Vorsatzn and Sergio Tirado Herrero, "Building Synergies between Climate Change Mitigation and Energy Poverty Alleviation," *Energy Policy*, Vol. 49, No. 10, 2012.

Djiby Racine Thiam, "Renewable Energy, Poverty Alleviation and Developing Nations: Evidence from Senegal," *Journal of Energy in Southern Africa*, Vol. 22, No. 3, 2011.

Fatih Birol, "Energy Economics: A Place for Energy Poverty in the Agenda," *The Energy Journal*, Vol. 28, No. 3, 2007.

Gaurav Joshi and Komali Yenneti, "Community Solar Energy Initiatives in India: A Pathway for Addressing Energy Poverty and Sustainability," *Energy & Buildings*, Vol. 210, No. 3, 2020.

Hippu Salk Kristle Nathan and Lakshmikanth Hari, "Towards A New Approach in Measuring Energy Poverty: Household Level Analysis of Urban India," *Energy Policy*, Vol. 140, No. 5, 2020.

Hsin-Lan Ting, "Television on Women's Empowerment in India," *The Journal of Development Studies*, Vol. 50, No. 11, 2014.

James D. Fearon, "Self-Enforcing Democracy," *Quarterly Journal of Economics*, Vol. 126, No. 4, 2011.

John A. Ferejohn, "Incumbent Performance and Electoral Control," *Public Choice*, Vol. 50, No. 1, 1986.

Joy Clancy, "Appropriate-Analysis Tools for Unpacking the Gender-Energy-Poverty Nexus," *Gender & Development*, Vol. 15, No. 2, 2007.

Kalpana Balakrishnan, "Air Pollution from Household Solid Fuel Combustion in India: An Overview of Exposure and Health Related Information to Inform

Health Research Priorities," *Global Health Action*, Vol. 4, No. 1, 2011.

Kentaka Aruga, "Effects of COVID-19 on Indian Energy Consumption," *Sustainability*, Vol. 12, No. 8, 2020.

Kepa Solaun and Emilio Ferda, "Climate Change Impacts on Renewable Energy Generation. A Review of Quantitative Projections," *Renewable and Sustainable Energy Reviews*, Vol. 116, No. 11, 2019.

Kirk R. Smith and Ambuj Sagar, "Making the Clean Available: Escaping India's Chulha Trap," *Energy Policy*, Vol. 75, No. 10, 2014.

Lata Tripathi and A. K. Mishra, "Renewable Energy: An Overview on its Contribution in Current Energy scenario of India," *Renewable and Sustainable Energy Reviews*, Vol. 60, No. 2, 2016.

Lefkothea Papada and Dimitris Kaliampakos, "Development of Vulnerability Index for Energy Poverty," *Energy & Buildings*, Vol. 183, No. 1, 2019.

Makoto Kanagawa and Toshihiko Nakata, "Assessment of Access to Electricity and the Socio-Economic Impacts in Rural Areas of Developing Countries," *Energy Policy*, Vol. 36, No. 6, 2008.

Manashvi Kumar, "Non-Universal Nature of Energy Poverty: Energy Services, Assessment of Needs and Consumption Evidences from Rural Himachal Pradesh," *Energy Policy*, Vol. 138, No. 3, 2020.

Marcio Giannini Pereira, "The Challenge of Energy Poverty: Brazilian Case Study," *Energy Policy*, Vol. 39, No. 1, 2011.

Matthew H. Bonds, "Disease Ecology, Biodiversity, and the Latitudinal Gradient in Income," *PLOS Biology*, Vol. 10, No. 12, 2012.

Matthew J. Taylor, "Burning for Sustainability: Biomass Energy, International Migration, and the Move to Cleaner Fuels and Cookstoves in Guatemala," *Annals of the Association of American Geographers*, Vol. 101, No. 4, 2010.

Maxensius Tri Sambodo and Rio Novandra, "The State of Energy Poverty in Indonesia and Its Impact on Welfare," *Energy Policy*, Vol. 132, No. 9, 2019.

Michael James Fell, "Energy Services: A Conceptual Review," *Energy Research & Social Science*, Vol. 27, No. 5, 2017.

Mikel González-Eguino, "Energy Poverty: An Overview," *Renewable and Sustainable Energy Reviews*, Vol. 47, No. 3, 2015.

Mirza Sadaqat, "Energy diplomacy in South Asia: Beyond the Security Paradigm in Accessing the TAPI Pipeline Project," *Energy Research & Social Science*, Vol. 34, No. 8, 2017.

M. Narasimha Rao and B. Sudhakara Reddy, "Variations in Energy Use by Indian Households: An Analysis of Micro Level Data," Vol. 32, No. 2, 2007.

Nicholas L. Lam, "Kerosene Subsidies for Household Lighting in India: What Are the Impacts," Vol. 11, No. 4, 2016.

N. Patrick Peritore, "Environmental Attitudes of Indian Elites," *Asian Survey*, Vol. 33, No. 8, 1993.

Omar R. Masera, "From Linear Fuel Switching to Multiple Cooking Strategies: A Critique and Alternative to the Energy Ladder Model," *World Development*, Vol. 28, No. 12, 2000.

Pachauri, "On Measuring Energy Poverty in Indian Households," *World Development*, Vol. 32, No. 12, 2004.

Patrick Nussbaumer, "Global Insights Based on the Multidimensional Energy Poverty Index (MEPI)," *Sustainability*, Vol. 21, No. 5, 2013.

Pranab Bardhan and Dilip Mookherjee, "Decentralization and Accountability in Infrastructure Delivery in Delivery in Developing Countries," *The Economic Journal* (Oxford), Vol. 116, No. 508, 2006.

Praveen Kumar, "Energy Poverty in India," *The Encyclopedia of Social Work*, February 29, 2020.

Punam Singh and Haripriya Gundimeda, "Life Cycle Energy Analysis of

Cooking Fuel Sources Used in India Households," *Energy and Environmental Engineering*, Vol. 2, No. 1, 2014.

Qiang Wang and Yi Liu, "India's Renewable Energy: New Insights from Multi-Regional Input Output and Structure Decomposition Analysis," *Journal pf Cleaner Production*, Vol. 270, No. 10, 2020.

Rajesh H. Acharya and Anver C. Sadath, "Energy Poverty and Economic Development: Household-Level Evidence from India," *Energy & Buildings*, Vol. 183, No. 1, 2019.

Ram Nayan Yadava and Bhaskar Sinha, "Developing Energy Access Index for Measuring Energy Poverty in Forest Fringe Villages of Madhya Pradesh, India," *Sustainable Energy Technologies and Assessments*, Vol. 31, No. 2, 2019.

Rasmus Heltberg, "Factors Determining Household Fuel Choice in Guatemala," *Environment and Development Economics*, Vol. 10, No. 3, 2005.

Richard Moore, "Definitions of Fuel Poverty: Implications for Policy," *Energy Policy*, Vol. 49, No. 10, 2012.

Rockli Kim, "Multilevel Geographies of Poverty in India," *World Development*, Vol. 87, No. 11, 2016.

Rosie Day, "Conceptualizing Energy Use and Energy Poverty Using a Capabilities Framework," *Energy Policy*, Vol. 93, No. 3, 2016.

Rupali A. Khanna, "Comprehensive Energy Poverty Index: Measuring Energy Poverty and Identifying Micro-Level Solutions in South and Southeast Asia," *Energy Policy*, Vol. 132, No. 9, 2019.

Sabina Alkire, "Multidimensional Poverty Reduction in India between 1999 and 2006: Where and How," *World Developmetn*, Vol. 72, No. 8, 2015.

Sachin Banker, "Poverty Identity and Preference for Challenge: Evidence from the U. S. and India," *Journal of Economic Psychology*, Vol. 76, No. 1, 2020.

Sajl Ghosh and Kakali Kanjilal, "Non-Fossil Fuel Energy Usage and Economic Growth in India: A Study on Non-Linear Cointegration, Asymmetry and Causality," *Journal of Cleaner Production*, Vol. 273, No. 11, 2020.

Sangeeta V. Sharma, "Socio-Economic Determinants of Energy Poverty amongst Indian Households: A Case Study of Mumbai," *Energy Policy*, Vol. 132, No. 9, 2019.

Sasmita Patnaik and Shaily Jha, "Caste, Class and Gender in Determining Access to Energy: A Critical Review of LPG Adoption in India," *Energy Research & Social Science*, Vol. 67, No. 9, 2020.

Sebastian Groh, "The Role of Energy in Development Processes-The Energy Poverty Penalty: Case Study of Arequipa (Peru)," *Energy for Sustainable Development*, Vol. 18, No. 1, 2014.

Setu Pelz, "Energy Access for Marginalized Communities: Evidence from Rural North India, 2015 – 2018," *World Development*, Vol. 137, No. 1, 2020.

Shahidur R. Khandker, "Are the Energy Poor also Income Poor? Evidence fromIndia," *Energy Policy*, Vol. 42, No. 12, 2012.

Shoibal Chakravarty and Massimo Tavoni, "Energy Poverty Alleviation and Climate Change Mitigation: Is There a Trade Off," *Energy Economics*, Vol. 40, No. 1, 2013.

Simon Roberts, "Energy, Equity and the Future of the Fuel Poor," *Energy Policy*, Vol. 36, No. 10, 2008.

S. Manju and Netramani Sagar, "Progress towards the Development of Sustainable Energy: A Critical Review on the Current Status, Applications, Developmental Barriers and Prospects of Solar Photovoltaic Systems in India," *Renewable and Sustainable Energy Reviews*, Vol. 70, No. 4, 2017.

Sothea Oum, "Energy Poverty in the Lao PDR and Its Impacts on Education and Health," *Energy Policy*, Vol. 132, No. 9, 2019.

Srishti Gupta, "Household Energy Poverty Index for India: An Analysis of Inter-State Differences," *Energy Policy*, Vol. 144, No. 9, 2020.

Sudeshna Maitra, "The Poor Get Poorer: Tracking Relative Poverty in India Using a Durables Based Mixture Model," *Journal of Development Economics*, Vol. 119, No. 3, 2016.

Suhas Palshikar, "The BJP and Hindu Nationalism: Centrist Politics and Majoritarian Impulse," *Journal of South Asian Studies*, Vol. 38, No. 4, 2015.

Suveshnee Munien and Fathima Ahmed, "A Gendered Perspective on Energy Poverty and Livelihood-Advancing the Millennium Development Goals in Developing Countries," *Empowering Women for Gender Equity*, Vol. 26, No. 1, 2012.

T. Banerjee, "Airing 'Clean Air' in Clean India Mission," *Environmental Science & Pollution Research*, Vol. 24, No. 6.

（三）研究报告

Anupama Sen, *A Double-Edged Sword for India's Energy Sector*, London: The Oxford Institute for Energy Studies, 2020.

Bharath Jairaj, *Can Renewable Energy Jobs Help Reduce Poverty in India*, Washington: D. C. : The World Resources Institute, 2017.

Bloomberg New Energy Finance, *New Energy Outlook*, New York: Bloomberg, 2020.

British Petroleum, *Statistical Review of World Energy*, London: BP, 2020.

Central Electricity Authority, *Draft National Electricity*, New Delhi: Central Electricity Authority, 2016.

Chandra Bhushan, *India's Energy Transition: Potential and Prospects*, New Delhi: Heinrich Boll Foundation-India and Christian Aid, 2017.

Charles K. Ebinger, *India's Energy and Climate Policy: Can India Meet the Challenge of Industrialization and Climate Change*, Washington: D. C. : The Brookings Energy Security and Climate Initiative, 2016.

Department of Industry, *Innovation and Science. Coal in India*, Canberra: Australian Government, 2019.

Elizabeth Tedsen, *Black Carbon Emissions from Kerosene Lamps: Potential for a New CCAC Initiative Prepared for the Clean Air Task Force*, Berlin: Ecologic Institute, 2013.

Garima Jain, *Alleviating Energy Poverty: Indian Experience*, New Delhi: The Energy and Resources Institute, 2011.

Global Network on Energy for Sustainable Development, *Poverty Reduction: Can Renewable Energy Make A Real Contribution*, New York: GNESD, 2002.

Haribandhu Panda, *Political Economy of Energy Policy in India: Electricity and LPG*, New Delhi: The MS Swaminathan Research Foundation, 2020.

Isabella Alloisio, *The Relation between Energy Poverty, Energy Demand and Economic Development*, Millan: Fondazione Eni Enrico Mattei (FEEM), 2017.

Johanna Choumert, *Stacking Up the Ladder: A Panel Data Analysis of Tanzanian Household Energy Choices*, Paris: The French Research Agency, 2017.

Kalpana Balakrishnan, *The World Bank. Indoor Air Pollution Associated with Household Fuel Use in India: An Exposure Assessment and Modeling Exercise in Rural Districts of Andhra Pradesh, India*, Washington: D. C. : WB, 2004.

Ministry of Petroleum and Natural Gas of India, *The Ujjwala Saga-Unending Happiness & Health*, New Delhi: MPNG, 2019.

Olivier Dubois, *Energy Access: Food and Agriculture*, Washington: D. C. : The World Bank, 2017.

Rachel Cluett, *Building Better Energy Efficiency Programs for Low-Income Households*, Washington: D. C. : American Council for an Energy-Efficiency Economy, 2016.

Raffaella Bellanca, *Delivering Energy for Development*, Rugby, UK: Practical Action Publishing, 2013.

Rohit Gadre, *India's Clean Power Revolution*, New York: Bloomberg, 2020.

Ross Gillard, *Affordable and Clean Energy for All: Lessons on Rooftop Solar from Delhi, India*, Leeds: University of Leeds, 2020.

*Rural Electrification in India: Customer Behaviour and Demand*, New York: Rockefeller Foundation, 2019.

Sasmita Patnaik, *Roadmap for Access to Clean Cooking Energy in India*, New Delhi: Council on Energy, Environment and Water, 2019.

Shonali Pachauri, *Access to Modern Energy-Assessment and Outlook for Development and Emerging Regions*, Vienna: International Institute for Applied Systems Analysis, 2013.

Sudeshna Ghosh Banerjee, *Power for All: Electricity Access Challenge in India*, Washington: D. C.: The World Bank, 2015.

TheInternational Energy Agency, *Comparative Study on Rural Electrification Policies in Emerging Economies: Keys to Successful Policies*, Paris: IEA, 2010.

TheInternational Energy Agency, *Energy Access Outlook*, Paris: IEA, 2017.

TheInternational Energy Agency, *Energy Poverty: How to Make Modern Energy Access Universal*, Paris: IEA, 2010.

The International Energy Agency, *India Energy Policy Review*, Paris: IEA, 2020.

TheInternational Energy Agency, *World Energy Balance*, Paris: IEA, 2019.

The International Energy Agency, *World Energy Outlook: From Property to Prosperity*, Paris: IEA, 2017.

The International Energy Agency, *World Energy Outlook*, Paris: IEA, 2002.

The International Renewable Energy Agency, *Synergies between Renewable Energy and Energy Efficiency*, Abu Dhabi: The IRENA, 2017.

The United Nations, *Commission on Sustainable Development: Report on the Ninth Session*, New York: UN, 2001.

The United Nations Department of Economic and Social Affairs, *Electricity and Education: *The Benefits, Barriers, and Recommendations for Achieving the Electrification of Primary and Secondary Schools*, New York: UN-DESA, 2014.

The United Nations Development Programme, *A Framework for Action on Energy*, New York: UNDP, 2004.

The United Nations Development Programme, *A Review of Energy in National MDG Reports*, New York: UNDP, 2007.

The United Nations Development Programme, *Energy and the Challenge of Sustainability*, New York: UNDP, 2000.

The United Nations, *Food and Energy Security and Energy Efficiency*, New York: UN, 2011.

The U. S. Energy Information Administration, *Country Analysis Executive Summary: India*, Washington: D. C. : The EIA, 2020.

The World Bank, *India: Household Energy, Indoor Air Pollution, and Health*, Washington: D. C. : WB, 2002.

The World Bank, *Managing Development-The Governance Dimension*, Washington: D. C. : WB, 1991.

The World Bank, *Tracking SDG 7: The Energy Progress Report*, Washington: D. C. : WB, 2019.

The World Economic Forum, *Global Agenda Council Reports*, Geneva: WEF, 2010.

The World Health Organization, *Burning Opportunity: Clean Household Energy for Health, Sustainable Development, and Wellbeing of Women and Children*, Geneva: WHO, 2016.

UN Energy Paper, *The Energy Challenge for Achieving the Millennium Development Goals*, New York: UN, 2005.

Xiaoxue Hou and Johannes Urpelainen, *Lock-In for Lighting: The Puzzle of Continued Kerosene Use among Electrified Households in Six Indian States*,

Baltimore: Initiative for Sustainable Energy Policy, 2020.

### 三 主要网站

国际能源署, https://www.iea.org。

国际可再生能源署, https://www.irena.org。

今日印度, http://www.indiatoday.com。

联合国, https://www.un.org。

美国能源署, https://www.eia.gov。

牛津能源研究院, https://www.oxfordenergy.org。

彭博新能源财经, https://about.bnef.com。

世界卫生组织, https://www.who.int。

世界资源研究所, https://www.wri.org.cn/about/all-wri-sites。

印度新能源和可再生能源部, http://www.mnre.gov.in。

印度电力部, https://powermin.nic.in。

印度国家研究院, https://niti.gov.in。

印度环境、森林与气候变化部, http://moef.gov.in。

印度中央电力局, http://cea.nic.in/。

印度乡村发展部, http://rural.nic.in/。

印度经济时报, https://economictimes.indiatimes.com。

印度斯坦时报, http://www.hindustantimes.com。

印度时报, http://www.timesofindia.com/。

印度 Livemint 网, http://www.livemint.com/。

英国石油公司, https://www.bp.com/en/global/corporate.html。

# 后　记

经过近一年的努力，书稿终于可以交给出版社了。这部书是在我博士学位论文的基础上修改完成的，论述了具有印度特色的"能源贫困"治理模式，探讨了印度如何利用能源反对贫困的问题。

提及印度，对许多包括中国人在内的外国人而言或许具有一种强烈的求知欲和探索欲，甚至难免会存在一些负面印象。究其根源，这或许是由于民族文化的差异性和多样性促成的好奇心，以及认知和理解上的偏差。毕竟，对外国人而言，印度是"民族博物馆"、"宗教博物馆"和"语言博物馆"；庞杂的文化与社会结构使其成为当今世界的一朵奇葩，且诸多现象之间构成互为因果关系，具有内在逻辑。也就是说，认识一个真正的、完整的印度是一项庞大而又系统的工程。因此，通过"解剖麻雀"的方式逐一对印度的诸多方面进行耐心的研究或许是一条必经之路。"能源贫困"是印度能源问题中具有代表性的议题，不乏为"印度研究"的一个具体创新视角。以此为切入点，有助于深入洞察印度的经济社会、历史文化、宗教信仰、政治制度等其他议题，从而形成"以点带线，以线带面"的效应，为推动"知印工程"提供条件。总之，正如季羡林先生所言："我们应该通过自己的努力来告诉中国读者，印度有了不起的东西，才能扭转人们的认知。"

感谢云南大学国际关系研究院的吴磊研究员和罗圣荣研究员在我研究和写作过程中给予的孜孜不倦的教诲和指导；感谢云南大学对本书的出版给予的资助；感谢西安外国语大学国际关系学院张杰教授及其他老

师提供的无私帮助；感谢出版社为本书的出版付出的辛勤劳动。没有你们的大力支持，本书难以完成和顺利出版。

  本书参考了国内外有关专家学者的意见和建议以及有关单位的相关研究成果，在此一并致以诚挚的谢意。由于研究水平和客观条件的限制，本书难免存在问题和不足，欢迎各位读者批评指正。

张　帅

2022 年 11 月于西安